W9-BWZ-957

EL ESPAÑOL Y LOS SIETE
PECADOS CAPITALES

EL ESPAÑOL Y LOS SIETE PECADOS CAPITALES

por
FERNANDO DÍAZ-PLAJA
Decimonovena edición
con dibujos de
MINGOTE

ALIANZA EDITORIAL
MADRID

Primera	edición:	1966
Segunda	edición:	1967
Tercera	edición:	1968 (mayo)
Cuarta	edición:	1968 (octubre)
Quinta	edición:	1969 (febrero)
Sexta	edición:	1969 (abril)
Séptima	edición:	1969 (junio)
Octava	edición:	1969 (octubre)
Novena	edición:	1970 (enero)
Décima	edición:	1970 (junio)
Undécima	edición:	1970 (julio)
Duodécima	edición:	1970 (diciembre)
Decimotercera	edición:	1971 (julio)
Decimocuarta	edición:	1971 (octubre)
Decimoquinta	edición:	1972
Decimosexta	edición:	1973
Decimoséptima	edición:	1974
Decimoctava	edición:	1975
Decimonovena	edición:	1976

© Fernando Díaz-Plaja

Alianza Editorial, S. A. Madrid, 1966, 1967, 1968, 1969, 1970,
Calle Milán, n.º 38 ☎ 200 0045 1971, 1972, 1973, 1974, 1975,
ISBN 84-206-9001-5 1976
Depósito legal: M. 32.927 - 1976
Cubierta: Daniel Gil
Impreso en Ediciones Castilla, S. A.
Maestro Alonso, 21, Madrid
Printed in Spain

*A Guillermo, hermano
y maestro*

Prólogo

La metáfora, no por repetida es menos cierta. Los árboles no dejan ver el bosque. La perspectiva se pierde cuando el detalle abruma. Para comprobar la forma y extensión del conjunto hay que salirse de él, y abarcarlo en su totalidad, preferentemente desde una loma.

Así he querido yo enterarme de lo que es esa difícil, asombrosa, inigualable selva española. Saliendo y viendo fuera otros árboles que hicieran posible la comparación o, dentro de la misma España, explicando a los extranjeros lo que les admiraba y que a mí me chocaba también después de haber intentado aclararlo. Es curioso lo poco lógicas que resultan las costumbres familiares cuando uno intenta razonarlas.

Para que este libro naciera se ha necesitado, pues, distancia, pero distancia física, no moral. El que describa los defectos españoles, no me libra de ellos. Parodiando la clásica frase: «Nada de lo que es español me resulta ajeno», y si uno de los

11

*caminos para encontrar los ejemplos ha sido des-
ojarme hacia fuera, otro, igualmente eficaz, ha
consistido en buscar en mi interior. Quien firma
no es, pues, un juez: más bien resulta un testigo
y, a veces, un cómplice.*

*Algunas de las características descritas en las
páginas que siguen son comunes a los pueblos lla-
mados latinos; otras a todos los europeos; algunas son, simplemente, humanas. No he tratado de
disociar las que nos pertenecían por herencia
de las que nos han llegado por imitación; no
trato de analizar el proceso histórico, sino su
resultado.*

*Resultado que es, sin lugar a dudas, único. La
impresionante personalidad española —de la cual
se comenta aquí apenas unos matices— asombra
a los visitantes y a los pocos españoles que han
meditado sobre ello. En todos causa impacto. Durante mis viajes he oído muchos juicios sobre
nuestro país y yo justificaba, interiormente, tanto
el agrio como el entusiasta. Lo que no podía aceptar era el comentario indiferente. «Odio lo español», «Adoro lo español», son frases contradicto-
rias, pero ambas tienen motivos de ser. El oír:
«España no está mal», me desconcertaba porque
España es como un licor fuerte que puede delei-
tar o repugnar, pero jamás beberse con la indiferencia con que se trasiega un vaso de agua.*

*Hace muchos años, en 1951, y estando de paso
en Londres, charlé con un antiguo conocido,
F. J. Mayans, que estaba entonces al frente de
la Delegación de Turismo Española en Inglaterra.
«¿Por qué no presentáis el viaje a España como
algo único? —le pregunté—. ¿Por qué entre los
carteles que aconsejan ir a Francia la Bella, a
Italia la Artista, no colocáis unos que digan: Sí,
pero España ¡es diferente!?»*

*Años después me ha alegrado ver el lema, re-
ducido de palabras, pero con idéntica intención,*

*en todas partes. Sigue siendo cierto. La progresi-
va unificación del mundo, desde la comida al
espectáculo, desde el traje a la moral, no ha podido destruir el baluarte de una España distinta.*

*Pero ¡cuidado con el adjetivo! Ser diferente no
quiere decir —como a veces parece interpretarse— ser mejor. Durante años no hemos hecho
otra cosa que alabarnos en el libro, en el periódico, en el cine, en la televisión, en el teatro. Quizá
convenga que después de tantos elogios a nuestras virtudes meditemos un poco sobre nuestros
pecados...*

...especialmente sobre los capitales...

*

*Los siete pecados capitales son los más gra-
ves en que pueda incurrir un católico. Me ha
parecido que, dada la importancia extrema que
esa religión tiene en España, podría ser interesante utilizarlos como piedra de toque, y estudiar la especial reacción de mis compatriotas en
cada caso. Porque si es verdad que católico quiere decir universal, se engañaría quien creyera
que el católico de Burgos o Valencia piensa igual
que el de Boston o el holandés ante prohibiciones
o mandatos.*

*Por ejemplo, para la mayoría de los españoles,
ya resulta una gran sorpresa que alguien les hable
de los Siete Pecados Capitales, porque el español
se limita a pensar en uno, el de la Lujuria. La
fuerza de su temperamento ha provocado un énfasis mayor en la vigilancia de la Iglesia y esto,
a su vez, ha hecho pensar a muchos que se trata
del único pecado realmente importante. Poca gente deja de confesarse de él; muchos, en cambio,
olvidan decirle al cura que han comido excesivamente (Gula) o que se quedan en la cama después de haber dormido lo necesario (Pereza).*

(El autor no distingue jerarquías entre los Pecados Capitales; cuando les concede desigual espacio, es porque así lo hacen los españoles.)

Estas páginas siguen los cauces de los «Pecados», pero de forma muy amplia, pensando más en la costumbre diaria que en la Teología moral. Aparte del gran Pecado Mortal, se analizan lo que podríamos llamar subpecados, que actúan a su sombra. Por ejemplo, con la Soberbia se estudia la vanidad, la presunción, el individualismo... Con la Ira, la crueldad, la dureza de costumbres... Con la Envidia, el resquemor, los celos artísticos, etc., etc.

*

El lector encontrará, espolvoreados en el texto, varios refranes españoles. El refranero de un pueblo no es, como se ha dicho alguna vez, muestra de su sabiduría; más bien lo es de sus instintos, a menudo bastante bajos. De todas maneras, tienen importancia, porque un refrán lo es a fuerza de repeticiones; sólo cuando hay muchos de acuerdo con una idea llega ésta a adquirir la categoría de proverbio y aun cuando aparezca otro refrán que diga lo contrario, el primero queda como muestra de un sentir y como tal tenemos que tomarlo en cuenta..., aunque se trate de un mal sentir...

De Santa Bárbara en California,
Primavera de 1966

Nota a la duodécima edición

Al rebasar el cabo de los 120.000 ejemplares —como hacemos en esta duodécima edición—, hay en el autor una mezcla de asombro y de agradecimiento. Asombro porque nunca pudo imaginar que un libro crítico de la costumbre española alcanzara ese éxito, precisamente entre los aludidos. El posible mérito de acertar en la descripción de unos usos y forma de vivir, es poca cosa comparado con la elegancia de que ha dado prueba el lector español al comprar, adquirir, leer y aun elogiar, una obra que no le ha regateado dureza ni condena. El autor estaba preparado para la polémica, convencido de merecerla. No estaba preparado, lo confiesa un poco emocionado y desconcertado, para ese increíble referéndum de adhesión que se refleja continuamente en la venta y el comentario de amigos o recién conocidos.

El español, afortunadamente, no tiene la exclusiva de los Pecados Capitales. De mi experien-

*cia viajera he procurado estudiar los pueblos con
los cuales he convivido, y así han salido los tomos
dedicados a los Estados Unidos, Francia e Italia,
todos recibidos con una expectación que agradez-
co, desde aquí con toda mi alma.*

Madrid, noviembre de 1970

Soberbia

«La soberbia, como primera en todo lo malo, cogió la delantera [...] Topó con España, primera provincia de la Europa. Parecióle tan de su genio que se perpetuó en ella. Allí vive y allí reina con todas sus aliadas: la estimación propia, el desprecio ajeno, el querer mandarlo todo y servir a nadie, hacer del Don Diego y «vengo de los godos», el lucir, el campear, el alabarse, el hablar mucho, alto y hueco, la gravedad, el fausto, el brío con todo género de presunción y todo esto desde el más noble hasta el más plebeyo.»

BALTASAR GRACIÁN. *El criticón*, Crisi XIII (s. XVII.)

*

«Si alguna vez os vienen ganas de salir de la Europa moral sin pasar empero las fronteras de la Europa geográfica, venid a España. ¡Oh, Dios mío! Dicen que los reyes se van, pero eso no es verdad; aquí tenemos a vuestras órdenes y a las de todos en general quince millones de reyes.»

DONOSO CORTÉS. «Carta a Luis Veuillot.» 22-III-1849. *Obras completas*, 2-633 (s. XIX.)

*

«Humildad rebuscada no es humilde y lo más verdaderamente humilde en quien se crea superior a otros es confesarlo; si por ello le motejan de Soberbia, sobrellevarlo tranquilamente [...], la más fina, la más sencilla humildad es no cuidarse en ser tenido por nada, ni por humilde ni por soberbio y seguir cada uno su camino, dejando que ladren los perros que al paso nos salgan y mostrándose tal cual es, sin recelo ni habladurías.»

UNAMUNO. «Sobre la Soberbia.» *Obras selectas*, Madrid, 1960, p. 238 (s. XX.)

Soberbia

Nobleza

Quizá sea la Soberbia la clave de la actitud española ante la sociedad. Esa Soberbia que permite al humilde hablar de que «no le da la real gana»...

Es muy posible que esa Soberbia sea, como piensa Américo Castro, herencia de una característica judía o árabe, que para el caso de un «pueblo elegido» es lo mismo. El tremendo orgullo del pueblo español, que tanto impresiona al forastero («aquí todos se creen hidalgos»), se fija en la curiosa jerarquía de valores que la España del XVI proyectó y ha llegado fácilmente hasta nuestros días.

«Con la introducción de esta no muy antigua ocupación se ha comenzado a usar que si un criado compra un real de fruta ha de dar medio al esportillero que se la lleva, vanidad y gasto sólo admitido en la corte de España.» «Fernández de Navarrete», «Conversación de monarquías», edición 1926, discurso XXVI.

Una marcadísima escala social provee a cada uno de los españoles con un inferior, al que hacer sentir la propia autoridad y ante el que sentirse jefe. Del mayordomo al mozo de limpieza, del cocinero al pinche, del general al soldado, hay siempre alguien a quien ordenar con la misma voz de ronco mando que ha oído antes en sus propios oídos, alguien en quien satisfacer esa ansia de poder que todos llevamos dentro. El más modesto empleado ve literalmente a sus pies al limpiabotas, y esos muchachos que se arrodillan a dar lustre al zapato tienen siempre la benevolente simpatía del cliente; ahí es nada mirar a alguien de arriba abajo, verle entretejer su operación con sonrisas amables ante el chiste de uno y agradecer desde esa profundidad la propina dada con largueza; largueza fácilmente soportable para la economía de tan amplio margen como la española, en que todavía se habla de céntimos y de miles de pesetas en el mismo tono de voz.

¿Y cuándo se llega al final de la escala? Queda el mendigo, a quien el soldado, incluso con su minúscula paga, puede regalar el tabaco que a él le cuesta menos o el pedazo de pan que le dan gratis. Este mendigo, que si ha desaparecido de muchas calles españolas ha sido por iniciativa de la autoridad, celosa de mantener una imagen perfecta de la ciudad con vistas al extranjero, no porque el español como tal se impusiera la obligación de acabar con la mendicidad. Y aun hoy, cuando un guardia arresta a un pobre en un café, el murmullo de la gente manifiesta la simpatía del público hacia el arrestado y en contra del agente de la autoridad. Es en vano que ésta pruebe eficazmente que el detenido es un pícaro sin ganas de trabajar. En primer lugar, esta acusación no tiene valor en España. En segundo, la existencia del mendigo, alguien a quien dar, es esencial para la seguridad interna del español.

No regateo con ello el carácter compasivo de nuestro pueblo. Pero en esto como en otras muchas cosas, el español reacciona ante lo visible e inmediato mientras parece ignorar lo que conoce, pero no es palpable. Por ejemplo, en la católica España ha habido, en los últimos años, casos de miseria espantosa en los conventos de monjas, revelados a veces en la prensa, pero olvidados con la misma facilidad por quienes podían ayudarlas mensualmente. Porque a las monjas de clausura no se las ve ni se las oye por la calle, y el español tiene a menudo reacciones de *Polaroid*, impresionándose en un minuto y olvidándose luego de lo que ve. A ningún rico español, por ejemplo, se le ocurre mandar ropa o dinero al desgraciado de Corea o de la India. Para el español, todo es instantáneo y hay pocos países en que se piense menos en el futuro. «Lo que sea, sonará.» «Dentro de cien años, todos calvos.» El «Qué largo me lo fiáis», de Don Juan, en suma.

Lo que al pobre das, Dios con creces te lo pagará.

Al llegar al mendigo parece que hemos dado en el fondo. ¿Ante quién puede ése manifestar su primacía? En primer lugar, ante el mismo de quien recibe la limosna. Es una curiosa prerrogativa nacida entre los árabes, para los cuales todavía el mendigo es aceptado y reconocido en las callejuelas de Tánger o Casablanca como un elemento religioso. Al aceptar la limosna, el pobre hace a su vez un favor: pone al donante en el camino de la salvación, del cielo. Para el creyente se trata de un convenio, con ventajas materiales ampliamente compensadas por las morales, lo que explica la para muchos forasteros asombrosa dignidad con que se extiende la mano y la untuosa respuesta que, al eludir el compromiso, procura no ofender y, más que negar, aplaza: «Otro día será, hermano.»

Así estaba seguro de alcanzar su diaria manutención el mendigo protagonista de José de Espronceda; lo que le daban se lo debían, y, por tanto, no necesitaba agradecerle.

> De villanos y señores
> yo recibo los favores
> sin estima y sin amor.
> Ni pregunto
> quienes sean,
> ni me obligo
> a agradecer...
> ...dar limosna
> es un deber.
> ...Dios a veces
> es mendigo,
> y al avaro
> da castigo,
> que le niegue
> caridad.

(Espronceda, *El Mendigo*.)

Comenta Julio Camba: «Fuera de aquí no hay realmente mendicidad. Para mendigar es preciso tocar el violín, la ocarina o el acordeón, cantar romanzas, bailar o hacer juegos malabares. Sólo España ha independizado a la mendicidad de las otras artes y sólo el mendigo español llega al corazón del público sin el conducto de musas extrañas.» (*Sobre casi todo. Sobre la mendicidad.*)

Pero es que, además, ese mendigo, en compañía del escalón anterior, el de millones de españoles que han vivido y viven en pésimas condiciones, los que saben del frío en casas mal acondicionadas, los que consideran normal tener sabañones en invierno y sudar torrencialmente en verano, los que aun llenando el estómago lo hacen con manjares que producen un desequilibrio fisioló-

gico; todos estos han vivido durante siglos de la
ilusión de poseer una propiedad inalienable e in-
destructible...

... Es, el de la raza, concepto que en los siglos
pasados estaba, como se sabe, unido a un valor
religioso. Sí, por debajo de los más humildes de
los españoles, de los más pobres, de los más mu-
grientos, había todavía alguien: Los moros, los judíos. «Tengo cuatro dedos de enjundia de cristiano viejo», grita el usualmente humilde Sancho, y
«no se dejaría empreñar por el mismo Rey que
fuera»; Pedro Crespo recordará a su hijo:

> Por la gracia de Dios, Juan,
> eres de linaje limpio
> más que el Sol, pero villano.

Lo primero se lo recuerda para que pueda aspi-
rar a todo. Creo honradamente que de aquí arranca la presunción del más humilde de los españoles, presunción que los siglos han transformado
en la hoja sin cambiarle la raíz. Cuando nuevas
filosofías quitaron a la raza su importancia, el
español trasladó a un patriotismo sin reservas
el mismo concepto. Porque la personalidad española se había forjado ya en los siglos cruciales
del XVI y XVII y el hecho de que el enemigo de-
saparezca del mapa, con las expulsiones ordena-
das por los reyes no cambia el concepto de pueblo
elegido por Dios.

«El español ha conservado a veces maneras íntimas y exteriores propias del tiempo en que se
sentía miembro de una casta imperial, consciente
de su innato mérito y de la virtud operante de
su mera presencia.» (A. CASTRO. *La realidad histórica de España*, Méjico 1959, pág. 593.)

«Muchos se ufanan, pero pocos se afanan.»
«Humos de hidalguía, cabeza vana y la bolsa vacía.»

«Uno de los defectos de la nación española, según el sentir de los demás europeos, es el orgullo. Si esto es así, es muy extraña la proporción con que este vicio se nota entre los españoles, pues crece según disminuye el carácter del sujeto [...], el rey lava los pies a doce pobres en ciertos días del año [...] con tanta humildad [...] que yo [...] me llené de ternura y prorrumpí en lágrimas. Los magnates y nobles de primera jerarquía, aunque de cuando en cuando hablan de sus abuelos, se familiarizan hasta con sus ínfimos criados. Los nobles menos elevados hablan con más frecuencia de sus conexiones, entronques, enlaces. Los caballeros de las ciudades ya son algo pesados en punto a nobleza [...]

»Todo lo dicho es poco en comparación con un hidalgo de aldea. Este se pasea majestuosamente en la triste plaza de su pobre lugar, embozado en su mala capa, contemplando el escudo que cubre la puerta de su casa medio caída, dando gracias a Dios y a la providencia de haberle hecho don Fulano de Tal. No se quitará el sombrero (aunque lo pudiera hacer sin desembozarse); no saludará al forastero que llega al mesón, aunque sea el general de la provincia o el presidente del primer tribunal de ella. Lo más que se digna hacer es preguntar si el forastero es de casa solar conocida al fuero de Castilla, qué escudo es el de sus armas y si tiene parientes conocidos en aquellas cercanías.» (Cadalso. *Cartas Marruecas*. Carta XXXVIII.)

La diferencia de reacción es lógica. Los individuos mencionados, reyes y alta nobleza, pueden permitirse el lujo de ser afables y aun religiosamente humildes a ratos, porque saben con certeza que su gesto jamás permitirá el salto del inferior hasta su altura; la confianza es más fácil porque la situación social es bien clara. A medida que disminuye esta seguridad, aumenta el recelo, y el gesto amable es sofocado por temor a provocar la excesiva confianza del otro. Cuanto más bajo económicamente, más precaución toma el noble para recordar su única fortuna, la del linaje. Recuérdese a Don Quijote, llano con Sancho, pero siempre hasta cierto punto: «...desde aquí adelante ten más cuenta con tu persona y con lo que debes a la mía; que la mucha conversación que tengo contigo ha engendrado este menosprecio» (1-20).

...o al noble pobre de «José» de Palacio Valdés.

La relación afectuosa entre amo y criado es siempre directamente proporcional a la distancia social que media entre ellos. Por eso en España, el señor que va al café habla con el camarero con una confianza que no se encuentra en Francia o Italia, precisamente porque no teme que acabe sentándose a su lado. (Algo parecido ocurre en el sur de los EE. UU. con los negros tratados por los blancos como amigos y mucho más afectuosamente que en el norte... mientras sigan «en su sitio».)

La soberbia española mantiene en vigor un sistema de castas periclitado en otros países donde ha habido, tarde o temprano, una revolución que ningún español acepta si, al adquirir unos privilegios, pierde los que él ha tenido desde la infancia. Todos estarían de acuerdo en acortar las distancias que les separan de la clase superior si no les pidieran, al mismo tiempo, reducir las que les separan del de abajo.

España en el mundo de la cortesía, es una curiosa isla en la zona románica. Los portugueses, los franceses, los italianos son infinitamente más dados a la frase rebuscada y ceremonial que los españoles y mantienen mucho más tiempo el *Vossa Excelenza*, el *Vous* y el *Lei*, incluso en ambientes como el estudiantil, en que antes parece que debería desaparecer.

He pensado muchas veces si esta no es otra muestra de la Soberbia española que le impide doblegarse demasiado ante un extraño, la misma Soberbia que hacía que el escudero del Lazarillo mirase a las manos del conocido que se acercaba por la calle y ver si tenía intención de «quitarse la gorra» para, a su vez, corresponder al saludo sin ser jamás el primero.

«Un día me contó su hacienda y me dijo que era de Castilla la Vieja y que había dejado su tierra no más que por no saludar con el bonete a un caballero su vecino.

»—Señor —dije yo—, si era lo que decís y tenía más que vos, ¿no errabais en no saludarle primero, pues decís que él también os saludaba?

»—Si es y si tiene, y también me saludaba él a mí, más de cuantas veces yo le saludaba primero, no fuera malo hacerlo él alguna y ganarme por la mano.

»—Me parece, señor —le dije yo—, que en eso no miraría yo mayormente con los mayores que yo y que tienen más.

»—Eres muchacho —me respondió— y no sientes las cosas de la honra, en la cual, en el día de hoy, está todo el caudal de los hombres de bien. Te hago saber que yo soy, como ves, un escudero; mas si al conde encuentro en la calle y no me saluda con el bonete, otra vez que venga entraré en una casa fingiendo en ella algún negocio o atravesaré otra calle, si la hay, antes de que llegue a mí por no saludarle. Que un hidalgo no debe nada a nadie más que a Dios y al Rey, ni es justo, siendo hombre de bien, descuidarse de tener en mucho su persona.» (*La Vida del Lazarillo de Tormes*. Amberes, 1554.) Tratado 3.

No vale ser marqués, sino saberlo ser.

La obsesión alcanza a cualquier español, por modesto que sea, y portarse como un caballero

es, al menos en la frase, algo muy importante.
Rinconete y *Cortadillo*, los protagonistas de la
novela ejemplar de Cervantes, son dos mozalbe-
tes con el vestido roto y casi hambrientos, lo cual
no les impide saludarse con expresiones de rebuscada cortesía como ésta:

—¿De qué tierra es vuesa merced, señor gentil-
hombre, y para adónde bueno camina?

—Mi tierra, señor caballero —respondió el preguntado—, no la sé, ni para dónde camino tampoco.

Pero aunque los hechos no correspondan con
las palabras, queda en el interior de muchos españoles, incluso de los más modestos, la seguridad de que hay algo más importante y por encima
de los demás mortales: es el señorío, una serie
de cualidades que pueden resumirse en elegancia
física y moral, amabilidad con los de abajo y generosidad ilimitada. Ni siquiera la revolución que
impuso durante unos años, 1936-39, en las zonas
más pobladas de España, el uso de camarada y
compañero, pudo quitarle al título «señor» su
aureola y su prestigio y, a sabiendas de ello, la
propaganda marxista no aludía casi nunca a los
«señores» de la España franquista, sino a los «señoritos». Un señorito es, naturalmente, el hijo
de un señor, pero no quiere decir que herede necesariamente las cualidades antes señaladas. Al
contrario, al tener desde muy joven el nombre y
el dinero, se convierte a veces en una caricatura
de su padre, dejándose arrastrar por la vida fácil
ausente de responsabilidad.

Las circunstancias económicas han producido
en España, como en todo el mundo, una altera-
ción de modelos de vivir, pero en el fondo se ha
mantenido idea de las jerarquías. A pesar del
cambio sufrido por grandes zonas de la sociedad,
el señor «de corbata» sigue considerándose en España distinto y por encima del obrero manual.

Un estudiante puede llegar a la lucha violenta con la policía en nombre de la revolución social sin dejar de exigir de la criada de su casa el respeto que le debe como a hijo del dueño y, al contrario de sus compañeros de otros países encuentra humillante cualquier trabajo que no sea el de dar clases. En ocasión de las fiestas de Navidad, cuando algunos establecimientos utilizan empleados temporales, decía la *Hoja del Lunes* de Madrid: «Alguno, a veces, pasa un poco de apuro y se siente herido en su orgullo si un amigo de su familia le descubre detrás de un mostrador.» (23 diciembre 1968.)

La conciencia de clase funciona también desde el otro lado. Muchas veces me ha sorprendido el taxista indignado ante la proliferación de coches utilitarios, y su queja no se refería al número sino a los usuarios.

—¡Todo el mundo quiere tener coche! ¡Usted ha visto! Que tenga coche un abogado, un ingeniero, un médico..., pero que cualquier chupatintas quiera tener auto. ¡vamos, hombre!

Alguna vez intenté argumentar que todos tienen derecho a un coche, y que él debería estar contento de que su vecino de casa y de categoría aspirase a desplazarse cómodamente para sus ocupaciones. Movía la cabeza.

—¡Que no, que no, que no puede ser!

Si una señora va al mercado y se muestra excesivamente reservada con el dinero, y desconfía de la vendedora humillándola, ésta no dice: «Esa señora»..., sino: «¡Vaya gente! *¡Y dicen* que son señoras!», con lo que muestra mantener el antiguo respeto por el tipo que la sociedad moderna tiende a mezclar y confundir. Y, sin embargo, es curioso: Las dos instituciones más tradicionales de España son la Iglesia y el Ejército. Y son, quizá, las que mejor permiten al desposeído de medios de fortuna la subida hasta la cumbre. Numerosos obispos proceden de humildes familias campesinas. Varios generales han subido desde soldados.

En general, la tradición se mantiene. Veamos un cartel de toros. Si actúa un rejoneador, se antepondrá a su nombre el don. Don Alvaro Domecq, don Angel Peralta. Los toreros a pie son a menudo más ricos, más famosos, pero su nombre se anuncia a secas, sin título. ¿Por qué? Porque el caballero es automáticamente un señor, y el hombre a pie, a pesar de haberse convertido en el protagonista de la fiesta desde el siglo XVIII, mantiene una curiosa aureola de humildad que permite a cualquiera arrojarle un cigarro de regalo si la faena ha sido de su gusto.

«Don Nadie por ser Don Alguien y Don Alguien por ser Don Mucho, ninguno está en su punto.»

De este empeño de acercarse lo más posible al de arriba nace el tuteo que tanto sorprende a los extranjeros. Esta fórmula de saludo estaba en épocas pasadas limitada a los nobles de prosapia, los Grandes de España, que, al tutearse, subrayaban una hermandad a la que no tenían acceso los extraños. Se daba a veces el caso que cuando «se cubría» un grande que no tenía derecho excesivo a ello, sus colegas se apresuraban a saludarle con Vuestra Excelencia o Vuestra Merced que, en su aparente reverencial respeto, era de una frialdad tajante; significaba que no pertenecía al mundo que le había acogido —a la fuerza— en su seno.

Con la guerra civil hubo una revolución de costumbres. La izquierda extrema, por un lado; la Falange, en el otro; la camaradería de trinchera, en donde se reunieron todas las gamas de la clase social, hicieron tabla rasa de la tradición. Al llegar la paz e intensificarse la vida de sociedad, alguien que podía haber detenido la tendencia

la acogió con cariño y la alentó. Las amas de
casa vieron en la nueva fórmula una maravillosa
coquetería. Las rejuvenecía. Y, «Baronesa, ¿cómo
está usted?», se ha convertido en: «¿Cómo estás,
Adela?» Muchachos de diecisiete años dicen:
«Hola, hombre», a ancianos venerables que se han
resignado por el santo temor de parecer anticua-
dos y, por ello, más viejos de lo que en verdad
se sienten.

Pero si la Soberbia ha cambiado la fórmula
tradicional de la clase alta y de la media que as-
pira a serlo, no lo ha hecho, en cambio, con la
baja. Lo que es buenas maneras en el salón de
la duquesa, no lo es en un baile de criados, donde
el «usted» y «señorita» es obligatorio para sacar
a bailar a una muchacha. La razón es obvia, porque en ese caso el «tú» no rejuvenece ni moder-
niza. El «tú» recuerda la forma en que todavía
muchos españoles tratan al servicio y es, por tanto, un síntoma de desprecio, no de confianza entre
iguales. La Soberbia española, que actúa en forma relativa, pero constantemente, en todas las
clases sociales, no lo tolera. (De la misma forma
el español de cierta clase presentará a su esposa
como a «su mujer», mientras que el obrero, que
ha oído esta expresión aplicada a la lavandera o
a la criada, se refería a la suya como a «su señora».)

Antiguamente se adoraba al rey porque era un
poco propiedad común, y aún hoy el español corriente habla de la casa de Alba como el patrimonio de todos y, por tanto, en cierto modo,
parte de sí mismo. Presume de ella y de su prestigio internacional como si se tratara de alguien
de la familia. Y lo mismo se vanagloria del torero, del pintor o del músico famoso.

El orgullo humano, individual o colectivo, de
una persona o de un pueblo, está casi siempre
en proporción directa de lo que posee en bienes

materiales. El orgullo español no necesita de este soporte porque es un orgullo interior basado, como hemos visto, en riqueza íntima, racial —la gran España del Imperio o religiosa—, seguidores de la *única* religión, la católica. Por ello las manifestaciones externas de su orgullo no tienen nada que ver con las de otras personas u otras naciones.

Así lo extraordinario resulta en España menos fuera de lo corriente que en otro país, porque no representa la cúspide de una riqueza. Lo superfluo no tiene necesariamente que seguir a lo necesario; a menudo elegante o asombroso, tiene precedencia sobre lo más urgente. Si en un país sensato la gente come primero lo suficiente y *después* se viste, el español se adorna primero, aun cuando su alimentación deje que desear, porque esto último no lo ve nadie y lo otro sí. El automóvil está tan en auge, no porque muchos puedan permitírselo sino porque a muchos les urge tenerlo, con medios o sin ellos.

Lo mismo ocurre en la edificación. Sólo en los imperios del pasado —Egipto, Asiria— puede encontrarse equiparación con el rey que edificó el palacio-monasterio de El Escorial, que si hoy es gigantesco, calcúlese lo que sería comparado con las construcciones de entonces. El Escorial no fue levantado para albergar Consejos de Indias, Castilla, Aragón, Italia —lo que hubiera tenido lógica—, sino para que Felipe II se lo presentara a Dios como muestra de su devoción y de orgullo.

Los siglos han pasado, pero la idea continúa vigente. Después de la guerra civil, cuando la mitad de los españoles no tenían dónde albergarse, se inició la basílica del Valle de los Caídos, horadando la montaña en un esfuerzo de hombres, dinero y material que hubiera bastado para poner techo sobre la cabeza de muchos españoles desahuciados por la fortuna. Y si el Estado hacía esto, la industria privada tampoco se quedaba atrás. Cuando las casas de Madrid dejaban mucho que desear, se erigió en la plaza de España el que durante años fue el rascacielos más alto de Europa, y con las calles llenas de baches, el Ayuntamiento se lanzó a soñar en el parque zoológico más bello del continente.

Sería muy fácil decir que esas empresas son de una minoría de políticos que actúan sin contar con el beneplácito del pueblo, pero no creo que sea este el caso. Al español, todo lo grande y soberbio le impresiona, aunque sea inútil o desproporcionado a los medios del país, quizá porque, estando en su casa, se lo anexiona, lo hace servir como una prueba más de su grandeza personal. Los campesinos de la España de Felipe II, medio muertos de hambre, se extasiaban ante El Escorial, y yo he oído a muchos enemigos de Franco comentar, orgullosos, la basílica del Valle de los Caídos, especialmente ante extranjeros. «Ustedes no tienen nada parecido, ¿verdad?»

Con la misma falta de lógica, los diplomáticos españoles en el extranjero cobran sueldos superiores a los que representan a países mucho más ricos, como si todavía hablaran en nombre de la España propietaria de las Indias. Bastará decir que un Secretario de Embajada español gana más que su equivalente de los Estados Unidos.

Las frases famosas acostumbran a serlo porque reflejan el alma del pueblo en una forma concreta y fácil de recordar. Cuando Unamuno (no el más Soberbio de los españoles, pero sí el único que encontró razones intelectuales para explicar esta Soberbia) lanza su «¡Que inventen ellos!», refiriéndose a la inferioridad técnica de España en relación con países extranjeros, sus comentaristas, hombres cultos y sensibles, hacen esfuerzos de dialéctica para que «pasemos» una frase que, desde todos los puntos de vista, es lo más irracional que pueda decir un hombre que asegura amar a su pueblo. Pero es que en el más cartesiano de sus exegetas hay un fondo español que permite que la frase haga gracia por su desgarro, por su desprecio hacia lo normal, por su Soberbia, en suma. Lo mismo en los versos famosos de *Las Mocedades del Cid*, de Guillén de Castro:

> Procure siempre acertarla
> el honrado y principal;
> pero si la acierta mal
> defenderla y no enmendarla.

¡Sostenerla y no enmendarla sabiendo que uno está equivocado! ¿En qué mente cabe esto? En la que valora más el corazón que el cerebro, la mente que no concibe rectificar porque es humillante..., la española, en suma.

La frase famosa es, a veces, descaro o chiste con que se contesta a una petición razonada. Cuando don Fernando el Católico le pide cuentas a Gonzalo de Córdoba de los caudales gastados en la guerra, el otro contesta con altivez y sorna. Así rezan los capítulos...

«Picos, palas y azadones, cien millones»

Otros apartados hablan de los guantes perfumados «para resistir el hedor de los muertos enemigos en las batallas» o de nuevas campanas adquiridas porque las antiguas «se rompieron de tanto repicar por la victoria».

Todo ello es sonoro y retumbante, pero... no contesta a la pregunta del rey. Por el contrario, da motivo a pensar que don Gonzalo de Córdoba contestaba así, tanto porque se sentía ofendido de que le pidiesen cuentas como porque no sabía cómo darlas.

Para su fama da lo mismo. En esa leyenda his-

tórica el español estará siempre de su parte. Por
un lado, el rey receloso, desconfiado, mezquino,
recontando el dinero...; por el otro, un héroe vencedor de los franceses, al que obligan a bajar de
su gloria para atender esa increíble pequeñez.
Así se contesta, ¡sí, señor! Y si se quedó con algo
que no era suyo, ¿qué? Se lo merecía mil veces.

(Como en la religión, la moral no tiene fuerza
general, sino particular, es tela que se aplica a
la medida de cada uno. La misma acción puede
ser horrible hoy y estupenda mañana, según
quién la lleve a cabo; en la personalización continua del español, la calidad del hombre es la
que determina la gravedad del pecado y no al
revés.)

Como lo de

> Todo lo sufren en cualquier asalto.
> Sólo no sufren que les hablen alto...

... con que Calderón definió a los soldados españoles (*La rendición de Breda*). Y por el lector
corre un escalofrío de placer. «¡Qué tíos!, ¡cómo
eran!» La admiración a los Tercios de Flandes,
que destruyeron sin construir, que produjeron
más leyenda negra que Antonio Pérez y la Inquisición juntos, tiene un fondo de alegría romántica
ante el rebelde que mata, pilla y saquea por puro
orgullo satánico. Historiadores católicos narran
sin una palabra de censura el saco de Maestri-
que con el grito de «¡España, España! ¡Mata,
mata!» El tipo rebelde, poco sujeto a las reglas
de la moral, de la religión, sigue siendo el héroe
español, por excelencia. Todo bandido es aceptado si tiene prestancia, presencia. Como *El Estudiante de Salamanca*, de Espronceda:

> porque en sus crímenes mismos,
> en su impiedad y altiveza,
> pone un sello de grandeza
> Don Félix de Montemar.

Y hoy todavía, tras tanta revolución y guerra, tras tantos cambios sociales, se dice de alguien con admiración: «Tiene mucha clase...» o «Tiene mucha casta.» «Arrogante» peyorativo en inglés por ejemplo, es un elogio en español.

Las palabras ampulosas suenan bien en los oídos españoles: «Más vale honra sin barcos que barcos sin honra», «Si no hay cuchillo para matar a mi hijo, ahí va el mío»... Ultimamente: «Imperio, misión providencial», por un lado; «El pueblo en armas contra la invasión germano-italiana», del otro.

...La frase grandilocuente es como una bandera bajo la cual gusta de refugiarse el español, ...aunque no siga exactamente su significado. Curiosamente aquí, en lugar de personalizar los conceptos abstractos, el español mantiene una absoluta independencia de la virtud de que blasona y, muy a menudo, no deja que ésta interfiera para nada en su vida particular.

Veamos el «honor», por ejemplo. A todos gusta envolverse en los pliegues de esa bandera sonora, enfática, llena de recuerdos gloriosos. Pero el vivir de acuerdo con ella, en su pura estricta acepción, es otra cosa. Volvamos al protagonista de nuestra literatura... Todos son «hombres de honor» y se ofenden cuando alguien, a la vista de sus engaños, trampas, burlas, blasfemias, traiciones, lo duda. Para ellos no hay ninguna contradicción entre su postura pública y la privada. Son caballeros, luego son hombres de honor. Y basta.

El más noble y respetado de los héroes españoles, el Cid, engañará a unos judíos haciéndoles creer que las arcas que les deja como fianza de la cantidad prestada están llenas de oro y plata, cuando sólo contienen arena. Al autor del poema le parece naturalísima la estafa, y se olvidará in-

cluso de decirnos si, al menos, el Cid pagó la
deuda cuando ya era rico.

«¡Traición es, más como mía!», grita Don Juan
y cuando Don Luis va a su quinta diciendo se
fía de él, contesta.

> «No más de lo que podéis
> y por mostraros mejor
> mi generosa hidalguía
> decid si aún puedo, Mejía,
> satisfacer vuestro honor.
> Leal la apuesta os gané;
> mas si tanto os ha escocido,
> mirad si halláis conocido
> remedio y le aplicaré.»

(ZORRILLA, *Don Juan Tenorio*, IV-6.)

Cualquier español resiente como ofensa grave
que se dude de su honorabilidad, aunque todas
las circunstancias prueben la razón que hay para
ello. Pedir un documento, un carnet que acredite
el derecho a entrar en un lugar, parece ya una
molesta imposición. Un empleado pondrá el grito
en el cielo si le obligan a firmar para demostrar
que ha llegado a la hora en punto de la mañana.
«¡No se puede tolerar esta falta de confianza!
¿Qué se han creído?» Si el observador apunta entonces: «Perdón, pero usted mismo me ha dicho
que generalmente llegaba a la oficina a las diez»,
recibirá una iracunda respuesta: «¿Y eso qué
tiene que ver? Yo puedo llegar tarde alguna vez,
¡pero el hijo de mi padre no aguanta que duden
de él y le vigilen!» La discusión *debe* de terminar
aquí...

Eso mismo ocurre en otras actitudes que *a priori* son consideradas innatas en mis paisanos. Por
ejemplo, la educación y buenas maneras de la
que todos se consideran ungidos desde niños. Una
vez, por una calle de Madrid, cerca de la Gran Vía,
una muchacha que iba delante de mí fue asediada

por un grupo de estudiantes que le dijeron las
normales groserías (ver Lujuria), mientras prácticamente le impedían el paso. La chica los esquivó,
mientras les lanzaba un «¡Mal educados!» de rabia. Al oírla imaginé que los muchachos reaccionarían con una burla y que, en pocas frases justifi-
carían su preferencia por la violencia carnal y la
libertad de las pasiones en contraste con la anti-
cuada urbanidad. Esto en el espíritu de «¡Hurra,
cosacos del desierto, hurra!», hubiera sido, al
menos, lógico. Pero, asombrosamente, el que parecía jefe de la banda se enrigideció y dijo muy
serio: «Somos más educados que usted, guapa.»
    En principio al español le irrita muchísimo el
adjetivo por mucho que se lo merezca. No se trata ya de la reacción ante un «¡ese pobretón!» en
cierto modo lógica, porque muchas veces uno no
es responsable de su estado económico, sino de
indignarse ante el apelativo de «sucio», aunque
la mugre le cubra la cara.
    Sí, el nombre molesta, aparte de su significado.
Cuenta Miguel Maura que el presidente de la República, Niceto Alcalá Zamora, acostumbraba a
decir:
    —Yo no soy rencoroso, Miguel, pero a mí el
que me la hace me la paga.
    ¿Será que el español vive en dos mundos? El
literario, entonces, informaría su pensamiento
dándole el modelo ideal. El práctico marcaría sus
actos diarios. Cualquier relación entre ellos sería
mera coincidencia.

Religión

    De la misma forma que los españoles se hacen
los trajes a medida, crean una religión ajusta-
da a su personalidad. Se establece así una relación directa entre Dios y el español que, después

de ello, no necesita que le aclaren ni le expliquen nada teólogos u obispos. En la cúspide de esa posición espiritual están, naturalmente, los místicos, que encontraban a Dios en su propio corazón sin sacerdotes intermediarios (lo más difícil para la Inquisición española era distinguir entre los auténticos santos y los iluminados de dudosa catadura moral, porque todos tenían la misma pretensión: hilo particular con las altas esferas).

Porque este hilo directo está al alcance de cualquier español, sea cual fuere su categoría intelectual o moral.

> «¿Imagináis que hay más de un Dios,
> uno para mí y otro para vos?»

Pues sí, en general esto es lo que el español cree. Un Dios propio al que hablarle de tú a tú, pedirle favores y firmar contratos.

> Al alto cielo subí,
> hice escritura con Dios,
> que el día que tú te mueras
> me tengo que morir yo.

Cuando conocí al alcalde de Málaga, le pregunté qué fundamento tenían los rumores de que Torremolinos —barrio hasta entonces de la ciudad— iba a tener Ayuntamiento propio. «Calle usted, hombre —me dijo la primera autoridad municipal—. Yo le rezo todos los días a Dios para que no ocurra.»

…Y yo me quedé lleno de perplejidad, imaginando a Dios en una amplia oficina de «ejecutivo», despachando con sus secretarios los asuntos del día. Y uno diciéndole:

—Señor, el expediente de Torremolinos. El alcalde de Málaga que pide no se conceda la autonomía municipal. Y por otro lado, unos vecinos del pueblo citado solicitándolo.

Y Dios meditando sobre el problema y pidiendo informes del Servicio Divino de Municipios, antes de decidirse por una u otra solución.

La frase «Dios está en todas partes» parece tomarse en España como que puede ser tan partidista como cualquiera de nosotros.

En ocasión de un concurso televisivo muy popular, el de «Cesta y puntos», la prensa anunció la visita de los finalistas escolares de Avila a su obispo, al que le dieron las gracias por la ayuda prestada. Su Ilustrísima les dijo: «Dadle las gracias a las monjitas del convento... que rezan por vuestro triunfo.» La final tenía que efectuarse contra una ciudad del Norte donde imagino que otras monjitas orarían a su vez por el triunfo de los rivales.

Y naturalmente, también se pide al Hacedor que ayude a los resultados futbolísticos, como si fuera un delantero centro «extra». En ocasión de un partido internacional entre el Atlético de Madrid y el Cágliari, el periodista que transmitía el partido para la Televisión Española —y supongo que para la italiana— preguntó a un técnico si pensaba que el equipo madrileño podía meter un par de goles en el segundo tiempo. El interrogado contestó afirmativamente.

Entonces dijo el periodista, transido de emoción y esperanza ante millones de telespectadores:

—Dios te oiga...

La religión envuelve al español desde su cuna, y sus alturas teológicas se aplican a elementos de la vida diaria. Por ejemplo:

> Yo te quiero más que a Dios,
> ¡mira qué palabra he dicho,
> merezco la Inquisición!

El final es medio en broma, medio en serio. La conciencia le reprocha una comparación que, en

otro lugar, sería sacrílega. En España basta cubrirse con una observación irónica:

> Te quisiera comparar...,
> pero no, que me condeno,
> con la Virgen del Pilar:
> eres un poquito menos.

Las esferas religiosas sirven para justificar las
pasiones humanas que, para el español, resultan
más importantes. Bécquer, el más fino de nuestros poetas románticos, lo había dicho ya:

> Hoy el cielo y la tierra me sonríen...
> Hoy brilla en el fondo de mi alma el sol...
> Hoy la he visto, la he visto y me ha mirado...
> ¡Hoy creo en Dios!

Un caramelo, una mujer, ¿puede saber «a Gloria»? En España, sí. Y no vale argüir que se escribe con minúscula. El español se está refiriendo
en ese momento para explicar un placer frívolo
y quizá pecaminoso, nada menos que a la felicidad total que, según la Iglesia, se encuentra en el
Cielo.

Es muy corriente mencionar las angustias del
Señor en la cruz, con las que uno está pasando
por una muchacha que no le quiera. O decir, como
en el cuplé famoso, que se va a hacer uno un
relicario con el trocito del capote en que pisara
la muchacha.

Insistirá la copla anónima:

> Es tanto lo que te quiero
> y lo que te quiero es tanto,
> que el día que no te veo
> no le rezo a ningún santo.

El matiz religioso subordinado a la mujer no
puede ser coartado por la simple prohibición de
los ministros del Señor:

> El confesor me dice
> que no te quiera
> y yo le digo: ¡ay, padre!,
> si usted la viera.

… Y si hace falta, se llegará a la ruptura total con la paz del alma…

> Por ti me olvidé de Dios,
> por ti la gloria perdí,
> y ahora me voy a quedar
> sin Dios, sin gloria y sin ti.

Pero esto es excepcional. El español en general no cree necesaria esta alternativa por mucho que peque…

«No hay puta ni ladrón que no tenga su devoción.»

Ya explicó Cervantes, en el segundo caso, que eso no era incompatible:

—«¿Es vuesa merced por ventura ladrón?

—Sí —respondió él—, para servir a Dios y a las buenas gentes…

… Cosa nueva es para mí que haya ladrones en el mundo para servir a Dios y a la buena gente.

A lo cual respondió el mozo:

Señor, yo no me meto en tologías (teologías); lo que es que cada uno en su oficio puede alabar a Dios y más con la orden que tiene dada Monipodio a todos sus ahijados… El tiene ordenado que de lo que hurtáremos demos alguna cosa o limosna para el aceite de la lámpara de una imagen muy devota que está en esta ciudad, y en verdad que hemos visto grandes cosas por esta buena obra; porque los días pasados dieron tres ansias (tormentos) a un cuatrero que había murciado (robado) dos roznos (asnos) y con estar flaco y cuartanario, así las sufrió sin cantar como si fueran nada; y esto atribuimos los del arte a su buena devoción porque sus fuerzas no eran bastantes para sufrir el primer desconcierto del verdugo.» (*Rinconete y Cortadillo.*)

La prostituta española lleva medallas aun *durante* su trabajo, y el párroco de iglesias situadas en barrios de mala fama está cansado de ver a mujeres rezando a Dios, antes de «hacer la carrera», para que proteja su negocio. Esta incongruencia hizo que Richard Wright, el novelista negro americano, titulara su libro sobre nuestro país *Pagan Spain*, pero erró el adjetivo. No es que los objetos religiosos sean amuletos y fetiches sin una verdadera fe que los mantenga. La fe de la prostituta es mucho más grande que la de los demás mortales, porque no sólo se basa en la misericordia de Dios, sino en su comprensión. Atención, sin embargo. Esta comprensión no es general; la prostituta no cree que todas las de su profesión serán perdonadas por sus pecados...; todas no, pero Ella, sí. ¿Por qué precisamente ella? Porque —y esta es respuesta que he oído muchas veces— Dios *sabe* la razón de su comportamiento y que no tiene más remedio que seguir por ese camino. Se ha establecido, pues, una especie de convenio. Mientras las circunstancias sigan así, ella pecará y Dios asentirá compasivo. Su caso es especial, interesante y único. «Si bien o mal vivo —dice la Celestina—, Dios es el testigo de mi razón» [1].

(Todas las rameras españolas creen que su caso está mezclado con tan fabulosas muestras de lo extraordinario, que daría tema para una narración literaria. Esta seguridad que ha oído todo el que escribe: «Si te contara mi vida, ¡qué novela podrías hacer!», está basada en la Soberbia por dos lados: a) el caso es único; b) tiene que serlo porque sólo tan asombrosas circunstancias pueden explicar la caída, algo así como si la muchacha fuera una víctima de lo cósmico.)

Sí; el español mira a Dios cara a cara, como a un igual. Las promesas, a que tan dados son nues-

[1] (ROJAS, F. DE: *La Celestina,* Buenos Aires, 1963, página 108.)

tros compatriotas, tienen siempre un aire de toma
y daca que sólo se concibe entre pares. «Tú me
curas a mi hija y yo te doy dinero para cien
misas o voy de rodillas de tal sitio a tal otro.»
El más representativo de los españoles, el don
Juan Tenorio de Zorrilla, *concede* al cielo una
oportunidad de cumplir con él. En el momento
en que él ha decidido cambiar de vida, todo debe
de estar dispuesto para acogerle y aceptarle. Cuando, con lógico recelo por su pasado, Don Gonzalo
le niega la hija y Don Luis se mofa de su humillación, Don Juan los despacha a ambos con la conciencia tranquila porque, como explica luego…:

> llamé al cielo y no me oyó,
> y, pues sus puertas me cierra,
> de mis pasos en la tierra
> responda el cielo, no yo.

Cuando el español se ha hecho su composición
de lugar no acepta cambiarla (véase Pereza), aun
cuando quien lo intente tenga evidente derecho
para ello. Forma parte ya del folklore español la
historia de aquellas familias navarras que, cuando el papa León XIII promulgó la bula *De rerum
novarum*, reaccionaron ante esa declaración «iz-
quierdista» rezando todas las noches «por la conversión del papa». Más tarde, durante la última
guerra mundial, una amiga mía oyó a una señora
reaccionar indignada ante la noticia de que se
había suprimido el ayuno y abstinencia por causa de la guerra. «Pues yo seguiré ayunando —respondió iracunda—; si el papa se quiere conde-
nar, que se condene.»

Porque el español tiene cada uno a *Su* papa,
imagen que resulta ya el original y no la copia.
Cuando lo que hace el pontífice no se ajusta con
la idea personal que tenemos de él, lo que está
mal no es el espejo, sino la figura, *que no debe
ser así*. La frase «más papista que el papa» sólo
podía nacer en España.

Las nuevas doctrinas tras el Concilio Ecuméni-
co han provocado reacciones parecidas. Mingote
las satirizó en una caricatura donde una vieja
beata decía a otra: «Digan lo que digan, al cielo
seguiremos yendo los mismos de siempre.»

En el fondo, quizá por la reacción contra cualquier mando implícita en el español, la devoción
al Pontífice se ha mantenido durante siglos mezclada con un cierto placer en contrariarle. Los historiadores de derechas cuentan, sin excesiva angustia, algo tan oficialmente contrario a nuestra
posición vital como el «saco de Roma» en 1527 y
comentan irónicamente la imposibilidad en que
el papa se vio de prohibir en España las corridas
de toros.

*

Cuando el español va a la iglesia se considera
en su casa, no en la de Dios. De la confianza con
que los españoles tratan a la iglesia da fe el cartel que se ve hoy todavía y en el que... «Se ruega
no escupir por respeto al lugar sagrado.»

A nuestro católico de la Edad Media le parece
muy natural, por ejemplo, que una señora de
bella presencia baste a distraer a todo el mundo,
empezando por el oficiante:

En Sevilla está una ermita cual dicen de San Simón
a donde todas las damas iban a hacer oración.
Allá va la mi señora sobre todas las mejor.
[...] a la entrada de la ermita relumbrando como un sol.
El abad que dice la misa, no la puede decir, no,
monacillos que le ayudan no aciertan responder, no,
por decir amén, amén, decían amor, amor.

(*La ermita de San Simón*, MENÉNDEZ PELAYO,
OC, VIII-298.)

La Celestina, vieja alcahueta, entra en la iglesia como en su oficina. Los sacerdotes son sus
clientes. «De media legua que me viesen dejaban
las *Horas* (libro de). Uno a uno, dos a dos venían

adonde yo estaba... a preguntarme cada uno por
la suya. Que hombre había que estando diciendo
misa, en viéndome entrar se turbara; que no había ni decía cosa a derechas...» (*La Celestina.*
Acto IX.)

Y en el XVII es lógico que coqueteen en la casa
de Dios hombre y mujer... entre otras cosas porque es el único sitio donde pueden verse.

> GINÉS: Ya vuesarcé no se acuerda
> de aquel pobre caballero
> que el otro día en la iglesia
> le bebió dos dedos de agua
> a la pila, porque en ella
> metió vuesarcé un dedo
> y suaced dijo: ¿Pudiera
> en una taza del Prado
> hacerse mayor fineza?
>
> (LOPE DE VEGA, *Quien todo lo quiere.*)

Los autores del XVII sitúan a menudo su trama
amorosa en las cercanías de la iglesia. Años después los moralistas seguían quejándose de que
las iglesias son «casas de conversación», y aun hoy
el extranjero católico se aterra ante la familiaridad con que se actúa en ellas, desde el saludo en
voz alta al intercambio de miradas. El español
encuentra larguísimo todo acto en que no tiene
intervención ninguna y en ningún lugar del mundo hay misas tan cortas como en la católica España. Por si fuera todavía demasiado extensa, los
españoles acostumbran a iniciar la estampida antes de terminar, y el rumor de sillas y el rozar
de pies del público es acompañamiento obligado
de las últimas oraciones.

... Hablamos, naturalmente, de los españoles
que van a misa. Para muchos la iglesia es un lugar «*hasta* el que ir» los domingos y fiestas de
guardar, y en los pueblos españoles es típica la

imagen de los mozos a la puerta del templo mientras las mujeres y los niños están dentro.

«Mozo sermonero
o no tiene novia o no tiene dinero»

Los españoles, he pensado muchas veces al notar el porcentaje que asiste al culto, son más capaces de morir defendiendo la puerta de una iglesia que de entrar en ella. Les gusta que esté allí, es una especie de reserva metafísica para cuando haga falta —hay pocos españoles que no pidan confesor al sentirse cerca del fin—, pero no acuden en la proporción que sería lógica en un país que se ha pasado siglos matando y dejándose matar para conseguir que flamencos, alemanes, indios americanos y filipinos abrazasen la *única* religión posible, es decir, la católica.

Efectivamente, una estadística reciente publicada en la «Guía de la Iglesia» ofrecía unas cifras de asistencia española a los templos que, aun variando mucho de provincia a provincia (82 por 100 en Avila, 18 por 100 en Lérida), daba una media nacional, aproximada, de un 50 por 100. La deducción sería más pesimista si de los feligreses rebajáramos los que van a la iglesia como obligación social, pero esa limitación podría aplicarse a todas las iglesias del mundo. Lo impresionante en este caso es que en la Católica España, brazo de la religión contra el hereje y el mahometano durante siglos y con una mínima representación protestante o judía cumpla sólo la mitad del pueblo.

En el recelo del español ante la religión —realmente entendida y seguida— interviene en gran parte la repugnancia ante la confesión, porque confesarse significa, ante todo, un acto de humildad absolutamente en desacuerdo con nuestra idiosincrasia. El hecho no es nuevo. Ya en el XVI se quejaban del que cree que su nacimiento le

pone por encima de esas obligaciones... «Hinca
la rodilla como ballestero, persígnase a la media
vuelta, que no sabréis si hace cruz o garabato, y
comienza a dar de dedo y a desgarrar pecados
que hace temblar las paredes de la celda con
ellos: y si el confesor se los afea, sale con mil
bellaquerías y dice que un hombre de sus prendas no ha de vivir como vive el fraile y parécele
que todo le está bien. Y al fin sálese tan seco...
como entró y el desventurado muy contento, como
si Dios tuviese en cuenta que desciende de los
godos.» (Malon de Chaide, *La conversión de la
Magdalena*, Clásicos Castellanos, p. 104.)

Por católico que sea el español, siempre repug-
na dar a otro lo que más aprecia, la intimidad
del hogar. Muchas violentas y graves discusiones
de alcoba obedecen al disgusto con que el marido
ve su vida conyugal reglamentada, o al menos
aconsejada, por el confesor de su mujer [2]. Es el
único reparo para su general aceptación de una
situación en la que ve muchas ventajas. Primero,
una amplia posibilidad de salvarse... La frase clave es: «un punto de contrición da al alma la
salvación», y la toma como un cheque en blanco
que en cualquier momento puede completarse
con fecha de muerte y cantidad de pecados.

«¡Qué largo me lo fiáis!», decía el «don Juan»
de Tirso a quien le advertía que «hay Dios y
hay muerte». Claro que hay un término a esto,
pero falta mucho. ¿Cuánto? Todo lo que convenga, porque el español adapta siempre las leyes
a su personalidad y nunca lo contrario. Vistas
así las cosas, ese particular catolicismo permite
una total libertad, contando siempre con la ca-

---

[2] De ello se deduce lógicamente que todavía ve con
mayor recelo al psiquiatra. Los especialistas de esta
rama de la medicina se lamentan de las dificultades con
que topan. «No cuento lo mío a un cura, y voy a de-
círselo a él.»

ridad de Dios y su capacidad de perdón. Para
asegurarse más, el español ha engrandecido la
figura de la Virgen como mediadora entre el pecador y su juez, una especie de abogado que en
el último momento intercede, de la misma forma
que se hace en los ministerios: «Por ese señor
haz lo que puedas porque, aunque quizá no tenga
razón, es muy amigo mío.»

Ya en los *Milagros de Nuestra Señora*, del poeta medieval Gonzalo de Berceo, un clérigo borracho y perdido, pero que encontraba en su disipa-
ción tiempo de rezar a la Virgen, es salvado por
ésta del demonio, en forma de león, a fin de que
tenga tiempo de arrepentirse. En el siglo XIX Zorrilla nos contará en verso la leyenda a *Margarita
la Tornera*, que pide perdón a la Virgen antes de
abandonar el convento, engañada por un seduc-
tor. Cuando abandonada y arrepentida vuelve al
claustro, encuentra como tornera a una muchacha igual que ella. La Virgen había tomado su
puesto para que nadie notara la ausencia de la
pecadora. ¿Cuál será aquí la moraleja?

En segundo lugar, el español gusta de la religión porque ésta representa una garantía de su
fama. Me refiero a la actuación de esposas, hermanas e hijas. Muchos españoles que no van a la
iglesia más que para cumplir, ven con placer a
las mujeres de su familia acercándose a la comu-
nión porque saben, por experiencia, que el temor
a confesar luego su pecado es la mayor barrera
de la mujer española ante la tentación. (Salvar
esta barrera es parte de la emoción de la conquista, y, sin ella, la cosa pierde gracia. Como
decía aquel español molesto ante la indiferencia
religiosa de una sueca: «Yo, la verdad, si no se
condenan no me divierto.»)

*

Unida con la Soberbia está la exhibición religiosa. Procesiones como la de Semana Santa en diversas ciudades españolas, no serían posible sin la demostración de poder y lujo por parte de los que en ellas actúan y desfilan. «¡Hay que ver, cómo llevamos a 'nuestra' Virgen, a 'nuestro' Cristo!» Claro está que siempre se trata de algo propio y esta imagen nuestra es siempre «mejor» que aquélla. Explicarle a un extranjero por qué la Macarena es más guapa y más milagrera que la Virgen de los Siete Dolores es algo realmente difícil y hay que referirse vagamente a la originalidad de nuestro pueblo.

En unas memorias del siglo XVII, cuenta el protagonista que su enemigo derribado le gritó: «No me mates, por la Virgen del Carmen.» Y él contestó: «Has tenido suerte…, has nombrado a *mi* Virgen y eso te salva. Si apelas a otra no sales vivo.»

De antiguo ha habido en las procesiones españolas disciplinantes que se golpeaban rítmicamente las espaldas con una bola de cera al cabo de un cordel, bola de cera cuyos alfileres y trocitos de cristal incrustados desgarraban las carnes. Y aún hoy, me señalan, existe la costumbre en algunos pueblos, como San Vicente de la Sonsierra (Rioja). Oficialmente era un deseo cristiano de sufrir por el Señor, ya que Él había sufrido por nosotros. Pero, viajeros e indígenas, notaron que la presunta tortura era una exhibición de virilidad puesta de manifiesto por el cuidado que tenían los penitentes de que las damas de sus pensamientos vieran de cerca la acción y aun fuesen salpicadas con la generosa sangre de su héroe.

La familiaridad de los españoles con la religión deja estupefactos a muchos extranjeros. Para empezar, el segundo mandamiento «no emplearás el nombre de Dios en vano» parece totalmente inútil al católico español, que casi nunca lo emplea de otra forma. «¡Dios mío!», se dice

tan a menudo cuando el delantero ha fallado el
tiro a puerta como al reclamar la ayuda divina
en un momento realmente angustioso. El «Dios lo
quiera» se emplea tanto para cosas dignas como
indignas y en realidad es una muletilla más como
«Vaya con Dios», «Dios te ayude», «Dios te proteja». Casi todos son heredados de la costumbre de
los musulmanes y algunos han pasado con el mismo sonido. «Ojalá», por ejemplo, es sencillamente
Aj-Alá o «quiéralo Dios», en lengua árabe. «Olé»
dicho en los toros cuando el pase ha salido bien,
es otra invocación parecida: «wa-al.lá», o sea,
«¡oh Dios! ».

Pero la confianza llega a más y los españoles
usan la nomenclatura de la religión para las
más profanas de las situaciones. Por ejemplo,
uno de los pases de la corrida de toros se llama
«Verónica»; el nombre nació porque la capa extendida ante la cabeza del toro le recordó a alguien el momento bíblico en que la Verónica
pasa amorosamente su lienzo por el rostro sudo-
roso y sangriento del Salvador, quedando impre-
sa la Santa Faz en el pañuelo. Al más católico
de los españoles le parece muy normal citar las
dos o tres verónicas, rematadas con media, que
le dio Fulanito al tercer toro de la tarde... que si
es suave le recuerda a «una hermanita de la Caridad». Se cuenta que cuando Belmonte volvió a
Sevilla tras su primer éxito en la plaza de Madrid, centenares de trianeros acudieron a la estación a dar la bienvenida a su ídolo. Tras llevarle
a hombros por las calles, a alguien se le ocurrió
que el diestro merecía ser transportado en las
andas de la Macarena y con esa pretensión irrum-
pieron en la iglesia. El sacristán, aterrado, llamó
al párroco, y éste, encendido de santa cólera, les
amenazó con la excomunión si no abandonaban
su sacrílega idea. Convencidos, los intrusos fueron abandonando el templo y el cura quedó enju-

gándose el sudor y todavía temblando por la escena transcurrida.

«...Llevar a Belmonte en las andas de la Macarena... de la Macarena», repetía sin acabar de hacerse cargo. Y de pronto... «¡Si al menos se hubiera tratado de Joselito!»

Una exclamación de sorpresa o una bofetada es «Ostia»; quien persigue o entristece a uno «le lleva por la calle de la Amargura».

Si hay un alboroto se explica que «se armó la de Dios es Cristo» (nada menos que un problema histórico-teológico, aplicado quizá a una riña de vecinos); cuando alguien viste de forma que no está de acuerdo con la estética o con su posición social le sienta aquello «como a un Cristo dos pistolas»; las alternativas de la suerte se mencionan como un «A quien Dios se la dé, San Pedro se la bendiga»; la confianza absoluta en alguien se ironiza con un «Fíate de la Virgen y no corras»; la relación de dos individuos de dudosa categoría moral se explica porque «Dios los cría y ellos se juntan»... «Dios nos coja confesados» empezó siendo un deseo de que la muerte alcanzase al español en pureza de alma, hoy se aplica a la posibilidad de no estar preparado para cualquier acontecimiento. Una dificultad se define con un «Esto no hay Dios que lo arregle»; quien tiene suerte «Habló con Dios»; un sitio lejano está situado «Donde Cristo dio las tres voces». Hay quien, ante un apuro, mira tristemente al cielo y grita «¡Manolo, baja!», usando el familiar diminutivo para Jesús-Emmanuel. Y no hablemos ya de la irreverencia concreta y clara. Ante una imagen de un santo en madera puede decirse «¿A mí con eso, que te conocí cerezo?», o esperar el regalo divino sin moverse, es decir, sin hacer nada para acercarse a Él «Si Dios me quiere ayudar ya sabe dónde me tiene»; tam-

bién se pueden hacer juegos de palabras entre la
Divinidad y la bebida:

> Jesucristo, ¿por quién vino?,
> por todos vino.
> ¿San Juan vino por aquí?
> por aquí vino.

¡Y comemos de postre «Huesos de Santo»!

Esta familiaridad con la Iglesia es tan grande
que no ha podido cambiarla el triunfo, en la
guerra civil española, de las derechas; ello significó la prohibición de cualquier publicación que
atacara los principios de la Iglesia Católica, hi-
ciera burla de los ministros de su culto o los
presentara a una luz desagradable. Durante veinticinco años no se ha podido publicar una obra
que estuviera en el Indice de Libros Prohibidos
de Roma.

Y, sin embargo, durante todo ese tiempo a últimos de octubre y primeros de noviembre los
españoles se han aglomerado para ver *Don Juan
Tenorio*, donde el protagonista recuerda desde el
principio que:

> [...] ni reconocí sagrado
> ni hubo ocasión ni lugar
> por mi audacia respetado;
> ni en distinguir me he parado
> al clérigo del seglar (1-12).

Por otra parte, don Luis se vanagloria de haber
robado el tesoro de un obispo y haber matado
de un tiro a un Provincial jerónimo.

Por si lo que se dice fuera poco, llegan luego
los hechos. Don Juan asalta el convento y rapta
a una novicia. La abadesa queda burlada y encima se oye insultar por el Comendador:

> —¿Dónde vais, Comendador?
> —¡Imbécil, tras de mi honor
> que os roban a vos de aquí! (III-9).

Aún podría considerarse esto normal en una España oficialmente católica si don Juan recibiese, al fin, su merecido con la condena eterna. Pero no; es demasiado simpático para que esto ocurra. Mientras el don Juan de Tirso (como el de Molière) va al infierno en castigo de su vida escandalosa (aunque el personaje de Tirso no haya raptado a ninguna novicia), el de Zorrilla se salva por la intercesión de su amada. El mismo autor se dio cuenta que el final era un poco extraño, teológicamente hablando, y hace explicar a doña Inés:

> Yo mi alma he dado por ti
> y Dios te otorga por mí
> tu dudosa salvación.
> Misterio es que en comprensión
> no cabe de criatura;
> y sólo en vida más pura
> los justos comprenderán
> que el amor salvó a don Juan
> al pie de su sepultura.
>
> *(Escena penúltima.)*

Los españoles salen muy optimistas del teatro. Se ha confirmado su idea de que siempre se está a tiempo de arrepentirse.

*

Si a un español algo sofisticado se le pregunta por «*La hermana San Sulpicio*» sonríe con desprecio: «Es una novela rosa..., la lee mi hermana que tiene quince años.» Desde que se publicó, ha sido considerada obra que puede ponerse en manos de cualquier muchachita que asista a un colegio religioso. Y, sin embargo, es la historia de una monja —no ya novicia— a la que enamora un caballero. La hermana San Sulpicio, alegre hasta bailar sevillanas, ¡con el hábito!, se deja convencer por el gallego Ceferino Sanjurjo y contra la voluntad de la Iglesia y de la de su madre vuelve a la vida seglar y acaba casándose con él. Sale también en la novela un clérigo con aire egoísta y malvado.

El autor de la obra, don Armando Palacio Valdés, está considerado un escritor de derechas o al menos conservador. Su obra no implica ninguna tesis contra la Iglesia española. Es sencillamente un ejemplo más de la forma confianzuda con que es tratada ésta por la mayoría de los españoles.

La seguridad, el hilo directo a que me refería antes, produce en muchos españoles la sensación de que están llevando con el cielo una conversación particular y privada o, dicho de otra manera, que el Señor lo deja todo para atenderlos. De esta manera de pensar nace la historieta que me contaron en Madrid y que creo imposible en otros países. Un señor elegante coincide ante el Cristo de Medinaceli —venerada imagen— con un hombre mal vestido y con cara de hambre. Ambos están visiblemente preocupados, obsesionados con su necesidad y, sin darse cuenta, rezan en voz alta. El rico implora el auxilio del Señor para que el Banco le garantice los cinco millones que necesita para apuntalar un asunto en el que ve grandes provechos posibles. El hombre pobre pide, con la misma confianza y fe, quinientas pesetas que le permitan pagar al casero y que no le echen de la casa en que vive. Las oraciones se tropiezan en el aire, ambos están con los ojos fijos en la imagen.

—Señor, a ti no te cuesta nada... que me garanticen esos millones...

—Esas pesetas, Señor, para que no me encuentre en la calle.

—Todo mi nombre comercial depende de esto, Señor, no me dejes caer en la bancarrota...

—Señor, el frío es intenso, no permitas que me echen de casa. Concédeme ese dinero...

—Señor, cinco millones...

—Señor, quinientas pesetas...

Ya están ambos gritando. De pronto el elegante se detiene en sus rezos, abre apresuradamente la cartera y saca un billete de quinientas pesetas.

—¡Tome —le dice al otro—, no *me lo* distraiga!

*

Contrato, arreglo, lo que implica, naturalmente, el sentirse «engañados» a veces. En varios pueblos españoles se recuerda la procesión en la que el Santo Patrono fue sacado solemnemente para implorar la lluvia. Tras pasear horas bajo el sol sin que apareciera una nube, la imagen fue arrojada al río por la indignada muchedumbre.

La unión entre la altura religiosa y la política a que llevó el Imperio, resolvió de una vez para siempre el problema de la religión que es, *tiene que ser*, la católica. En España se dan tan pocos casos de conversión al protestantismo como al cristianismo entre los pueblos árabes (cualquier misionero en Marruecos habla de su fracaso en este sentido) porque la religión católica, tras tantos años, ha formado una nueva piel más fácil de arrancar que de sustituirse. El español vive en católico incluso cuando revolucionario.

«Vamos siempre detrás de los curas; con un cirio o con un palo», decía Agustín de Foxá, y la destrucción de iglesias y muerte de sacerdotes en la España republicana fue vista por algunos observadores como un desesperado intento de romper un círculo que rodeaba, oprimiéndole, al más anticlerical de los revolucionarios.

¿Y qué duda cabe que el blasfemo (y en España hay muchos con retorcidas y barrocas expresiones) es en el fondo un creyente? ¿Cómo se va a insultar groseramente lo que no existe? Chesterton recomendaba a los que creían eso posible que probaran a renegar, por ejemplo, del dios Thor.

El español defiende la religión católica porque es la suya y, siendo la suya, tiene que ser perfecta. Hay una anécdota reveladora; un limpiabotas gaditano se refirió con frases de mofa a un sacerdote que pasaba, lo que produjo gran alegría en el cliente, un obispo protestante de incógnito en España. Entusiasmado ante la posibilidad misionera, el extranjero empezó a explicarle al limpiabotas las diferencias con su propia creencia, el mayor respeto que ésta sentía por la conciencia humana y la libertad política, el permiso, tan natural, de los pastores para contraer matrimonio... En plena perorata fue interrumpido por el limpiabotas:

—No se canse, míster. Yo no creo en mi religión que es la verdadera, y ¿voy a creer en la de usted?

¿Que esto es un chiste, un desgarro de hombre del pueblo? He aquí lo que decía un español, culto y famoso, en un discurso parlamentario: «Yo, señores diputados, no pertenezco al mundo de la teología y de la fe: pertenezco, creo pertenecer, al mundo de la filosofía y de la razón. Pero si alguna vez hubiera de volver al mundo de que partí, no abrazaría ciertamente la religión protestante..., volvería al hermoso altar que me inspiró los más grandes sentimientos de mi vida: volvería a postrarme de hinojos ante la Santa Virgen...» En el fondo, lo mismo del limpiabotas gaditano dicho más elocuentemente. Por algo su autor se llamaba Emilio Castelar. (5 de mayo 1869.)

Hasta tal punto hace el español suya la religión, que por católica debería ser universal, que la obliga a servir incluso a lo regional. Testigo el camarero que ante la duda de unos forasteros viendo el paso de «El Juicio de Pilatos» sobre quién era la figura que se inclinaba al procónsul romano aconsejándole, contestó: «¿Esa? ¡Esa es la que por poco nos deja sin Semana Santa!» Para el buen sevillano, dos mil años de cristianismo habían existido sólo para que la ciudad del Guadalquivir celebrase su hermosa festividad.

Por lo demás, la religión católica no debe dejarse porque es evidente que, siendo español, tiene uno mucho ganado para conseguir el cielo. ¿Cómo va a tratar Dios con el mismo rasero a un holandés que al nacido en la tierra de la Virgen del Pilar?

Y en fin, yo creo que el orgullo es el pecado de que más difícilmente se libra el santo español. Santa Teresa se acusa de vanidad en la historia de su vida, y el hecho mismo de narrarla, aunque fuera por orden de su confesor, implica evidentemente una delectación en propia imagen.

¿Y qué mayor soberbia que la de ese auténtico Tenorio arrepentido, Juan de Mañara? Creyó dar ejemplo exquisito de humildad mandando que pisaran todos la piedra que cubre sus restos, a la entrada del Hospital de la Caridad de Sevilla. Su lápida dice:

«Aquí yace el más grande pecador del mundo.»
¿Cabe mayor petulancia?

*

Individualismo

Nuestra soberbia puede apoyarse en un concepto general —raza, nación— sin abandonar su principal característica tremendamente individual. No hay «nosotros» en español, sino «Yo». El cristiano viejo o el español que vive de las glorias pasadas «hay que ver lo que hicimos en América» o «cuando vencimos en Lepanto», está siempre pensando en los derechos que esa herencia le ha dado a él, en la posición, inalcanzable para los demás, que esa historia le confiere. Por eso elige del pasado o aun del presente lo que conviene a su «ego», rechazando inconscientemente lo que puede producir daño a la imagen que gusta de crear de sí mismo.

El español es tan reacio a la autocrítica porque no se cree solidario de nadie. Creo que ésta es la explicación por qué gente, normalmente sentimental, no siente todavía hoy el menor disgusto o remordimiento por los crímenes cometidos en la guerra civil. En primer lugar, nadie acepta responsabilidad alguna por los horrores del «otro lado», como si los hubiera cometido gente procedente de otro planeta. ¡Esos eran los enemigos!, capaces de todo. ¿Pero no eran también españoles? La respuesta puede ser algo así como «¡si lo eran, no merecían serlo!» Ya veremos a lo largo de este trabajo lo fácil que resulta al español deshacer los nudos gordianos que se le ponen por delante. Con cortarlos...

Pero es que ese individualismo llega a más. Los del propio bando son también, a la hora de la verdad, extraños y no se trata, como podría ocurrir en otros países, de evitar responsabilidades. Es que, de verdad, cuando el español se retrae a su concha no admite hermanos ni correligionarios. Si se le enfrenta con una realidad «en tal pueblo hicieron eso y aquello los tuyos» se encoge de hombros... Ah, bueno, serían unos locos... Son «otros», están aparte, a él no le toca nada...

El español vive *con* una sociedad, pero jamás *inmerso* en ella. Su personalidad está recubierta de pinchos que se erizan peligrosamente ante el intento de colaborar en cualquier empresa. En ciencia esto se llama labor de equipo y su falta ha sido muchas veces reconocida como determinante de la lentitud del progreso español (las lumbreras son geniales en el sentido de únicas y raramente proceden de una escuela determinada). La actitud general está reflejada en una frase: «Juan Palomo, yo me lo guiso, yo me lo como.»

Las prohibiciones generales tienen valor en cuanto la persona que se enfrente a ellas, esté en la misma línea lógica y por tanto le parezca bien. Una vez, en la puerta del departamento que ocupo en un hotel de Madrid, puse el cartel de «No molestar». Sonó el timbre, y una señora que venía a vender algo se excusó así: «He visto el cartel, pero como he oído la música de la radio…» Es decir, ella hubiera puesto el aviso sólo si iba a dormir y, por tanto, yo debería hacer lo mismo.

El español casi siempre llama *dos* veces a una puerta. Con ello marca su personalidad, su fuerza; abrirle no es un favor que le hacen, es casi una obligación. «Le he llamado a usted varias veces sin encontrarle —dicen de pronto acusadoramente—. ¡No hay manera de hablar con usted!» El que uno no haya estado allí pegado al teléfono, esperando su llamada, es como inconcebible.

Cuando el español es peatón baja muchas veces de la acera y se coloca en la calzada. Con ello, inconscientemente, marca su independencia respecto a las leyes de tráfico. No se atreve a cruzar, pero se niega a situarse donde le han dicho.

Cuando el español es automovilista coloca su coche con las ruedas asomando por la raya límite, siempre un poco más adelante de lo que le permiten las leyes y por la misma razón. Igualmente si está en cruce y no tiene la prioridad, meterá el morro del coche hasta la mitad de la calle, dejando pasar, sí, pero por un espacio más limitado. Porque allí está él.

Al español le irrita llamarse como los demás. Y dado que hay apellidos que se repiten continuamente, procura arreglarlos hasta que suenen distinto. Los López, los García, los González, los Pérez, los Díaz se pegan con fuerza al apellido materno, siempre que éste sea un poco distinto, y si es necesario se pide al Estado que ratifique la costumbre de forma legal. El Estado, comprensivo, acepta siempre que el peticionario pruebe que los amigos le conocen por los apellidos juntos, para lo que ya se ha preocupado el interesado desde que sale del Instituto. Cuando la familia de la esposa ha tenido el mismo problema e idéntica solución, ocurre que el hijo hereda, con la sangre, dos apellidos larguísimos al que sólo le falta anteponer un José Luis o un Antonio María. ¡No va a llamarse José o Antonio a secas como todo el mundo!

En el español, dice Américo Castro [3], «la reacción del dinamismo vital va del objeto a la persona por ser así la realidad de su estructura». Esto es cierto hasta tal punto que el español *se apropia* todo lo que le toque de cerca o de lejos. El español cuando cuenta su jornada, dice: «tomé *mi* desayuno, leí *mi* periódico, encendí *mi* cigarro, subí a *mi* autobús», pero curiosamente cambia al referirse a «la oficina» (véase Pereza).

«Esos, los que me dirigen esa pregunta (cuál era su religión) quieren que yo les dé un dogma, una solución en que pueda descansar el espíritu en su pereza. Y ni esto quieren, sino que buscan poder encasillarse y meterse en uno de los cuadriculados en que colocan a los espíritus... Y yo no quiero dejarme encasillar porque yo, Miguel de Unamuno, como cualquier otro hombre que aspire a conciencia plena, soy una especie única. 'No hay enfermedades, sino enfermos', suelen decir algunos médicos, y yo digo que no hay opiniones, sino opinantes.» (*Mi religión. Unamuno O. S.*, p. 256, Madrid, 1960.)

[3]   «La realidad histórica de España», pág. 246.

El español siente, en general, una instintiva animosidad a formar parte de asociaciones, y lo que ocurrió en la guerra civil a cuantos militaban en varias de ellas, no ha contribuido precisamente a cambiar sus puntos de vista. Compárese con Inglaterra o Estados Unidos, por ejemplo, en donde es normal para un ciudadano ser miembro de cinco o seis organizaciones patrióticas, benéficas, religiosas o recreativas. Cuando el español se «apunta» en un casino, no va a colaborar con otros para resolver problemas, sino a encontrar un sitio cómodo en donde él pueda contar a los demás lo que piensa del mundo en general y de la familia de Sánchez en particular.

Por ello, la organización a la que no hay más remedio que pertenecer, la del Estado, es mirada con suspicacia. El Estado es un ente aborrecible que no se considera como vínculo necesario entre el individuo y la sociedad, sino como un conglomerado de intervenciones que tratan de reglamentar la vida de Juan Español, con el único propósito de perjudicarle. Las características del Estado no tienen en este aspecto ninguna importancia y lo mismo da una República que una Monarquía o una Dictadura. Siempre se trata de un fiscalizador de la vida al que hay que hacer el menor caso posible. Las leyes que el Estado promulga tienen valor mientras está la tinta fresca y lo pierden cuando pasan unos meses. Ante un proyecto he preguntado a veces: Pero ¿cómo?, ¿no hay una ley que prohíbe esto? «Hace mucho que no hablan de ella», es la respuesta. El silencio, para nosotros, equivale a la abolición.

Esa costumbre española había sido ya observada por Felipe V, que intentaría en vano corregirnos del defecto.

Todas las leyes del reino que expresamente no se hallan derogadas por otras posteriores se deben observar literalmente, sin que pueda admitirse la excusa de que no

están en uso, pues así lo ordenaron los señores Reyes
Católicos y sus sucesores en repetidas leyes, y Yo lo tengo
mandado en diferentes ocasiones; y aun cuando estu-
viesen derogadas, es visto haberlas renovado por el Decreto que conforme a ellas expedí, aunque no las expre-
sase. Sobre lo qual estará advertido el Consejo, celando
siempre la importancia de este asunto.

(Nous. Recop. 3-2-III, junio de 1714.)

Ya el encomendero que vivía en América, con-
ciliaba el respeto por el rey y su propio juicio
contrario, poniendo el decreto real sobre su cabeza y pronunciando solemnemente —sin ironía—: «Se acata, pero no se cumple.»

Todo español está autorizado a engañar al Estado procurando evadir el pago de los impuestos.
Hay que subir mucho en la escala moral de los
españoles para encontrar a uno que equipare la
trampa hecha al fisco con el apoderarse del dinero
ajeno. Muchas personas, incapaces de quedarse
con diez pesetas de un desconocido, no vacilarán
en burlar al Estado en miles y miles. Muchos que
verían con horror la primera acción, sonreirán
con admiración hacia la segunda. Lo primero es
robar, lo segundo ser listo. Porque al fin y al
cabo «quien roba a un ladrón...»

«Lo que hay en España es de los españoles.»

Por eso es tan aceptado en España el contra-
bando, considerado normal actividad incluso entre los más católicos de los españoles: los vascos. Ya lo decía el personaje de Pérez Galdós:
«para él, Estupiñá, lo que la Hacienda llama suyo
no es suyo, sino de la nación, es decir, de Juan
Particular y burlar a la Hacienda es devolver a
Juan Particular lo que le pertenece». (*Fortunata
y Jacinta.* Capítulo III.)

Y por extensión, este desprecio a la propiedad
del Estado se amplía a cualquier gran organización que quizá por ello, por su *deshumanización*

no requiere ser respetada. Todos tenemos amigos que coleccionan ceniceros de hoteles y restaurantes o que se llevan como una gracia recuerdos de los grandes almacenes. Muchas veces he preguntado dónde estaba el límite, es decir, cuándo empieza un robo a ser robo, en qué precio, y me han mirado como a un demente. Para ellos está clarísimo. Depende del tamaño (lo pequeño siempre vale) y del lugar (jamás en una casa particular). Moral única.

... que en otros aspectos es más internacional. Por ejemplo, en lo que se refiere a libros. Al más honrado de los españoles le parece muy lógico retener el libro de un amigo durante años. Técnicamente siguen considerándolo prestado, con lo que su conciencia queda tranquila, pero su intención de devolverlo es nula. Y el que lo presta, lo hace a sabiendas del tremendo riesgo que corre, pero con el afán muy español de poder comentar algo que ambos conozcan.

Una vez, era un sábado, me llevé de casa del humorista «Tono» un libro. Era corto; el lunes por la mañana lo había concluido y se lo devolví con un «botones». Al mediodía me llamó por teléfono:

—¿Qué te pasa? ¿Estás enfadado?

Era la única explicación que se le había ocurrido ante mi insólito proceder.

*

¿Y cuando el español forma parte del Estado?

... Observa Ortega y Gasset con su habitual perspicacia...

«Compare el lector un funcionario alemán y un funcionario... español. Notará en el comportamiento del primero que el hombre oculto tras el «rôle» oficial ha aceptado radicalmente éste, se ha sumergido por completo en él, ha inhibido de

una vez para siempre su vida personal —se entiende 'durante el ejercicio de su obligación'—...
Hace lo que hace el oficio —con verdadera fruición— cosa imposible si al individuo no le parece, ya como individuo, un ideal ser funcionario.

... Contraponga el lector a este caso el del funcionario español. Al punto advertimos que el español se siente dentro de su oficio como dentro de un aparato ortopédico. Diríamos que constantemente le duele su oficio, porque su vida personal perdura sin suficiente inhibición y al no coincidir con la conducta oficial, tropieza con ella. Se ve que el hombre siente en cada situación unas ganas horribles de hacer algo distinto de lo que prescribe el reglamento. Resulta conmovedor adivinar el sufrimiento del guardia de la circulación madrileña, por no serle lícito suspender el orden normal del servicio para dejar pasar a la buena moza» [4].

Esto es cierto, pero ¿cómo se explica entonces que haya al menos un mínimo de organización, de servicios públicos, sobre todo si añadimos a este desinterés original la Pereza del español medio? La razón es que al fallar el interés colectivo se mantiene el orgullo particular... Cuando un empleado español interroga sañudamente a quien le parece que intenta entrar sin derecho en la sala que él protege, cuando un revisor de tranvía descubre en la masa de pasajeros al distraído a la hora de obtener los billetes, no le mueve casi nunca el deber, sino su prestigio personal; los intereses del Estado y los de la Compañía de Tranvías le tienen bastante sin cuidado, pero a él, a Él, nadie le toma por tonto. La lucha no se desarrolla entre un ente abstracto y un individuo, sino entre dos seres humanos. Una vez más el español personaliza los casos...

[4] Ortega y Gasset, *Obras Completas* (tomo V), página 195, Madrid, 1958.

El Estado, en general, es el enemigo. Por eso cuando el «espontáneo» de la plaza de toros es conducido por la policía, la gente aprovecha el anonimato para silbar a la fuerza pública y aplaudir al que de tal manera ha intentado burlarla. Los guardias municipales de servicio en mercados y sitios populares, saben por experiencia que un ladronzuelo conducido por la autoridad provoca siempre expresiones de simpatía hacia el preso y de censura al agente.

Este despego hacia una disciplina superior sólo actúa, sin embargo, cuando «Uno» está a salvo. Basta que cualquier individuo provoque —cuesta muy poco— al español, para que la apelación al Orden público sea inmediata y urgente. «¡A ver, guardias!, ¡que venga la policía, que detengan a ese hombre!» Cualquier pequeño incidente en un teatro, algo que en otro país bastaría a solucionar la amistosa intervención de un tercero, provoca en España gritos desde todos los lados: «A la cárcel, que lo lleven a la cárcel.» Muchas veces quien grita no sabe de qué se trata, pero no le importa. Acaban de molestarle, de interrumpir su diversión. A la prisión con él. Mazmorra, grillos, a pan y agua. «¿Qué se ha creído, hombre?»

Pero, en principio, toda ordenación legal de la vida le parece al español una intromisión en sus derechos, que él no denomina en plural, sino en singular. «No hay derecho», grita cuando alguien le perjudica, es decir, no hay ley; al herirle a él han anulado *toda* la ordenación jurídica del país. Basta observar a un ciudadano español guiando un automóvil por las calles, para cerciorarse de la animadversión con que contempla cualquier intento de coartar su santa libertad de ir a la derecha o a la izquierda, pararse a hablar con un amigo o para ver cruzar a una señorita. La costumbre no cambia esa reacción y los taxistas, que deberían estar hechos a las prohibiciones de la

Ley del Tráfico, son los que más encarnizadamente se manifiestan contra ellas. Hay conductor que da infinitos rodeos por calles estrechas e insuficientes, sólo para evitar el semáforo y no se trata, como algún viajero receloso pueda creer, de alargar el viaje. Si le paga usted por horas será lo mismo. En cuanto se tropieza con la luz roja, la paciencia del hombre chirría con la misma violencia que los frenos. Parece que se trata de una ofensa personal, de algo que la Sociedad le hace a él, Jesús Fernández, para herirle, para humillarle, para atormentarle. «¡Vamos!», se le oye murmurar, mientras espera, los ojos fijos en el semáforo. «¡Vamos!, ¡a ver si nos quedamos aquí todo el día!» En cuanto aparece el disco ámbar sale disparado hacia la otra calle para repetir el mismo agónico monólogo.

En las carreteras españolas —como en las de otros países del mundo siguiendo el modelo internacional— hay dos o tres carriles. El de la derecha es para los coches que vayan más lentamente porque su motor o la necesidad del deseo del conductor así lo exija; el de la izquierda para los más rápidos; el del centro para los de velocidad intermedia. ¿Está claro?

Pues para el español, no. Porque aunque su coche sea de modelo antiguo, aunque quiera ir gozando del paisaje sin prisas, el español se resiste a ir por un carril que indica claramente a todo el mundo que su coche es el más lento. Es como una declaración gigantesca de inferioridad y el dueño de ese automóvil tiene la sensación de que millares de personas le señalan al verle pasar. ¡Mírale! ¡Pobre! ¡El que va más despacio!

Y para evitar ese infamante título, el utilitario se desplaza digno y tranquilo por el centro oyendo, sin inmutarse, los bocinazos de los que intentan pasarle. Y que, por fin, tienen que adelantarle por el carril extremo de la derecha que, en general, es el único libre. Contra toda lógica y todo reglamento de la circulación.

En principio la idea que predomina es que la inteligencia de cada uno es muy superior a la reglamentación anónima. Las luces y los guardias —he oído a menudo— no sirven más que para complicar las cosas. Eso está bien para la gente de cabeza cuadrada como los alemanes, pero nosotros... Si los quitaran a todos de golpe la circulación sería mucho mejor.

Con todos los defectos posibles del sistema, me temo que esto representaría una jornada de luto. Se ha estudiado últimamente la transformación que sufre el individuo normalmente apacible, tranquilo y respetuoso de los derechos ajenos, cuando se encuentra con el poder de un automóvil en sus manos. Si esto ocurre en gente tan cívica como americanos y alemanes, júzguese lo que será en elementos como los españoles, inclinados a considerarse en posesión de la supremacía desde el nacimiento. «A un hombre le basta con sentirse montado sobre ruedas a transmisión, al menos en un país pobre como el nuestro, para que su fatuidad comience a inflarse como sus neumáticos» (Trotski). Ir sentado al lado de un ibérico por la carretera o calle es oír una retahíla de tremendos juicios sobre los demás conductores: «Increíble torpeza», «Falta de responsabilidad», «Locura temeraria».

Como en España es uno de los pocos países que presume de sus defectos, no es raro que a la queja de alguna autoridad sobre la indisciplina de la calle española, se conteste con una sonrisa de orgullo: «La verdad es que no hay quien nos meta mano..., ¡somos únicos! »

La irritación del español ante todo lo que se pone en su camino, no se reduce a los hombres o sus instituciones. Abarca también a la Naturaleza. Hay que ver, por ejemplo, la forma en que reacciona verbalmente contra el calor y el frío en cuanto pasan del punto perfecto para su organismo:

«¡Esto no hay quien lo aguante! ¡Vaya día! ¡Es horroroso!»; se quitan el sudor con gesto rabioso, maldicen el agua que cae del cielo. Sorprendido por esa actitud, algún extranjero me ha preguntado si se trataba de una temperatura desconocida hasta entonces en el país, algo así como una plaga inesperada. Cuando les digo que no, que es el clima normal de la estación, se quedan asombradísimos. ¿Pero por qué se quejan entonces? ¿No están acostumbrados?

No —le respondo—, el español no se acostumbra nunca al malestar y el hecho de ser uno entre los miles que están sufriendo en estos momentos, no le consuela en absoluto. Por el contrario, se ve a sí mismo como al único al que, sin razón alguna, castiga la naturaleza de forma desagradable (y humillante porque no puede vengarse).

*

La escena ocurrió hace muchos años en la plaza Manuel Becerra, hoy Roma, de Madrid. Era cabecera de línea y la gente se preparaba a subir al trolebús. Estando ya en la plataforma, pasó casi por entre mis piernas un niño de unos doce años. Su madre, detrás de mí, le había lanzado como un «comando» a buscar sitio. Cuando yo entré estaba sentado, con los brazos y las piernas abiertos para cubrir más espacio y me miró con unos ojos en que había tanto desafío («¡atrévete a quitármelo!») como miedo («es más grande que yo y a lo mejor me echa»). Lo que desde luego no había manera de encontrar en su expresión era respeto a los derechos de los demás; pero la culpa no era suya. Sus padres, sus hermanos mayores, sus tíos, le habían pre-

sentado la sociedad como una selva en la que
nada se obtiene si no se piensa primero en sí
mismo y luego en nadie. Guardar cola era «ser
un primo», dejar pasar a quien estaba delante
«hacer el tonto», considerar los derechos ajenos
«estar en la luna».

Aquel niño, ya mayor, aplica probablemente a
la circulación, a los negocios, al trato diario con
sus semejantes, la misma teoría que le lanzó
como una bala por entre los pasajeros para qui-
tarles la precedencia. Su madre lo contaría luego
en la casa... «Si no hubiera sido por éste no me
siento..., pero es tan listo...»

«Como apenas se han socializado estos individuos ni se ha convertido en juego de su querer la
ley de comunidad, se afirman con altivez, porque
el que cede es vencido: hacen todos del árbol
caído leña y ayúdate que Dios te ayudará, que
al que se muere lo entierran.» (UNAMUNO, *El espíritu castellano*, IV.)

En política, esta seguridad individual ha creado candidaturas infinitas para puestos que, en
otros países, se consideran vedado propio de los
que han dedicado años y estudios a la administración pública. La historia de los pronunciamien-
tos españoles es una prueba clara de que el mando
de una división da, automáticamente, la seguridad de que igual puede gobernarse un país. En
el fondo el general que se subleva, no hace más
que llevar a la práctica —porque tiene medios
para ello— el sueño de la mayoría de los españoles. Gobernar, no para hacer la felicidad de sus
súbditos sino para satisfacer una ambición propia, no tanto para regir como para no ser regidos,
no tanto para guiar como para que nadie pueda
guiarnos.

(Típicamente «pronunciamiento» ha pasado a
otras lenguas. Lo curioso del general que ha alcanzado el poder a través de una sublevación, es

que considera increíble que otro militar intente lo mismo contra la nueva autoridad. Narváez, jefe del gobierno en 1844, advierte severamente al general Zurbano: «Al quebrantar la ordenanza, como yo la he quebrantado en otros tiempos, camina usted derechamente a un abismo sin fondo».)

No es casualidad el que el individualista tenga en España más fuerza que los grandes organizadores. España no da Napoleones o Alejandro Magnos, pero sí Indíbil, Mandonio, Cortés, Pizarro, Cabrera, Viriato, Daoiz y Velarde. La Guerra, con mayúscula, presupone una reunión de voluntades que repugnan al carácter español y el guerrero da paso al guerrillero —otra voz internacional—, el de la guerra pequeña con el menor número de hombres posible, agrupados bajo caudillos que luchan muchas veces entre sí, aunque tengan objetivos comunes. Un escalón más abajo tenemos al bandido generoso, del que el vulgo olvida la crueldad para alegrarse sólo de su desafío a la sociedad y especialmente al gobierno. La leyenda del ladrón que roba al rico para ayudar al pobre, es muy posible que haya nacido subconscientemente para tener otra razón de admirar al fuera de la ley.

Cuando se dice «España es un país romántico» significa que, en los principios del romanticismo, encontró este país muchos de sus rasgos característicos puestos como modelo literario. El elogio al rebelde en primer lugar (don Juan es, sobre todo, eso), al pirata, al soldado sin piedad de los Tercios de Flandes, a la prostituta víctima de una sociedad injusta. El elogio a quien se deja arrastrar antes por la Pasión que por la Razón. El ver en la religión, no un conjunto de leyes que seguir, sino una belleza, estética, por un lado y dramática (salvación-condena), por el otro... El

culto a la muerte tan entrañado en el alma hispana, etc.

Cuando la sublevación nacional de 1808 contra
los franceses, el hecho de que surgieran «Juntas»
en cada región se explica por la necesidad de actuar de forma autónoma. Pero es más difícil de
comprender —no siendo un español— por qué
cada Junta quiso titularse «Suprema». No sólo
aparte... por encima de las demás.

La costumbre llegó hasta la guerra civil. Apunta Manuel Azaña, hablando de la lucha en el
norte...

«Me confirma Prieto que los asturianos se han constituido en 'gobierno soberano', es lo que quiere aquí todo
el mundo.»

(Ob. C., IV, 759.)

*

Ya que me siento capaz
escribiré sin reparo...
—Mira no te cueste caro
tu numen acre y mordaz.
—No, señor, ¡qué desatino!
¿Acaso hay uno que lea
sátiras que no las crea
hechas contra su vecino?

PABLO DE JERICA, 1781-1833.

Hace años tuve ocasión de servir en una oficina militar a la que llegaban numerosos reclutas.
Para descongestionar y facilitar la tarea habíamos
constituido unas, como sucursales, a las que se
mandaban los mozos ya organizados en grupos.
Llamaba yo a quince o veinte, designaba a uno
de ellos para dirigirlos y terminaba diciendo:

—Ahora todos ustedes irán con ese señor que
he nombrado para que les tomen la filiación. Ya
pueden salir.

Empezaba la marcha. Y siempre, siempre, se

quedaba uno con una sonrisa de mofa hacia el grupo, hacia el «rebaño».

—Pero usted... ¿no ha oído que salieran *todos*?

—¡Ah! —decía—. ¿*Yo* también?

El porqué «él» no estaba incluido en ese «todos», sólo se explica en España.

*

Incluso en algo tan vociferante y colectivo como es el público de una plaza de toros, se da el superindividualista. Cuando el torero va dando la vuelta al ruedo, devolviendo prendas y agradeciendo sonriente los aplausos, hay comúnmente un espectador por tendido que, de pie como los demás, mueve su dedo índice de lado a lado, con expresión sombría, mientras repite: «¡No-se-ñor! ¡No-se-ñor!» Luego mira alrededor con aire satisfecho y seguro de sí mismo. A él no le ha engañado la faena destinada a la masa, él sabe muy bien lo que es torear y lo que no es torear. En fin, está encantadoramente solo. Y para evitar que su «Seiscientos» sea igual que el Seiscientos del vecino se le pone muñecas, perritos que cabecean o unos carteles en los que se cantan las excelencias de una región o un puerto de mar.

*

En el baile, en el canto, la tendencia al individualismo crece de Norte a Sur. Por encima de la Mancha, los españoles cantan normalmente a coro y bailan en grupos la muñeira gallega, la sardana catalana, el zorzico vasco... al sur de Despeñaperros el canto es individual y el baile también. Incluso en las sevillanas bailadas por parejas, cada bailarina levanta los brazos y mueve los pies con personal sello y probablemente les irritaba que alguien dijese que los movimientos eran tan

iguales, que no podía distinguírseles. Se dirá que
tan españoles son los norteños como los meri-
dionales, y es cierto; pero el baile «español» por
excelencia en todo el mundo, el más característico,
es el andaluz; por algo será.

Pero hay una organización que necesita, si quiere sobrevivir, romper esa libertad individual. Es
el ejército, que sencillamente no podría sacar jamás batallones, regimientos, del independiente español si confiara sólo en él. Para compensar esa
tendencia disgregadora, la disciplina de nuestro
ejército es de las más severas del mundo, com-
prendida la alemana del Kaiser y Hitler. Para
admitir esta afirmación hay que recordar que el
alemán corriente tiene en su vida diaria un espíritu colectivo que le hace adoptar *cualquier* reglamento, como Libro Santo que guía sus pasos.
Para ellos el taconazo, el cuadrarse ante un sargento, no representa más que el énfasis, un poco
mayor, de una obediencia a la que han sido acon-
dicionados desde niños. Para un español acostumbrado a derribarse sobre los bancos y apoyarse
en las paredes, el estar firmes, inmóviles y *sin
hablar*, es un «choque» psicológico que recuerda
toda su vida. Y si notamos cierta rigidez respetuo-
sa al hablar con un campesino u obrero, podemos
estar seguros de que la ha adquirido en el servicio militar.

El español, hemos dicho, puede estar por encima de la Sociedad o fuera de ella, pocas veces co-
laborando con ella. Desde que terminó el respeto
al Rey «que era distinto», los españoles se sintie-
ron incómodos formando parte de una colectividad. Y así, muchos que no tenían medios políticos o económicos para mandar, se negaron a
obedecer y declararon la guerra a toda la organización social existente. Eran los anarquistas.
No es casualidad —no hay casualidades que du-
ren tanto— que España haya dado los grupos de

anarquistas más activos del mundo, capaces de
matar a tres presidentes del Consejo, herir a otro
y atentar contra el rey tres veces en veinticinco
años (1896-1921). Los anarquistas italianos se dis-
tinguieron individualmente, pero no llegaron a do-
minar una sola ciudad. Aquí se calcula que su
millón de votos dio el triunfo al Frente Popular
en febrero de 1936. (Los anarquistas habían sido
más fieles al individualismo en las elecciones anteriores cuando gritaban «¡trabajadores, no vo-
téis! ¡El voto es la negación de la personalidad!»
Tierra y Libertad, Madrid, 10 de septiembre de
1933.) Yo he vivido en un pueblo catalán con régimen anarquista en las primeras semanas de la
guerra civil y vi, de cerca, el establecimiento de
sus sistemas. Abolición de moneda, intercambio
de productos, quema de iglesias, amor libre... El
anarquista es la extrema consecuencia de la Soberbia española, rechazando a la Religión, al Estado y a la Sociedad, entes que preconizan normas colectivas de comportamiento. El anarquismo
se ha convertido en una agrupación política con
reglas y programas, pero yo estoy convencido que
lo que llevó a millares de españoles a inscribirse
en él, fue el sueño de la mayoría de los habitantes
de la península: Hacer lo que uno quiera.

«Tenía una gran preocupación por los anarquistas y, según aseguraba, él también lo era, no
vagamente anárquico como somos la mayoría de
los españoles que no tenemos un buen destino
o una cuenta corriente en el Banco, sino del partido anarquista.» Pío Baroja, *Final del siglo XIX
y principios del XX*, Madrid, 1951, p. 318.

Cuando el español se reúne con otros para formar una agrupación política, no hace más que
ampliar, obligado por las circunstancias, su «yo»
personal, y así el partido es tan vociferante y re-
tractario al compromiso, como lo es cada uno de
sus componentes; las reglas del juego democrá-

tico que se supone aceptadas por todos los que concurren a él, son generalmente despreciadas. Antes de las elecciones de 1936, el jefe del partido Socialista Español, el jefe del Bloque Nacional Monárquico, el jefe del Partido Comunista y los Anarquistas, afirmaron en público que respetarían el resultado de las elecciones en caso de victoria, pero nunca —grandes aplausos— en caso de derrota. La incongruencia de esta declaración con la llamada campaña electoral no se le ocurrió a nadie. A todos, incluso a los enemigos, les pareció lógica, porque es actitud común a todos los extremos españoles. La sublevación de la izquierda en octubre en 1934, fue la consecuencia de haber perdido las elecciones de 1933. La de la derecha, en 1936, se debió a haber sido derrotada en la votación de unos meses antes.

Sólo a la Soberbia, a la gigantesca Soberbia hispánica, puede atribuirse el juicio que hace el español de su adversario político. «Fulano, piensa distinto que yo, luego, Fulano es un cabrón.» Es en vano argumentar que el hecho de que Fulano vea el porvenir del país mejor enfocado por sendas de otro tipo, no le convierten automáticamente en el tipo del marido engañado y consentidor. El único consuelo que queda al intermediario, es pensar que Fulano tiene la misma enérgica opinión de vuestro interlocutor.

De cómo interpretan muchos españoles la discusión política da idea la historia que se cuenta como verdadera y que ocurrió en un discurso de propaganda electoral durante la República. El orador explicaba sus puntos de vista y era interrumpido, continuamente, desde la galería:

—¿Quieres controversia?

El orador a la quinta interrupción decidió encararse con el espectador:

—Sí, acepto la controversia. No me da miedo

la discusión y estoy dispuesto a escuchar los razonamientos de ese señor.

Hubo un silencio. Todos estaban pendientes de lo que iba a alegar el interruptor. Y éste soltó, de pronto:

—...¡Mamón!

Es lo que muchos españoles entienden por controversia.

Toda conciencia de colectividad, se apoya en la posibilidad de que Uno pueda un día ser el Otro. En el fondo, las reglas de los individuos que forman una sociedad civilizada están basadas en un egoísmo, inteligentemente entendido y ordenado. Es lógico que a mí me impidan hacer lo que quiera a Fulano para que Fulano no tenga el mismo derecho sobre mí. *Mi* limitación, significa *su* limitación y, refrenándome yo, le refreno a él.

Este razonamiento no existe para la mayoría de los españoles, que materialmente no conciben *verse* en el puesto ajeno. Reflejado en refranes tan elegantes como «El que venga detrás, que se jorobe» (eufemismo), el español tiende a considerar cada ocasión de su vida como total, definitiva e irreversible. Por ejemplo, sólo el temor de la multa impide al conductor el natural impulso de dejar su coche bloqueando la salida de otro. Ya esperarán hasta que él vuelva. La posibilidad de que el caso sea contrario, es decir, que el coche acorralado sea el suyo, no se le ocurre. El chófer del camión que abandona en mitad de la carretera la piedra que le sirvió para calzarlo: ¿piensa jamás que pueda él ir conduciendo el coche siguiente? En cualquier ciudad de España... La fila procede lentamente y de pronto el coche que va delante del nuestro, indica que va a estacionar, accionando el intermitente. Reacción típica del conductor español:

—Vaya, hombre, ¡ahora se le ocurre estacionar!

Es evidente que él jamás, ¡jamás!, decide estacionar cuando hay alguien detrás. Sólo cuando está libre la calle a ambos lados y no molesta a nadie con su maniobra.

Viendo, por ejemplo, al automovilista gritar iracundo al peatón porque no se apresura a dejarle el paso, no puedo por menos de preguntarme. ¿Se le ocurrirá a ese conductor que en este mismo momento otra persona al volante le está gritando a su mujer, a su hermana, a su hijo pequeño? Como en el caso del piropo (véase Lujuria) me imagino que es incapaz de desplazar así su propia experiencia.

Llama uno a cualquier número de teléfono y —humanamente— se equivoca. En el noventa por ciento de los casos el individuo del otro lado dirá: «¡Aquí no es!» y colgará dejándole en la duda de si ha marcado usted mal o el número de teléfono ha cambiado de dueño, con la consiguiente molestia. Si pregunta: «¿Dónde es ahí?», le contestará: «¿A usted qué le importa?» Es evidente que al señor o señora que responde tan desabridamente no se le ha ocurrido nunca imaginar que podría suceder al revés, que el error fuera suyo y la respuesta antipática, del otro. ¿Cómo va a equivocarse «Él»?

Sin embargo, este mismo español o española hará mil gestiones para ayudar a alguien conocido o «de quien sea amigo». Por que se trata de alguien concreto, no un ser vago, amorfo, parte de la Sociedad que da derechos y exige deberes.

Pero aun así siempre será con la presencia, con el trato directo. Por ejemplo, el español contesta pocas cartas y lo explica diciendo: «No tenía mucho que contarte.» Es decir, el cometido tenía que llenarle a «él». El hecho de que el otro espere impaciente la respuesta no parece preocuparle demasiado.

Está un señor visitando a un jefe administrativo. La secretaria asoma la cabeza:

—Le llama por teléfono Fulano de Tal.

—¡Qué lata! —murmura el jefe—, dígale que no estoy y que no sabe cuándo volveré.

La secretaria desaparece y el visitante devuelve la sonrisa cómplice del amigo.

—Es que los hay pesados... —no creo que por un instante se le ocurra que puede ser *él* quien esté al otro lado del hilo telefónico y que el ocupado burócrata haga el mismo comentario sarcástico ante otro caballero.

El español considera las relaciones humanas como una prolongación de su propia personalidad. Cuanto más lejano esté el otro de ella, menos interés despierta. Quien esté cerca, física, moral o familiarmente, entra automáticamente a formar parte de ese círculo mágico y es, por tanto, cordialmente tratado. Si vive fuera, no tiene valor ninguno, prácticamente no existe. De ello procede la estrecha unión entre los miembros de la familia española. Los ancianos de la misma viven con hijos y nietos y se da poco el caso, corriente en otras sociedades más ricas, de llevarlos a una residencia para viejos «donde estarán mejor».

Esto explica lo que para muchos extranjeros es un enigma. La increíble diferencia entre la cortesía del español en una reunión, y la que muestra en la calle. El mismo individuo que se inclina galantemente a besar las manos de las señoras, que se levanta apenas entra alguien, que ofrece su casa, que se desvive por atender y complacer, resulta fuera un ser cerrado y egoísta que trata a los demás como enemigos. Choca a menudo sin pedir perdón. Si en el Metro se lamenta alguien de que está apretado, le dirá que «¡tome un taxi!», adelanta a otro coche por la parte prohibida a riesgo de matarse, insulta y es insultado. Todos los hombres son sus enemigos, las mujeres al vo-

lante oyen del «caballero» anterior malevolentes
alusiones a su capacidad mecánica y un tajante
«¡a lavar platos!» A veces ocurre que, tras uno
de esos incidentes, los protagonistas se recono-
cen y, como por arte de magia, surge la sonrisa,
el grito amable...

«¡Pero hombre, si eres tú! ¡Haberlo dicho!»
Ya está en el círculo mágico, ya es un amigo. Al
desconocido no se le podía perdonar nada, ni siquiera la equivocación de buena fe; al amigo se le
perdona todo. Para eso es amigo, ¡caramba!

El inglés dice que su casa es un castillo. Se
refiere a sus derechos individuales frente al gobierno. El español considera también su casa un
castillo, pero frente a todo el mundo, un castillo
erizado de cañones, rodeado por profundos fosos.
Por ello no da fácilmente su nombre ni su dirección, y existe la increíble costumbre de que cartas
importantes lleven firma «ilegible». Cuando en los
últimos tiempos, siguiendo la costumbre norteamericana, veo en las oficinas de los Bancos un
cartel con el nombre del empleado, pienso que la
nueva medida habrá sido acogida con disgusto y
recelo. Al menos en mi experiencia, cada vez que
tras unos minutos de charla intentaba enterarme
del nombre del interlocutor para futuras gestiones, recibía la misma vaga respuesta: «No es necesario..., llame usted y ya le contestarán.»

Y si no le gusta dar su nombre, ¿cómo va a dar
algo más íntimo que es su personalidad? Obsérvese la falta de Autobiografías o de Cartas de
Amor en la literatura española. El español que
llevó por tantos años una capa para ocultar los
remiendos del pantalón, no va a desnudarse espiritualmente ante gente desconocida. (Tampoco el
clima político de que disfruta generalmente el
país, permite contar francamente la «circunstancia» de uno, que era quizá muy distinta y, por

tanto, hoy peligrosamente pasada de moda, hace unos lustros.)

Los juicios de los españoles sobre sus semejantes son eminentemente subjetivos, al margen de conceptos generales. Una persona aquí puede ser un malvado, pero si es simpático, si «cae bien», es mucho más aceptado en sociedad que el bueno, pero soso. Si se les recuerda las condiciones morales del individuo en cuestión, se contesta con una sonrisa: «Bueno, hay que conocerle... Él es así», palabras que cancelan irremediablemente cualquier otra observación. Por el contrario, un Premio Nobel puede resultar un «pesado», adjetivo concluyente con que un español elimina de la vida civil a otro sin importarle méritos o inteligencia.

A todo español le hace gracia leer la respuesta de la obra de Valle-Inclán: «Los españoles nos dividimos en dos grandes bandos; en uno el marqués de Bradomín, en el otro todos los demás.» Ningún lector se coloca entre «todos los demás», claro. Igualmente, la frase dramática más famosa de nuestro tesoro literario: «España y yo somos así, señora», de Marquina se recuerda más por el *Yo* que por la España.

Cuando la sociedad ayuda mínimamente a razonar esa soberbia, las consecuencias son extremas. Por eso el escritor español que ve un par de veces su nombre en el periódico, se remonta a extremos que le obligan —porque nadie es alto en España si no hay alguien más bajo— a despreciar a todos los demás. Hablar con cada uno de los escritores de aquí, lleva a la ingrata deducción de que no existe uno bueno, ya que cada uno de ellos ha destrozado verbalmente a todos sus rivales (ver Envidia).

«Estaba un enjambre de treinta y dos pretendientes de un mismo oficio aguardando al señor que había de proveerle. Cada uno hallaba en sí

tantos méritos como faltas en todos los demás.
Cada uno decía de sí que eran locos y desvergon-
zados los otros en pretender lo que merecía él
sólo. Mirábanse con un odio infernal, tenían los
corazones rellenos de víboras, preveníanse afren-
tosas infamias para calumniarse...

»Los quebrantahuesos que veían se dilataba su
despacho, se carcomían considerando que el oficio era uno y ellos muchos. Atollábaseles la aritmética en decir: 'Un oficio entre treinta y dos,
¿a cómo les cabe?' Y restaban: 'Recibir uno y pagar treinta y dos no puede ser'; y todos se hacían
el UNO y encajaban a los otros el NO PUEDE
SER.» («QUEVEDO, F. DE: *La hora de todos y la fortuna con seso*, c. XXI.»)

Cuando don Miguel de Unamuno fue a ver a
Alfonso XIII para agradecerle una condecoración
advirtió que se la merecía. El rey, sonrió excla-
mando: «¡Otros condecorados dicen que no se la
merecen!» «Y tienen razón», contestó Unamuno.

El español es tan importante en principio que
le irrita mucho que alguien no le reconozca, aunque no haya motivo para ello. Esta actitud la saben bien los realmente populares, toreros, actores,
a los que prácticamente atormentan en *cocktails*.

—¿A que no te acuerdas de mí?

—¿Cómo no me voy a acordar? —contesta con
cara gozosa y abrazándole el famoso—, ¿cómo no
me voy a acordar, hombre? ¿Cómo estás?

—Pues ¿cómo me llamo?

—Te llamas, te llamas..., lo tengo en la punta
de la lengua.

—No te acuerdas —dice serio, y a veces, incluso, ofendido el otro—. Estuvimos comiendo un
día en Zaragoza.

—¡Claro, hombre, claro..., en Zaragoza! ¡Qué
bien lo pasamos!

—Y ¿cómo me llamo?

Es inútil explicarle al susceptible que aunque

la presentación se hubiese hecho entre dos desconocidos, el otro ha salido desde entonces en mil revistas gráficas y está en olor de multitud, mientras el primero ha vuelto al anónimo de donde saliera un solo día. No lo tragan: «Si yo me acuerdo de su nombre, él debería acordarse del mío» es su lógica.

El «póngase usted en su lugar» es una frase sin sentido para el español, porque éste jamás se pone en el lugar del otro. ¿Para qué va a hacerlo? No se encontraría.

Entran en un cine unas señoras o una pareja. Entran tarde porque la puntualidad no es un defecto español [5]. Ha empezado ya la película y, taconeando por el pasillo central, los recién llegados comentan en voz alta las escenas que aparecen en la pantalla: obsérvese bien: no es que intenten molestar a la gente que está ya sentada atenta a lo que ocurre en el lienzo. Es que la ignoran. Es que entre la película y ellos se ha establecido una comunicación inmediata, que en ninguna manera matiza la sociedad que *les rodea, pero que no existe;* es que el espectáculo *empieza* cuando ellos entran.

Pero pronto surgen unos siseos del público

---

[5] La impuntualidad es otra manera de soberbia porque implica el desprecio hacia el que espera. En un pueblo andaluz el nuevo párroco se asombró al ver que los funerales se fijaban «a las siete para las ocho». Preguntó y le dijeron que esa era la fórmula para asegurar la asistencia. —«Y si se va a hacer de todas formas a las ocho, ¿por qué no decimos a las ocho?» Le miraron escandalizados—: «¿Para que venga la gente a las nueve?»

El único espectáculo puntual en España son las corridas de toros, y esa anomalía está basada en dos urgencias. Una, la de aprovechar al máximo la luz del día (la luz artificial en los toros es relativamente reciente); otra, más importante, la de reducir al minuto el peor momento de la vida de los toreros confesado por todos ellos: el de la espera, cuando el peligro está en el aire...

ante esos comentarios en alta voz. Los recién
llegados miran a su alrededor, murmuran unas
palabras de disgusto ante «la mala educación de
la gente» y se sientan... Pasan unos minutos, sus
ojos se prenden de lo que ocurre en la pantalla,
sus bocas están cerradas. De pronto entra otro
grupo por el pasillo central. Llegan taconeando,
comentando en alta voz lo que aparece en la película. Arrancados de su atención, la pareja de
antes se vuelve al mismo tiempo, sus labios se
fruncen: «¡Pssss!, ¡qué barbaridad!, ¡qué falta
de consideración a los demás!»

Es una observación al alcance de cualquiera y
sin más explicación lógica que recordar que el español vive siempre en tiempo presente y con su
Yo a cuestas. Cualquier parecido entre la situación en que se encuentra ahora y la de hace unos
minutos, es pura coincidencia. ¿Cómo va a ser lo
mismo ellos que nosotros?

(España es el único país en que un político,
Antonio Maura, puede decir en público como
lema y bandera de su grupo: «Nosotros somos
nosotros» sin que la gente pensara que eso era
una bobada.)

Cuando el conductor de un coche situado en
quinta posición ve aparecer en el semáforo la luz
verde, oprime automáticamente el claxon. Es la
reacción sujeto-objeto a que me he referido antes.
El verde le autoriza a pasar, luego él tiene que
pasar. El hecho de que su principio ideal tenga
que afrontar la realidad de otros cuatro automó-
viles que están delante y que no pueden volatili-
zarse para que él salga a toda velocidad no basta
a detener su impulso. ¡La luz verde! ¡Me toca a
mí! ¡Fuera esos desgraciados!

Ese mundo cerrado en que el español en general
vive, se puede notar en mil detalles de la vida
diaria, incluso en los más superficiales. Por ejemplo, va uno caminando por una acera y de pronto

—atracción de un escaparate, recuerdo súbito de algo que tiene que hacer— cambia de rumbo y cruza diagonalmente hacia la derecha o hacia la izquierda. En cualquier lugar del mundo al que esto intenta, se le ocurre que está entrando en la trayectoria de otro ciudadano que, hasta entonces, iba paralelo a él. El español —como en el caso del cine— no deja que entre sujeto y objeto se interponga la barrera de la sociedad... Cruza imperturbable, obligando a detenerse a los que de pronto le ven aparecer. Algunas veces, he fingido no darme cuenta y he tropezado con el intruso. La mirada que me ha lanzado ha sido de extrañada molestia: «¡Pero, hombre!, ¿qué le ocurre?, ¿es que no ve?» Lo torcido resultaba derecho, lo irregular corriente... si él cambiaba de ruta, esa dirección era la que debía tomar y no otra. Y exactamente la misma teoría mantiene el que conduce su automóvil por las calles españolas que a veces, máxima concesión, saca una mano *en el momento* de torcer el volante, mano a la que evidentemente atribuye el poder taumatúrgico de Moisés separando las aguas del Mar Rojo.

*

El español utiliza tan a menudo los adjetivos que acaba gastándolos y haciéndoles perder su auténtica significación. La palabra amigo, por ejemplo, es tan usada que cuando se quiere uno referir a un amigo de verdad, tiene que usar «amiguísimo» o «íntimo amigo mío». Llega un momento en que los nombres corrientes no representan nada y para precisar hay que repetirlos. Por eso hoy en España se habla del café-café, que significa sencillamente café bueno en contra del café pronunciado una sola vez, que es malo. Igual se habla del toro-toro cuando ese animal alcanza las características de bravura que deberían tener todos los toros de lidia.

En otros casos la exageración con que el español habla, hace que la auténtica interpretación se descubra sólo al repetir la palabra. Por ejemplo: «Fulano está loco…», sólo significa que hace cosas con las que no está de acuerdo el que habla. Teniendo en cuenta que el que habla siempre es sensato, inteligente y cuerdo, lo del otro es desvariar. Ahora bien, si se quiere advertir que Fulano es realmente un caso psicopático, habrá que insistir: «Fulano está loco, pero no loco… sino *¡locoloco!*»

La exageración sirve al español para afianzar sus razones multiplicando las pruebas favorables por mil y dividiendo las contrarias en la misma proporción. Cuando fray Bartolomé de las Casas quería demostrar la crueldad de los españoles en las Indias, no mencionaba datos precisos que hubieran bastado para su tesis. No. Los indígenas asesinados en una isla alcanzan fácilmente las decenas de millares, aunque en la isla quepan sólo decenas de centenares. Y es que, como siempre en España, para el sacerdote escritor, el hecho abstracto debe subordinarse a un principio concreto y a una voluntad humana. Para el español SU Verdad tiene un valor mucho más grande que La Verdad, aunque ésta se escriba con mayúscula.

El sentido de la exageración aumenta de norte a sur, con los andaluces como maestros indiscutibles. «Si no vamos a poder exagerar un poquillo», dijo un sevillano cuando alguien le hizo notar la imposibilidad de meter las cinco mil personas por él mencionadas en un teatro en que cabían mil. El buen andaluz se negaba a dejarse esclavizar por la aritmética o por la geometría.

La tradición es antigua. Al Juzani (siglo IX) cuenta que Al Habid ben Ziyab, famoso juez de Córdoba, interrogó a un testigo: «¿Desde cuándo conoces tú ese asunto?» El testigo contestó: «¡Oh, mucho!, desde hace cien años.» «¿Cuántos años tienes?» «Sesenta.» «Y ¿conoces ese asunto desde hace cien años?, ¿te figuras que lo conociste cuarenta años antes de nacer?» «Eso —contestó el testigo— lo he dicho como comparanza, es un decir.» «En las declaraciones de testigos —contestó el juez— no deben emplearse figuras retóricas.» Y mandó azotar al testigo, recordando que otro juez, Ibrahim ben Asim, había hecho crucificar a un hombre porque varios dijeron que «era tan malo que merecía que lo mataran»; luego resultó que ese desahogo no significaba que le tocara tal castigo ni mucho menos. (Ver Ira. SÁNCHEZ ALBORNOZ. *La España musulmana*, I-199.)

En los dos casos, los jueces eran andaluces excepcionales. Hoy en Sevilla, Córdoba y Málaga se puede hablar así sin consecuencias tan graves porque, a la misma velocidad con que se aumenta, el que escucha, automáticamente, resta... Si un magistrado oye que alguien asegura conocer el asunto «desde hace cien años» interpreta sin esfuerzo: «Desde hace mucho...»

*

Lo intelectual

Cuando en Francia, Inglaterra, Italia no se comprende bien lo que otro ha dicho se dice: *¿Perdón?* Es decir, me excuso por no haberle oído bien. El español cree siempre que de esa incomprensión tiene la culpa el otro y dice: *¿Qué?* Es decir, exprésese mejor, hombre, si quiere que se le entienda.

Normalmente creemos mucho más interesante lo que decimos nosotros que lo que afirman los demás, y la frase «el diálogo es un monólogo intercalado» ha nacido, probablemente, en España. Cuando dos individuos empiezan aquí una conversación no intentan intercambiar ideas, sino afir-

mar las propias todo el tiempo que le permita
el otro. Si alguien comete el error de interrum-
pirse para respirar —el buen orador alienta sin
detenerse— el interlocutor aprovecha la ocasión
para arrancar con su párrafo. En otros países
cuando intentan hablar dos al mismo tiempo,
dicen: «perdón» y esperan; en España dicen «perdón» también, pero es sólo para seguir simultáneamente. Nadie se convence por las razones del
contrario, pero, en cambio, reafirma las suyas
con el calor de su improvisación. Discutir permite
acabar sabiendo más de lo que uno sabía, porque
lo ha ido descubriendo a medida que buscaba
apoyo a sus tesis. «El pensamiento español nace
en el momento en que se manifiesta. Mientras
que el inglés piensa al actuar, el español piensa
mientras habla.» (MADARIAGA, S. DE. *Ingleses, franceses y españoles.*) Y el derecho a la discusión
está libremente acordado a todos los españoles
sin precedencia o jerarquía. Quiere decirse que
un técnico no tiene más posibilidades de exponer
su opinión que el ignaro. He oído a veces: «Yo
no entiendo nada de política internacional, pero
me parece que la China comunista...» y por espacio de media hora brotan razonamientos sobre la
materia que han asegurado desconocer.

«Lo que no se comprende es que una persona
sin hablar, ni escribir, ni pintar, ni esculpir, ni
componer música, ni negociar asuntos, ni hacer
cosa alguna, espere a que por un solo acto de presencia se le dispute por hombre de extraordinario
mérito y de sobresaliente talento. Y, sin embargo,
se conocen aquí en España —no sé si fuera de
ella— no pocos ejemplares de esta curiosísima
ocurrencia.» (UNAMUNO. *El individualismo español.*)

Cuando el viaje de los astronautas americanos
a la Luna hubo, en varios pueblos y aun ciudades

españolas, una serie de escépticos sobre la hazaña.

—A la Luna van a ir, ¡es que te lo crees todo!

—¡Pero si lo he visto en la televisión!

—¡Es una película, desgraciado!

Tal reacción se debe, pura y simplemente, a la soberbia del burlón. Dado que su cultura no le permite comprender la fabulosa técnica que permite el viaje, prefiere pensar que éste no ha existido a admitir su deficiencia.

No es raro oír en España a un señor vociferando: «¡Te lo digo yo!», ante la duda de alguien, frase con que parece querer anular todas las posibilidades de error. No se trata casi nunca de un dictamen profesional (un ingeniero ante un puente, un médico explicando una operación a los profanos), sino de un juicio sobre temas generales de los cuales ambos interlocutores pueden saber lo mismo o nada: «¡Te lo digo yo!» Y para rematar un asombrado ¿Por qué? esta preciosa fórmula intelectual: ¡Porque sí, ea!

Cuando el español discute, no admite pruebas superiores a su razonamiento. Recuerdo una larga polémica sobre cómo se deletreaba una palabra. Por fin, el que tenía razón, lanzó el proyectil que guardaba para mayor efecto.

—No discutas más. Lo dice el diccionario de la Academia.

El otro no pestañeó.

—Pues está equivocado el diccionario de la Academia.

La costumbre de la conversación ha creado una buena escuela verbal. El orador se da a menudo en la España del café y las tertulias del casino, y cuando había parlamento, la oratoria fácil se conceptuaba importantísima cualidad de un hombre político. Por la misma razón, se exige al especialista (conferenciante, locutor de radio, televisión) una perfecta locución y encadenamiento de palabras y la más leve vacilación basta a provocar el comentario sarcástico sobre sus cualidades.

Quien mucho habla, mucho yerra; pero en algo acierta.

Además de hablar mucho, el español habla muy alto. Llega un momento que emplea el mismo tono de voz que el usado en otros países para disputar. Hace unos años se reunieron en La Haya, y en una tertulia, unos estudiantes españoles; dedicados a su normal intercambio de ideas, no se dieron cuenta que la gente había desaparecido silenciosamente y que estaban solos en el amplio café. Poco después, unos *jeeps* rodearon el edificio y unos guardias se dirigieron hacia ellos.

—¿Qué ocurre aquí?— fue la áspera pregunta.

Hubo estupefacción, explicaciones, excusas de las fuerzas del orden. Resulta que los demás asistentes al café habían presenciado, primero con curiosidad y luego con paulatino y creciente miedo, el alto tenor de la voz española, sus gestos arrebatados, el fruncir de ceño para subrayar una cuestión difícil. El recuerdo histórico del duque de Alba y sus Tercios remató la sospecha y la policía fue informada de que «un grupo de españoles estaban a punto de sacar las navajas en un café del centro».

Por la misma razón, al español no le gusta escuchar. Va poco a conferencias y no tolera que las funciones teatrales sean demasiado largas. Lope, en el «Arte Nuevo de hacer comedias», habló ya de la «cólera del español sentado». Por eso son tan populares los entreactos en España, cuando cada uno puede opinar del autor, de la obra y de los actores. No es casualidad que los espectáculos favoritos del país sean los toros y el fútbol, en los que *se puede ver y comentar al mismo tiempo*, es decir, intervenir en la representación. Por la misma razón, el español prefiere los juegos «de salón» en que puede hablar y aun gritar a cada jugada como dominó, tute, mus. El silencioso ajedrez tiene, lógicamente, pocos adeptos. En cuanto al diapasón con que los españoles hablan, obedece a las mismas razones de egolatría. Entre esperar a que terminen los que están discutiendo o comunicar nuestra valiosa idea a alguien que parece dispuesto a escucharla al otro extremo de la sala, la elección es fácil. Se sube un poco la voz. Este experimento, repetido tres o cuatro veces, basta a llenar el espacio de ruido. Si alguien está atento a la radio o la televisión en el mismo momento, no ruega a los interlocutores que le permitan escuchar el programa porque sabe que sería inútil. Se limita a elevar el tono del altavoz.

*

«En España todos servimos para todo aunque no sirvamos para nada.»

La personalización actúa en el trabajo de forma continua. El que llama a una persona para arreglar algo tiene que vigilar para que no le haga un arreglo temporal, una «chapuza», porque no hay en el trabajador ningún orgullo personal para algo tan poco importante...; en cambio el artesano se esmera en sus creaciones porque está él detrás de ellas, reverberando en su gloria.

Al español le avergüenza preguntar lo que se refiere a su oficio porque, naturalmente, *tiene que saberlo todo*. Una vez tuve un coche que tenía el defecto de escupir la gasolina que entraba a presión. Cada vez que me detenía en una estación de combustible lo advertía, lenta y precisamente, al encargado: «Se trata de un codo mal construido, tenga usted cuidado porque se sale, vaya usted muy despacio...» Normalmente asentían con aire distraído; mi advertencia les parecía totalmente innecesaria, y más de una vez me lo recordaron: «No se preocupe..., llevo muchos años echando gasolina...»

«Pero es que en este caso es distinto —insistía yo—. Escupe mucho.» Con aire seguro colocaban la manga en el agujero de entrada y daban al motor. La gasolina surgía violentamente, derramándose por el suelo, y el mecánico se volvía hacia mí, que seguía impertérrito porque lo esperaba. «¡Oiga! ¡Pero escupe mucho!» «Eso es lo que le advertí», decía yo. Volvía a mirar el charco en el suelo, asombrado. «Pero mucho, mucho. Nunca he visto cosa igual.» «Es lo que he intentado explicarle.» Movían la cabeza como ante un milagro, como Don Quijote asegurando «después» que sus enemigos los encantadores habían transformado las cosas en el último momento. No encontré jamás a un empleado que me dijera: «Tenía usted razón.» Parecía que en cada ocasión —y la experiencia se realizó en toda la geografía peninsular— hablábamos lenguajes distintos. Cuando yo decía «escupe mucho» no era lo mismo que cuando lo decía él: las mismas palabras tenían distinto significado al pasar por sus labios. Cuando lo afirmaba él, entonces *sí era mucho*.

Esto, que parece una exageración —la definición personal dando vida, lo he comprobado en algo tan sencillo como en los nombres propios. «Esto me lo ha dicho Juan», dice, por ejemplo, un español. Y el otro: «¿Qué Juan? No conozco a ningún Juan.» «Sí, hombre, el de la calle Cea Bermúdez, ése del bar...» «Que no, que no...» «Sí, el de la cicatriz...» «¡Ah! ¡Te refieres a Juan! » ¿No era ése el nombre? Al parecer, no hasta que él lo pronunciara.

Eso cuando recuerda el nombre. Porque, muy

a menudo, no se entera. De aquí las situaciones embarazosas que sobrevienen cuando se habla mal de una familia sin saber que está uno de sus representantes. «Ya sabes cómo son las presentaciones —se explica luego—; no se fija uno en los nombres...» Claro, ¿cómo va a fijarse *uno* en los nombres de los *demás?*

*

El español tiene poca consideración y respeto hacia el sabio. Sólo aquí pudo nacer lo de

> Cuentan de un sabio que un día
> tan pobre y mísero estaba
> que sólo se sustentaba
> de las hierbas que cogía...

...o repetir como una gracia lo que debería ser vergüenza nacional: «Tiene más hambre que un maestro de escuela.»

Incluso se venga del que más necesita —el médico— aplicándole nombres como «matasanos» y charlatán. «Médicos y abogados, Dios nos libre del más afamado.» En otros ramos de la cultura considera a los que a ello se dedican con la mezcla de conmiseración e ironía con que se mira a los aficionados a cosas poco serias y, desde luego, al alcance de cualquiera. Me contaba Wenceslao Fernández Flórez cuántas veces un amigo le había mencionado sus propias posibilidades literarias:

—Lo que pasa es que no tengo tiempo...; pero sé una historia, algo que le ocurrió a una criada mía..., que le digo a usted..., sería una gran novela..., pero no tengo tiempo.

En ningún momento se le había ocurrido la idea de que no supiera escribirla. Y con el mismo mirar de arriba abajo, un comerciante incapaz de dar a nadie un pedazo de tela, pedirá al autor la obra que acaba de publicar con esta maravillosa muestra de condescendencia:

—Hombre, mándeme ese libro. Le prometo
leerlo.

Promesa que imagina volverá loco de alegría al
autor. Cuando se trata de pintores, se solicita el
producto con otras palabras.

—Mándeme un cuadro. Le pondré un marco.

No he oído jamás a un español negarse a pro-
nunciar un juicio sobre un libro o una tela con
la excusa de que no entendía de ello. Pero cuando más irritada he visto su Soberbia ha sido
con motivo de una película. Porque el español
puede ignorar la librería o la sala de exposicio-
nes, pero es, en cambio, asiduo a los cinemató-
grafos. (Es el segundo país de Europa en cuantía
de gastos relacionados con el cine.) Gusta del
espectáculo y gusta de mostrar a la familia que le
acompaña, su cultura y erudición. No sale una
vez en la pantalla la Torre Eiffel sin que en la
sala se oiga a seis o siete señores decir gravemente a su esposa:

—París...

...y ella asiente encantada de saberle tan enterado. Pero un día se dio en España una producción de Antonioni: *El eclipse*. Es, naturalmente,
una película distinta y requiere una preparación
especial para comprenderla y gustarla. En otros
países produjo una doble reacción. Unos se en-
tusiasmaron y otros se encogieron de hombros y
salieron dispuestos a no volver a ver nada semejante.

Pero en España esta segunda y más numerosa
parte del público, reaccionó como si la hubieran
insultado. Su proceso mental fue, más o menos,
así: «Yo soy un hombre inteligente y culto y entiendo las películas. Esta película no la entiendo.
Luego, como yo sigo siendo inteligente y culto, es
evidente que el defecto está en la película, que
resulta una tomadura de pelo. Una burla.» Y yo
oí personalmente a un señor que se distingue por

su amabilidad y sentido del humor indignarse ante un joven que aplaudía al fin de la proyección.

—Será usted muy inteligente —observó sarcástico.

En ningún sitio como en España el juicio literario resulta fácil: Una vez oí una retransmisión por radio en la que unos escritores comentaban el *Doctor Zhivago,* de Pasternak. Los juicios eran duros, tan tajantes y negativos, que una señora del grupo con acento extranjero, probablemente ruso, se asombró y preguntó humildemente:

—Pero ¿cómo puede usted decir..., en qué parte ha leído usted eso?

—No he leído el libro, señora —fue la asombrosa respuesta.

Resultó que de los cuatro escritores que se habían reunido para discutir la obra sólo la había leído ella.

Igual ocurría hace más de un siglo cuando Mesonero Romanos describe en una librería «las interesantes polémicas de los abonados concurrentes (todos, por supuesto, literatos), que ocupan constantemente los mal seguros bancos extramuros del mostrador: los cuales literatos, cuando alguien entra a pedir un libro, lo glosan y lo comentan, y dicen que no vale gran cosa, y después de juzgado a su sabor, le piden prestado al librero un ejemplar para leerle». (*Escenas matritenses.*)

La cantidad de gente que está «de vuelta» de los sitios sin haber ido jamás a ellos es infinita. Cualquier intento de explicar algo que se conoce vagamente es considerado una vanidad insufrible. He contado en otro lugar la sonrisa de suficiencia con que me despidió un amigo cuando yo me iba a Italia de corresponsal.

—¿No nos irás a describir la Capilla Sixtina?

—No —dije yo—. Cuéntame tú como está distribuida.

No lo sabía.

El acusarle un error a un español que está contando algo sirve más para irritarle que para corregirle. Recuerdo a un escritor que hace años me contó el argumento de su novela histórica. Salía en la acción continuamente el rey Jaime I y *su corte* de Zaragoza. «Y cuando volvió a su capital..., a Zaragoza...» A la tercera vez le interrumpí.

—Perdona. Jaime I no tenía la capital en Zaragoza; en realidad en aquel tiempo no había capital. La corte era móvil.

—Bueno... Pero iba allí muy a menudo.

Y siguió su narración. Luego dijo que yo era un pedante.

*

La honra

> *Más vale ser cornudo que no lo sepa ninguno*
> *que, sin serlo, pensarlo todo el mundo.*

El temor al ridículo está firme, duramente enraizado en la personalidad española y preside la mayoría de sus reacciones. Muchos actos no se cometen por su intrínseco valor, sino por el que la sociedad ha de darles. Lo grave no es que algo sea malo, sino que así lo considere el vecino, y aun lo malo no es tan grave como lo risible. La mera posibilidad de la burla ajena lanza al español a la violencia (véase Ira). Claramente se deduce que la ofensa es mayor si pública, es decir, si Juan sabe que Pedro conoce sus flaquezas y entiende que, además, Pedro sabe de este conocimiento de Juan.

> Pues muerte aquí te daré
> porque no sepas que sé
> que sabes flaquezas mías.

> *(La vida es sueño, I, 3.)*

...dice Segismundo a la aterrada Rosaura, involuntaria auditora del monólogo en que él se lamentaba de su suerte; es una obligación, un deber sacrosanto cuando la honra está envuelta; el temor al ridículo es herencia del que empujó a los españoles de otros tiempos al asesinato de la culpable en los dramas calderonianos; sólo la apariencia de esta culpabilidad bastaba a desatar la venganza. El qué dirán es mucho más grave que lo que ha ocurrido, la resonancia del hecho que el hecho en sí. Cuando un español se entera de que su mujer le engaña, no se angustia tanto por la confianza traicionada como porque se siente inerme, como desnudo ante el mundo que le rodea. Le han arrebatado su Dignidad, el lujoso vestido con que los españoles tapan sus defectos y manchas.

Evitar el ridículo es imprescindible. Por evitar el ridículo el español paga, apenas sin leerla, la nota del restaurante, porque estudiarla es señal de mezquindad. ¿Por qué? Es tradición de derrochador, considerado de buen gusto. Recordemos.

> Sé cortés y lisonjero.
> Sé *liberal y esparcido*,
> que el dinero y el sombrero
> son los que hacen amigos.
>
> (CALDERÓN, *El Alcalde de Zalamea.*)

Dos siglos después Larra nos da una patética descripción:

«Aquel joven que entra venía a comer de medio duro, pero se encontró con veinte conocidos en una mesa inmediata; dejóse coger también por la negra honrilla y sólo por los testigos pide de a duro. Si como son sólo conocidos fuera una mujer a quien quisiera conquistar la que en otra mesa comiera, hubiera pedido de a doblón. ¡Necio rubor de no ser rico! ¡Mala entendida vergüenza de no ser calavera!» *(La fonda nueva.)*

Y por evitar el ridículo, las protagonistas del escritor Taboada se encerraban en su casa a fingir un veraneo que sus medios no podían cubrir y las mujeres se mataban cosiendo en casa, para evitar el bochorno de que «mis hijas trabajen» pública y abiertamente. Hoy esto es normal, pero la trinchera siguiente se mantiene con el mismo tesón (y las mismas perspectivas de derrota) que la anterior. «¿Trabajar mi mujer? ¿Qué dirá la gente?»

«Cubrir las apariencias» es una frase de mucha entraña en la psicología española, y el escudero del *Lazarillo de Tormes*, que se paseaba con el mondadientes en la boca para fingir que había comido, es un ejemplo sintomático. El uso de la capa, mantenida tantos años contra viento y marea, representa el compromiso entre la Soberbia y la Pobreza, ambas hermanas en muchos casos españoles. Porque la capa es la solución ideal para aparecer elegante sin necesidad de gastar más que en ella; ¿quién sabe lo que hay debajo, qué zurcidos, coderas gastadas, camisas rozadas? La capa comunicaba elegancia, dignidad, pero, sobre todo, seguridad.

«Todos esos graves personajes (habla Teófilo Gautier de la Puerta del Sol de Madrid) están en pie envueltos en sus capas, aunque haga un calor atroz, con el frívolo pretexto de que lo que defiende del frío, defiende también del calor.

...defendía, sobre todo, de la vista curiosa y crítica de los demás.

«*Un hombre bien vestido, en todas partes bien recibido.*»

La desaparición de la capa complicó la situación, pero los españoles la afrontaron heroicamente. La apariencia es sagrada en España, y quien juzgase la vida de los pueblos por el as-

pecto humano de sus calles principales, creería
que aquí tenemos uno de los más altos niveles de
vida del mundo. En proporción con sus ingresos, los españoles gastan en vestir más que los
ciudadanos de otros países, y es erróneo estable-
cer relación entre esa apariencia y su vida diaria,
porque los domicilios no están, casi nunca, a la
altura del aspecto de sus dueños. Muchos extranjeros se extrañan de la reluctancia del español
a invitar al forastero a su casa, mientras está dispuesto a llevarle a los mejores espectáculos y a
los más caros restaurantes. La razón es que las
habitaciones del hogar son a menudo tristes; y
la comodidad, muchas veces, inexistente. Durante muchos años, en la casa había un salón para
visitas herméticamente cerrado para la familia.
Era la habitación más hermosa y se usaba sólo
para impresionar a los de afuera.

«¡La sala!, ¡hipotecar algo de la sala! Esta
idea causaba siempre terror y escalofríos a doña
Pura, porque la sala era la parte del menaje que
a su corazón interesaba más, la verdadera expresión simbólica del hogar doméstico. Poseía mue-
bles bonitos…, sillería de damasco…, cortinas de
seda… Tenía doña Pura a las tales cortinas en
tanta estima como a las telas de su corazón.
Y cuando el espectro de la necesidad se le aparecía y susurraba en su oído con terrible cifra el
conflicto económico del día siguiente, doña Pura
se estremecía de pavor diciendo: 'No, no; antes
las camisas que las cortinas.' Desnudar los cuerpos le parecía sacrificio tolerable, pero desnudar
la sala…, ¡eso, nunca!»

¿Para qué quieren una habitación así? ¿Para
complacerse en su apariencia? No. La sala sólo se
abre para limpiarla y prepararla para el momento que justifica su existencia.

«Los de Villaamil, a pesar de la cesantía con
su grave disminución social, tenían bastantes vi-

sitas. ¿Qué dirían éstas si vieran que faltaban las cortinas de seda, admiradas y envidiadas por cuantos las veían?» (PÉREZ GALDÓS. *Miau*. Buenos Aires, 1951, p. 35.)

«Hay unas personas muy honradas que aunque mueran de hambre lo querían más que no que los sientan de fuera», ha escrito Santa Teresa, y su referencia no se detiene históricamente en su tiempo.

El terror del español pobre «de buena familia» a mostrar su necesidad ha llegado hasta nuestros días, y el nombre con que son designados es corriente en el vocabulario de la caridad. Son los «vergonzantes», los que tienen vergüenza de pedir limosna y siguen en una casa vieja, con renta antigua, esperando que alguien se acuerde de ellos sin tener que afrontar cara a cara a la persona que los socorre.

El miedo al ridículo retiene y frena la fantasía del español para el vestir. Lo primero es «la gravedad y el temor de Dios», decía una frase del XVI. Como entonces, los españoles van a remolque de los cambios en forma y color de ropa y sólo acceden a ellos cuando estos cambios han perdido impacto y truculencia. El ideal del traje del español es ser el primero entre los que a primera vista pasan inadvertidos (eso no reza con las mujeres, ávidas de atraer las miradas en todas partes del mundo), pero «llamar la atención» sigue siendo pecado.

Esta tradición sobria viene de antiguo. A propósito del turbante usado en Oriente, alguien propuso al cordobés Yahya ben Yahya que lo introdujera en España, asegurándole que el pueblo español le seguiría.

«No lo creo —contestó Yahya—. Ben Baxir llevaba vestidos de seda y el pueblo no le ha imitado, y eso que Ben Baxir era hombre de prestigio, a propósito para imponer la moda. Si yo me pusiera turbante, la gente me dejaría solo en este uso y no me imitaría...» (*Al Juxani*, siglo IX.)

Nueve siglos más tarde, un ministro intentó cambiar la forma de vestir del pueblo de Madrid. Este se ataviaba con capa grande y sombrero de ala ancha, dificultando la identificación de criminales. El marqués de Esquilache decidió que todos los habitantes de Madrid debían cambiar su atavío por la moda francesa de capa corta y tricornio. Se puso el bando... y no lo obedeció nadie. Insistió el ministro, sacando a la calle patrullas que iban acompañadas de un sastre; cada madrileño encontrado con el vestido antiguo era empujado a un portal por los soldados. El sastre le recortaba la capa y apuntaba con alfileres el ala del sombrero, convirtiéndolo en tricornio. El pueblo se irritó tanto que se lanzó a la calle, en un movimiento de protesta armado que se conoce con el nombre de motín de Esquilache, y el ministro tuvo que dejar su puesto. Aunque hubo en el movimiento causas políticas ocultas, la masa reaccionó por puro espíritu de indignación ante una orden contra la individualidad del vestir típico. Es, quizá, el único motín del mundo nacido a consecuencia de una moda.

(El nuevo traje se impuso poco después: el ministro actuó más políticamente que su predecesor, y ya que no podía hacer simpático el traje nuevo, procuró hacer antipático el viejo. El verdugo de Madrid, personaje siempre odiado por el vulgo, se paseó ostentosamente por las calles de la capital con sombrero ancho y capa flotante. Bastó la exhibición para que muchos madrileños empezaran a odiar el estilo tradicional.)

*

El uso tan repetido de la expresión «qué dirán» ha llegado a sustantivar la expresión. En masculino «el qué dirán» influye, dicta, previene los actos de la mayoría de los españoles.

Al «caballero de Olmedo» le matan porque «siendo quien es» no puede retroceder al oír la canción que predice su muerte: «En mi nobleza — fuera ese temor bajeza.» (LOPE DE VEGA, *El caballero de Olmedo*. Acto 3.º.)

Deberían tomarse más en serio los chistes que circulan en un país. Toda narración que llega a hacerse popular se explica por la identificación del público con el retrato que en ella se hace de un tipo. Esto me parece clarísimo en una historieta ilustradora de la importancia del «qué dirán» entre los españoles. Es la que describe a paracaidistas de diversas nacionalidades tirándose del avión sólo cuando el sargento hace reaccionar su sensibilidad. El español, según el cuento, se niega a lanzarse y las apelaciones a su patriotismo y a la lealtad al jefe del Estado son inútiles. Finalmente, el sargento exclama: «¡Lo que pasa es que eres un cobarde! » «Yo, ¿un cobarde? Mira, ¡sin paracaídas! » Y se arroja. Cada vez que he oído contar esta historia he visto a mi alrededor sonrisas beatíficas, asentimientos. Sí, señor; así somos.

A todos les parecía muy bien que una decisión tan grave como la de jugarse la vida se tomase no para cumplir un deber de lealtad, patriótico o cívico, sino para que el nombre no quede empañado.

Yo estoy firmemente convencido de que el valor del soldado español en la batalla se debe mucho más a este concepto negativo que a cualquier otro positivo, tal el amor a la patria o la fidelidad al juramento prestado. Cualquier ex combatiente de la guerra civil os dirá que el grito más eficaz para arrastrar a la gente al combate era, siempre, el posible juicio de los demás... ¿Qué pensarán de nosotros? ¿Vais a tener menos... que la compañía C? ¿Vais a permitir que os dejen atrás? El español solo, en general, procura «no meterse en líos». Los casos de gamberrismo en que la gente es agredida a vista y paciencia de los transeúntes, es buena prueba de ello.

«Muera yo, viva mi fama», decían los antiguos españoles, y éstos parecen repetir el eco.

Uno de los españoles más representativos de su tiempo —siglo XVII— fue el capitán Alonso de Contreras, que dejó unas Memorias tan increíbles como verídicas. En ellas explica lo que le mueve a ayudar a un compatriota en una pelea, sin saber quién tiene razón ni cómo ha empezado la cosa: «Nosotros, por no perder la opinión, dijimos: ¡Vamos, voto a Cristo!», y casi pierde la vida en el incidente.

> *Cobra buena fama y échate a dormir;*
> *cóbrala mala y échate a morir.*

Se lamentaba Quevedo de esa esclavitud...

«Pues ¿qué diré de la honra? Que más tiranías hace en el mundo y más daño y la que más gustos estorba. Muere de hambre un caballero pobre, no tiene con qué vestirse, ándase roto y remendado o da en ladrón; y no lo pide porque dice que tiene honra, ni quiere servir porque dice que es deshonra. Todo cuanto se busca y afana dicen los hombres que es por sustentar honra. Por la honra no come el que tiene gana donde le sabría bien. Por la honra se muere la viuda entre dos paredes. Por la honra, sin saber qué es hombre ni qué es gusto, se pasa la doncella treinta años casada consigo misma. Por la honra la casada se quita a su deseo cuanto pide. Por la honra pasan los hombres la mar. Por la honra mata un hombre a otro. Por la honra gastan todos más de lo que tienen. Y es la honra, según esto, una necesidad del cuerpo y alma, pues al uno quita los gustos y al otro el descanso. Y porque veáis cuáles sois los hombres más desgraciados y cuán peligro tenéis lo que más estimáis, hase de advertir que las cosas de más valor en vosotros son la honra, la vida y la hacienda: y la honra está junto al culo de las mujeres, la vida en manos de los doctores y la hacienda en la pluma de los escribanos.» (QUEVEDO, F. DE, *El sueño del Infierno*. Prólogo, 1608.)

En el XVIII lo hacía Cadalso...

«Uno de los motivos de la decadencia de las artes en España es sin duda la repugnancia que tiene todo hijo a seguir la carrera de su padre. En Londres, por ejemplo, hay tienda de zapatero que ha ido pasando de padres a hijos por cinco o seis generaciones, aumentándose el caudal de cada poseedor sobre el que dejó su padre hasta tener casas de campo y haciendas considerables en las provincias, gobernando estos estados él mismo desde el banquillo en que preside a los mozos de la zapatería de la capital. Pero en este país cada padre quiere colocar a su hijo más arriba, y si no el hijo tiene buen cuidado de dejar a su padre más abajo; con cuyo método ninguna familia se fija en gremio alguno determinado de los que contribuyen al bien de la república por la industria, comercio o labranza, procurando todos, con increíble anhelo, colocarse por este o por otro medio en la clase de los nobles menoscaban el estado de lo que producirían si trabajasen.» (CADALSO, JOSÉ. *Cartas Marruecas*. Carta XXIV.)

Esto sigue aún hoy. Recuerdo el entusiasmo con que el chófer de una familia amiga mía me hablaba del porvenir de su hijo. «No será mecánico como yo, no, señor; ha entrado a trabajar en una oficina.» Le pregunté el sueldo que gana-

ba y, como imaginaba, estaba muy por debajo
del suyo. Pero al padre eso no le importaba. El
chico llevaba corbata y traje de calle en su trabajo. Era ya de otra clase social.

*

Amor

«Amor sin celos no lo dan los cielos.»

Como al español le cuesta tanto «ponerse en
su caso», el sentimiento amoroso ajeno es considerado fácilmente como cursilería. Cursi, en
principio, es todo sentimiento que uno no comparte.

Madariaga sostiene que los celos son una muestra de la Envidia española. A mí me parecen más
bien fruto de la Soberbia, porque la Envidia presupone un deseo y el español sigue siendo celoso mucho después de haberse dejado de interesar
por una muchacha. Molesta ser suplantado en jar-
dín que fue suyo y por el que se paseó como
señor. Si el español medio pudiese, haría con sus
ex novias lo que el rey Felipe IV: mandarlas al
convento.

Y esta soberbia actúa también en el suplanta-
dor, al que le irrita grandemente que haya habido
alguien antes que él, en las mismas condiciones
de confianza con su amada. Muchas discusiones
familiares nacen tras el mero encuentro con el
antiguo novio. El español no se atreve a decirlo,
pero en el fondo le encantaría que ella saliera de
su internado, como en las épocas antiguas, para
aprender de «él» y sólo de «él» lo que la vida
tiene de importante.

Y como ha sido observado muchas veces, el español no dice a la mujer «te amo», sino «te quiero», que es un verbo posesivo, de autoridad y

propiedad, presuponiendo muchos más derechos que deberes.

En amor como en otras manifestaciones ya vistas, el español personaliza lo objetivo: el ambiente, la edificación, el mundo entero existen sólo para refrendar su sentimiento. «Tu calle ya no es tu calle —que es una calle cualquiera— camino de cualquier parte.» La calle vuelve a ser impersonal, de todos, cuando el amor ha dejado de señalarla como única y propiedad particular de la amada.

Y quizá esto explique, más que razones de moral, que en su vida íntima no atosigan demasiado a los españoles, el que la muestra del amor en la calle sea mal visto. Una pareja de novios abrazados bastan a provocar sonrisas de sarcasmo. ¿Tienen que venir a exhibirse? Y, naturalmente, una mayor aproximación provoca el anatema. Aunque han pasado años desde que Fernández Flórez, en su *Relato inmoral*, mostró las dificultades con que topan dos enamorados ante la indignada reacción de paseantes, cocheros y autoridades de todas clases, el comportamiento de las parejas españolas es probablemente el más «digno» de todas las del mundo civilizado. Insisto en que esto es debido a la imposibilidad del español de sentirse otro...

Porque la máxima razón para comprender a los demás es recordar la propia experiencia. «Todos hemos sido niños»..., comentan los mayores ante una barrabasada infantil. ¿«Todos hemos sido jóvenes» ante una pareja de enamorados? ¡No!

Así va de rígido el novio español por la calle.

Si te veo hablar con otro
te lo juro por Jesús
que a la puerta de tu casa
tiene que haber una cruz.

Una *soleá* andaluza. Una exageración..., pero una exageración que lo es sólo en las posibilidades del castigo, no en el sentimiento que la inspira. No puede inventarse algo así si no se lleva muy dentro.

> Tengo celos del aire
> que da en tu cara,
> si el aire fuera hombre
> ¡yo le matara!

> Si yo supiera de las piedras
> que mi amor pisa en la calle
> las volviera del revés
> que no las pisara nadie.

No afirmó con esto que el español se precipite a la garganta de quien charla con su novia. Para ello han cambiado tiempo y circunstancias. Pero si se volatizara a su vista le parecería muy bien.

*

Patriotismo

Más reluce el humo en mi tierra que el fuego en la ajena.

En este aspecto todos los españoles reaccionan de forma parecida, por distinta que sea su educación y su vida; de la misma manera contesta el viajero internacional y refinado que el que no ha salido nunca del pueblo. Veamos, por ejemplo, a Juan Valera, diplomático, hombre dado a los clásicos y que nadie puede tachar de patriotero cuando comenta un libro americano, *The land of the Castanet* (La tierra de las castañuelas).

«Otra terrible manía del Sr. Taylor (H. C. Chatfield-Taylor) es la que muestra contra las corridas de toros, a las que fue no obstante y se divirtió viéndolas. Lo que es yo gusto tan poco de dichas corridas, que nunca voy a presenciar-

las, como no he ido en los EE. UU. a divertirme
en ver a dos ciudadanos romperse a puñetazos
el esternón y las quijadas para deleite de los
cultos espectadores; mas no por eso diré que
mientras entre los *yankees* se estilen tales juegos, no será posible que se civilicen y seguirán
siendo bárbaros y feroces. El Sr. Taylor declara,
en cambio, que nosotros, sólo porque toleramos
las corridas de toros, somos incapaces de civilización en su más alto sentido.»

La nota no tiene desperdicio. El Sr. Valera,
como español, puede no ir y aun aborrecer las
corridas de toros, pero que las describa y juzgue
uno de fuera, le saca de quicio. Algo parecido
mostró Ortega y Gasset, el más europeo de nuestros intelectuales, en su *Prólogo a una inglesa
que no gusta de los toros.*

Cuando el Orgullo español enseña su casa al
extranjero lo hace siempre en la seguridad de
que es algo totalmente distinto, y el visitante no
debe en absoluto intentar pasar de espectador a
actor. Cuando alguien, casi siempre anglosajón,
intenta mostrar su entusiasmo entrando físicamente en el ambiente, la reacción es normalmente
fría. Una muchacha americana aplaudiendo el baile flamenco, es vista con agrado. La misma muchacha, arrojándose al tablado y tratando de
imitar los pasos, produce consternación. Le parece al español que están caricaturizando algo
muy suyo (no importa que sea catalán o vasco,
sigue siendo «suyo») y no le hace gracia ninguna.

Yo recuerdo a un americano que iba a montar
a la Casa de Campo de Madrid. Tenía un hijo
de unos diez años y lo había vestido «de corto».
El niño, rubio, gordinflón, con ojos azules, iba
muy serio a caballo con sombrero ancho, chaque-
tilla y zajones, siguiendo a su padre, ataviado de
la misma guisa. Estoy seguro que al buen señor
le animaba la mejor de las intenciones y estaba

convencido que su gesto *go native*, vestir, actuar como los indígenas del país que visitaba, le granjearían la simpatía de todos. Y lo que producía era una sorda irritación. «¿Ha visto *usté*? —me decían los mozos de la cuadra—. ¿Ha visto *usté* al pajolero del niño? ¡Qué *pedrá* tiene!»

Lo mismo ocurre en los toros, donde alguien con acento foráneo está automáticamente excluido del saber lo que ocurre en la plaza, por mucho que haya estudiado y visto la fiesta brava. Es como si todo el tesoro del folklore español estuviese vedado a los que no han tenido la suerte de nacer aquí y que, por el contrario, este solo hecho dé invariablemente conocimientos técnicos sobre vino, danza, toros y canciones flamencas.

Cuando el español sale al extranjero se encuentra siempre un poco incómodo. Es el embarazo del que se sabe en corral ajeno (y no olvidemos que para un hispánico lo ajeno es realmente distinto). Algunos se niegan a desprenderse de su caparazón protector, y se cuenta del torero «Guerra» que, antes de la corrida, en una plaza del sur de Francia, fue abordado por un compatriota. «¿Qué tal, maestro?» «Pues ya ve usted —contestó el 'Guerra'—, aquí, ¡rodeado de extranjeros!» En general y cuando compara su civilización con la de otros países europeos, por ejemplo, siente una desazón que se manifiesta típicamente no escondiéndose, sino mostrándose; no en la discreción, sino en la bravata. Recuerdo a un grupo por una calle de Copenhague. Iban con las manos en los bolsillos (manos activas, es una de las características del español), se paraban a menudo con asombro de los demás transeúntes, que no comprendían que la calle es para detenerse, se daban golpes en la espalda, hacían comentarios burlones de lo que veían. Parecía que tenían que afirmar a voz en grito una personalidad que se les diluía sin el apoyo de las cosas familiares.

A veces buscaban una razón para satisfacer su sentimiento de inferioridad. «Los extranjeros es que nos tienen envidia, ¡porque somos los más jabatos!, ¡porque descubrimos América!»

(Como el español es hombre de contrastes, existe también, en minoría, el que se queda pasmado ante cualquier barredora mecánica y mueve la cabeza con aire pesimista diciendo: «¿Cuándo tendremos en España algo así? Somos unos desgraciados...» Pero aun a este último guárdese el forastero de darle la razón, si no quiere terminar las amistades.)

En principio el español es —como buen orgulloso— reacio a la admiración. Un coche de último modelo atraerá las miradas de algunos técnicos, pero al hombre de la calle le molesta ser sorprendido observando algo «como un paleto». Hay pocos sitios del mundo en donde las artistas de cine puedan pasear tan libremente como en España. Sólo en casos de ídolos realmente de masas (Cantinflas, Jorge Negrete) existe el apretujón, el intentar acercarse a las figuras. El español apenas pide autógrafos, porque le parece poco digno. Y en las entrevistas periodísticas con actores de fama internacional me parece notar siempre una hostilidad latente hacia la figura, como si el periodista quisiese hacerle pagar la humillación que sufre al dedicarle tanto rato. Es muy típico, por el contrario, el comentario despectivo con que el mirón quiere hacerse perdonar el haber cedido al impulso de la curiosidad: es fácil oír de una actriz famosa «pues no es tan guapa» o de un actor «qué envejecido está». Y esto llega al escalón más bajo de la sociedad. Me contaba López Rubio que con ocasión de traer a España un coche rojo deportivo, tipo torpedo, algo nunca visto hasta entonces en el país, oyó a un mozalbete desharrapado decir a otro curioso: «¡Tenía uno igual y lo tiré!» No era una mentira; era un desahogo.

Y cuando por obvios motivos el español no puede saber más que el interlocutor, ¿admitirá el fallo en su cultura? No; Antonio Machado, que nos conocía bien, reflejó lo que ocurre en ese caso en dos versos famosos:

> Castilla miserable, ayer dominadora,
> envuelta en sus andrajos desprecia cuanto ignora.

Y como ignora mucho, el desprecio es casi general para todo lo que esté fuera de su radio de acción inmediata. Un español puede ir a las más recónditas e inhóspitas regiones del Amazonas pasando experiencias increíbles. Si al volver anuncia una conferencia con ese tema, la sala estará medio vacía. A nadie interesa escuchar algo de lo que no sabe lo bastante para criticar, contestar, en fin, intervenir. Y si uno no interviene, ¿qué gracia tiene lo que cuenta otro?

Por ello, tampoco hay muchos que se dediquen a contarnos lo que pasa en otros países. A. Castro hace notar la escasísima literatura de viajes de los españoles, a quienes no se les ocurre componer una geografía, una geología o la historia de una tierra extranjera. (*La realidad histórica de España*, pág. 246.) Y Gironella se quejaba en un artículo de la absoluta falta de curiosidad de sus amigos cuando volvía de exóticas tierras. «Qué ¿y siguen comiendo el arroz con palitos? ¡Vaya chalados!»

La Soberbia cultural encuentra lógico que haya hispanistas en Suecia, en el Japón, en Rusia, pero no le parece raro que aquí haya tan pocos especialistas de literatura francesa o inglesa.

...Y al hombre del pueblo le parece natural que el extranjero chapurree el español (que equivale —no puede ser más simbólico— a «hablar en

cristiano»). Muchas veces acompañando por España a un turista he notado que el campesino se
extraña de su mutismo. Y cuando yo explicaba la
razón...

—Pero algo de español hablará...
—No, nada. ¿No ve usted que en su tierra habla inglés?
—Qué raro...

Y sacudían la cabeza, mirándole. No hay que
añadir que el concepto se apoya en la historia y
en la realidad actual. El labriego de hoy sabe que
a muchos días de navegación, donde está su primo en las Américas, «hablan lo mismo que nosotros». No le hace falta más detalles para imaginar que es así en todo el mundo.

El 4 de agosto de 1971 Radio Nacional daba
un reportaje desde Ayamonte, en la frontera his-
panoportuguesa. El locutor entrevistaba a una
turista llegada del país vecino y al producirse
una dificultad en la comunicación, dijo textualmente: «Ella no habla español y yo, *naturalmente*,
no hablo portugués.»

Por otro lado, y en contraste con ese recelo,
para el español todo extranjero es un huésped.
Yo no conozco otro pueblo con más amplio concepto de la hospitalidad y más que en la casa
propia por las razones antes indicadas, en la calle,
en el bar, en el restaurante. Tan metido está en
la entraña del pueblo el papel de anfitrión, que
en los restaurantes, en esa graciosa lucha por alcanzar la nota, típica en todas partes, al indígena
le basta decir a media voz: «El señor es forastero», para que la cuenta llegue directamente a sus
manos (ver Avaricia).

Pero el extranjero hará bien en recordar siempre que lo es. Cuando el recién llegado, engañado por la cordialidad y confianza con que el indígena le habla, se lanza a exponer su opinión sobre
la vida o la política del país, inmediatamente

notará enfriarse el ambiente. El más antifranquis-
ta de los españoles se resiste a aceptar su juicio
sobre el jefe del Estado y a la propaganda oficial
le bastó soplar levemente sobre una brasa para
que se produjera la reacción contra las votacio-
nes de las Naciones Unidas respecto a España.
«¡Nos van a venir a contar esos tíos lo que tenemos que hacer!», decía la gente. Obsérvese que
no discutían siquiera si había o no razón para la
decisión. Se negaban a aceptar incluso la posibilidad de que alguien, desde tan lejos, dijera cómo
teníamos que gobernarnos.

Y ya no hablemos cuando al orgullo local se
unen concepciones políticas y resentimiento de
siglos, porque entonces se siente herido, incluso
cuando nadie ha soñado en atacarle. Este es muchas veces el caso de Cataluña, cuyo español orgullo resiente cualquier acto que el castellano
orgullo verifique.

Me acuerdo de un colono catalán que vivía en
Arenys de Munt (Barcelona); era hombre culto y
enterado de los problemas del mundo, pero al
referirse a España respiraba siempre por la herida. «Desengáñese usted —me dijo un día—, en
Madrid hay un plan para hundir a Cataluña en
cinco años.» «Mire usted —le respondí—, si en
Madrid hubiese un plan organizado con esta precisión y seguridad para cualquier cosa, ya no
sería Madrid.»

Porque en Madrid, como en gran parte de España, la Soberbia y el Orgullo se matizan con la
frivolidad. Todo el ansia de mando, de imponerse, se refiere al momento en que se expresa la
acción y apenas tiene en cuenta el futuro. Cuando un español dice: «¡A mí no se me puede hacer
esto! No le tolero a usted», etc., obedece a un
instinto tan violento como corto de aspiraciones.
Quiero decir, que, pasada la explosión, el español
no buscará los medios para que aquella expresión,

aquel desafuero, no vuelvan a producirse. Esto implicaría la organización de una colectividad donde cada uno de los componentes tiene que abandonar parte de su propia personalidad para encajarla mejor en la general. Es mucho pedir del español.

Esto creo yo que explica la aparente incongruencia de que tanta soberbia individual acepte por largo tiempo una dictadura (entre blanca, roja y blanca hay quien lleva cuarenta años así). En el caso presente, el Gobierno ha comprendido dos características nacionales. La primera, que es imposible callarle la boca. Y desde hace muchos años en los cafés, en los teatros (público), en las reuniones, se habla con un tono que no hubiera sido posible bajo los regímenes de Hítler, Mussolini, Stalin o Perón.

Y el gobierno lo ha permitido porque sabe —la otra característica— que este desahogo es puramente verbal y que el español, después de haber contado con tajantes y casi siempre obscenas palabras sus ideas sobre la materia, termina con ello su protesta cívica. Y se queda con la conciencia tranquila. Que sus frases no se reflejen en cambio alguno, es problema secundario. *Él* ya ha dicho lo que pensaba.

(Y mientras no le toquen a él precisamente, lo que ocurra a otros le tiene sin cuidado. Y los demás piensan lo mismo; cada uno es una «mónada», una unidad al margen de la colectividad que como tal no tiene conciencia propia. Ni siquiera en la guerra civil hubo dos bloques. Diez grupos de un lado peleaban contra diez grupos del otro. Cada uno pensando que combatía por su propia y única causa «y que ya verían lo que era bueno» los aliados del momento.)

¿Y la censura? La censura ataca a una persona determinada, no a la masa. Esta *deja de ver o de leer algo*, pero como no sabe lo que es, no reacciona. Y tampoco hay la admiración al escritor que en Francia, por ejemplo, hace sentir a todo el país el daño causado al intelectual, tipo en España mirado todavía con cierto recelo; «uno de esos que escribe, un vago, ¡vamos!», como decía la portera en una comedia de «Tono».

Al patriotismo grande sucede naturalmente el chico, y en algunos casos le sustituye como cuando el español va al extranjero y, en lugar de reunirse con sus compatriotas en una «Casa de España», lo hace en la de Galicia o de Asturias. Es la solución intermedia, el compromiso entre el afán disgregador del individualismo y el deseo de «alternar» con sus paisanos. Madariaga sostiene que las dos constantes del español son el separatismo y la dictadura, que se dan, aún con mayor virulencia que en la península, en los países hispanoamericanos. En las gestas más famosas de la historia española no se defendía una tierra, sino una ciudad: Sagunto, Numancia, Zaragoza, Gerona. En otras guerras —decían admirados los generales napoleónicos— bastaba ganar una batalla para que el país entero se diera cuenta de lo inútil de seguir combatiendo. La falta de cohesión española producía, en cambio, isla tras isla de resistencia; lo que el indígena defendía estaba unido físicamente a él y merecía luchar hasta la muerte. Lo que en muchas ocasiones hizo. Así Galia resistió nueve años a Roma, y España tardó doscientos en ser dominada.

El extranjero no debe hablar mal de España, aunque el español acabe de maldecirla, pero tampoco el vecino de San Juan de Arriba puede permitirse bromas sobre San Juan de Abajo frente a un nativo de este último pueblo. Los pleitos entre vecinos y enemigos se asoman a la literatura desde el episodio de los rebuznos del *Quijote* a la lucha entre los de Lorío y los de Entralgo en la *Aldea perdida*, de Palacio Valdés.

Cuando hay autoridad dividida entre poblados (la capital de la provincia y la ciudad más industrial, sede del obispado y jefatura política) se producen odios que hacen risibles los de los Capuleto y Montesco. Me contaba Paco Vighi que con ocasión de una feria de Palencia, momento en que la más arisca ciudad se abre gozosamente al forastero, apareció en la rebosante plaza de Toros una pancarta que decía: «Palencia saluda a todos los forasteros, excepto a los de Valladolid.»

El orgullo local no necesita de apoyaturas para manifestarse. Si la ciudad o pueblos son feos se elogia su riqueza minera, si no la hay, el viejo castillo o ruinas de un convento (de los que se presume muchas veces sin hacer nada para evitar esa ruina) y, naturalmente, las hazañas del equipo local de fútbol. Si en la actualidad no hay nada, queda siempre la historia y los ilustres hijos de la villa. España ha sido tan pródiga en santos y héroes que siempre hay una figura de que echar mano en momentos de apuro.

Cuando Víctor de la Serna realizó su *Viaje por España*, presentaba cada uno de los villorrios que encontraba con bellísimas descripciones. En general los habitantes de esos pueblos no escribían agradeciendo esas palabras porque las encontraban natural y lógicas. Pero si un día, al final de un párrafo encomiástico, decía, por ejemplo: «Lástima que esa belleza quede empañada por el estado de las calles del pueblo»..., recibía misivas indignadas: «¿Cómo se atrevía a hablar así del lugar donde nació fray Benito de los Cantos? ¿Quién se había creído que era?»

Las capitales españolas tienen la sensibilidad a flor de piel, entre otras cosas porque la censura de los últimos treinta años no ha permitido enturbiar con ironías el que debe ser perfecto estado de la nación ante propios y extraños.

Así saltan a la menor alusión considerada ofensiva y no hay bula ni en lo humorístico. Alvaro de Laiglesia publicó en una ocasión un artículo en que de pasada y sin darle importancia a la frase se refería a una señorita que no hacía distinción «entre un rubio de Londres o un moreno de Murcia». El autor recibió docenas de cartas indignadas de esa ciudad y para remate, un telegrama que decía: «Si eres hombre, ven a Murcia.»

En Asturias, cuando alguien de la meseta alza demasiado la voz, se le advierte: «No olvide usted que esto es España y lo demás... tierra conquistada», que como petulancia histórica no deja de tener su gracia.

«Nosotros... (habla Baroja de los vascos, pero el concepto es extensible a todos los españoles) solíamos tener discusiones interminables por las cosas más tontas: por ejemplo, cuál de nuestros pueblos era mejor, y llegábamos hasta a contar las casas que había en cada uno.» (*Las inquietudes de Shanti Andía*, OC., IV, p. 1086.)

Y en otro libro da más ejemplos.

«Fuimos tres o cuatro amigos... a Granada... Hacía frío. Una mañana estuvimos en la Alhambra. Yo dije: 'Si aquí en estos salones, en tiempo de moros no había cortinas o cristales o algo por el estilo, los Mohamed y los Boabdiles se morirían de frío.' Esto, sin duda, ofendió al patriotismo local, y unos días después me mandaron una carta, con pretensiones de irónica, y unos calzoncillos pequeños de lana.» (*Memorias de Pío Baroja*. Madrid, 1955, p. 576.)

«... En casa de la marquesa de Villavieja... me preguntaron a mí qué me parecían las obras del novelista Pereda. Yo dije que no me gustaban nada: que los paisajes parecían de cartón y los personajes falsos y amanerados. Entonces un señor que estaba en la reunión se levantó y me dijo:

'Nos está usted insultando a los santanderinos.'»
(BAROJA, *Memorias*, p. 177.)

Cuando hace unos años un sacerdote escribió
un libro poniendo en duda que Santa Teresa hubiera nacido en Avila, la cólera en esta ciudad
fue extremada. Ninguno de los que hablaron o
escribieron sobre la obra mencionaron los documentos presentados. Santa Teresa era de Avila
¡y basta!

El orgullo local se extrema cuando circunstancias políticas hacen del lugar en que se vive centro del país al que tienen que acudir los demás
habitantes si quieren resolver sus problemas.
Este es el caso de la Ciudad-Estado conocida por
Madrid. (El orgullo de Barcelona o de Bilbao es
más regional y casi racial. Se vanaglorian más de
ser catalanes o vascos que de ciudadanos de una
u otra urbe. Y Sevilla es diferente. Mientras Barcelona y Bilbao se pasan el día comparando sus
características con Madrid, Sevilla vive completamente al margen de la polémica. Para Sevilla,
lo mismo es Madrid, que Bilbao, que Barcelona,
ciudades sin «duende» ni gracia, ciudades con el
grave defecto de no tener un barrio que se llama
Triana ni estar junto al Guadalquivir.)

El orgullo de Madrid se inicia prácticamente
cuando Felipe II lo declara capital y no ha parado de subir. Desde el refrán, «*De Madrid al cielo*»
(y añade otro: «*y en el cielo un agujerito para
ver Madrid*»), al increíble sermón en que el sacerdote advirtió que, cuando las tentaciones de Je-
sucristo, éste tuvo suerte con que los Pirineos le
ocultasen Madrid, porque, si no, probablemente habría aceptado el regalo humillándose ante el
diablo. Lo cuenta el francés Bourgoing en el siglo XVIII.

Y aun hoy se ven unos cartelitos en algunos
coches particulares, pero especialmente taxis que
pregonan: «Madrid, pórtico del cielo.»

A medida que ha crecido la población española, ha aumentado Madrid, y en su suelo hay muy pocos que sean madrileños de dos o tres generaciones. Pero no importa. El hijo del asturiano se siente totalmente madrileño e igualmente ocurre con el que, nacido en Galicia, llegó a la capital de pequeño. La sensación de que se trata de un club importantísimo de la vida española, un club al que acuden de todas partes los españoles pidiendo protección administrativa, ha dado al madrileño una extraordinaria vanidad que los triunfos en su fiesta nacional (el fútbol hoy y no los toros) redondean. El hombre más modesto de Madrid se burla del millonario catalán o vasco. Y surge a veces en los labios, tanto del golfillo de Vallecas como de la duquesa, una expresión tan petulante como graciosa cuando alguien ha intentado engañarle sin darse cuenta de su milagroso origen.

«¿A mí? ¿Con estas a mí? ¡A mí! ¡De Madrid!»

La palabra provincias o provinciano en boca de un madrileño tiene un increíble sentido despectivo. Quiere decir: pequeñez, cursilería, aburrimiento, tristeza... La verdad es que, en muchos casos, tiene razón. Este Estado, aún más que los anteriores, ha volcado su protección a la capital, y edificios y parques en Madrid renacieron después de la guerra con increíble diferencia con el resto de España. Igualmente, dado que era la ciudad a la que acudían preferentemente los extranjeros, Madrid recibió permiso preferente para ofrecer espectáculos que seguían prohibidos en otros lugares. En una extraña jerarquía moral que establecía la posibilidad de pecar para los residentes en Madrid y no para los provincianos, ha habido durante años autores permitidos por la censura para la capital (Tennesee Williams, por ejemplo), pero no para otras ciudades españolas, aunque alcanzaran el medio millón de habitantes.

Asombrosamente no se pedía a la puerta del teatro la partida de nacimiento.

En todo el mundo hay un éxodo del campo hacia la ciudad. En España hay, además, el éxodo de la provincia a la capital. Funcionarios de todas clases sufren en su «destierro» soñando con el ansiado día en que llegarán a Madrid y la marcha de los inteligentes y ambiciosos contribuye a empobrecer la vida de las provincias. La incorporación a la vida madrileña representa un nuevo nacimiento para muchos provincianos que procuran ocultar su acento regional y convertirlo, si no en un estilo madrileño, al menos en un castellano aséptico y lo que más les encanta es oír: «¿De Galicia?..., ¿de Cataluña?..., no tienes acento.» Sólo hay una excepción entre los que así intentan fundirse en el mundo nuevo, y es la de los andaluces. Para ellos madrileñizarse es perder, no ganar, y todo el esfuerzo que hace el otro tipo de provinciano para ocultar su acento original lo hace el meridional para conservarlo y que se le note a las primeras de cambio.

*

«*Más orgullo que don Rodrigo en la horca.*»

La Soberbia del español no se detiene ante la muerte e incluso ésta tiene que ser de acuerdo con su categoría. No es lo mismo morir por la cuerda que por un hacha. Cuando «El Alcalde de Zalamea» ejecuta al capitán el Rey le pregunta por qué, al tratarse de un caballero, no le ha mandado degollar, a lo que Pedro Crespo contesta que el verdugo del pueblo no ha aprendido a hacerlo porque los nobles del lugar no dan motivos a la justicia.

En este concepto, todos los españoles, cristianos o musulmanes, tenían idéntica preocupación.

Cuando Al-Hakam se preparaba para combatir una difícil rebelión de Córdoba quiso perfumarse. «¿Es esa hora de perfumes, señor?», le preguntó un criado. «Este es el día en que debo prepararme a la muerte o a la victoria —contestó el emir— y quiero que la cabeza de Al-Hakam se distinga de los demás que perezcan con él.» (SÁNCHEZ ALBORNOZ, *La España musulmana*, I-124.)

Se ha dicho alguna vez que los españoles saben morir mejor que vivir. Especialmente si hay testigos... Los casos de hombres habitualmente poco valerosos que asombran por su serenidad en el momento de afrontar el pelotón de fusilamiento, se han repetido en nuestra historia y multiplicado en la última guerra civil. Algunas veces la actitud se viste de elegante ironía como la del condenado a muerte que mostró deseos de hablar cuando ya le estaban apuntando. El oficial que mandaba el pelotón, detuvo la orden de «¡Fuego!» «¿Qué quería?»

—No, sólo advertirle que el tercer fusil, empezando por la derecha, tiene un taco en el cañón y *puede ocurrir una desgracia.*

Avaricia

«Él era un clérigo cerbatana, largo sólo
en el talle..., cada zapato podía ser tumba
de un filisteo. Pues su aposento... aún ara-
ñas no había en él. Conjuraba los rato-
nes de miedo que no le royesen algunos
mendrugos de pan que guardaba. La cama
tenía en el suelo y dormía siempre de un
lado por no gastar las sábanas. Al fin, él
era archipobre y protomiseria.»

QUEVEDO, *La vida del Buscón llamado don
Pablos*, cap. 2.

*

«Donde hay nobleza hay largueza.»

EL SAN MARTIN
ESPAÑOL

Avaricia

Este capítulo será tan corto como largo ha sido el anterior y ello se explica. Un Soberbio, un Orgulloso, un Vanidoso, no puede ser al mismo tiempo un Avaro, un Tacaño, un Mezquino, porque la buena apariencia cuesta dinero, y quien la considera necesaria no tiene nada de Harpagón o Shylock.

Curiosamente en la literatura española hay, sin embargo, descripciones extraordinarias de avaros: «El Dómine Cabra» de *El Buscón llamado don Pablos*, el ciego o el clérigo que atormentan al Lazarillo de Tormes, o *Torquemada*, la gran creación de Pérez Galdós y aún así uno de ellos, no es realmente una descripción de avaro que sea sino de avaro que fue. Efectivamente, cuando conocemos a Torquemada por obra y gracia de Pérez Galdós, la enfermedad y muerte posterior de su hijo le ha obligado a abandonar su desmedido amor al dinero y la subsiguiente influencia de esposa y suegra, convertirá al avaro de antes, casi en un manirroto. Cosa que no le hubiera ocurrido jamás al avaro francés, tanto en el caso de Molière como, al mucho más desagradable y antipático, del padre de Eugenia Grandet. De todas maneras son personajes aislados comparados con el número de hidalgos, estudiantes, empleados, que visten con aparato muy superior a sus medios e invitan a sus amigos aun a costa de ayunar luego a solas. En el contraste tantas veces mencionado de Don Quijote y Sancho no encontramos al tacaño. Sancho es tan generoso como su amo cuando la ocasión se presenta y su ansia por el dinero y la comida es sólo natural en quien ha visto a menudo arca y vientre vacíos.

Quizá por ello, el pueblo español, que acostumbra a usar palabras exageradas para comentar los defectos ajenos, apenas emplea la voz «avaro» en sus descripciones bastándole la de «tacaño», «agarrado», «de la Virgen del puño» para insultar. Y digo insultar porque es defecto pocas veces perdonado en un país que en este aspecto presume de la superioridad sobre otros pueblos; una copla popular dice, por ejemplo, que San Martín dio la mitad de su capa a un pobre porque era francés. De ser español se la hubiera dado entera. Pero pocos son los ofendidos. Cuando en el círculo de mis amistades se ha aludido así a alguien, se trataba casi siempre de personas que, aunque poco rumbosos públicamente, vestían y se trataban con singular generosidad. Dicho de otra manera, su parsimonia no llegaba nunca al extremo de descuidar su comida, su habitación o su ropa, caracterísica habitual del auténtico avariento al que le duele el dinero que gasta en refocilarse él, casi tanto como el que emplea en divertir a los demás.

Pero es que el español es generoso en términos más amplios; con sus hijos, por ejemplo, a quienes permite proseguir sus estudios mientras él se multiplica trabajando para que puedan ir bien presentados; o en proporcionarse y proporcionar a los suyos todas las diversiones posibles. No es casualidad que España tenga, por ejemplo, uno de los más altos porcentajes de cines del mundo y que la Televisión llegue a la mayoría de hogares, incluso a las chabolas.

Por ello el Estado busca la mayor parte de sus ingresos en impuestos indirectos, gravando espectáculos y restaurantes, porque no hay español que deje de ir a un sitio sólo porque esté por encima de sus reservas económicas. Y además, que la otra posibilidad, la del impuesto directo o «income tax», tendría que empezar por cambiar el concepto que el español tiene del Estado, ya visto en el capítulo anterior, y hacer que le dijera la verdad sobre sus ingresos. (¡Muchos no se lo dicen ni a su mujer!)

«El dinero se ha hecho redondo, para que ruede.»

No, el español no peca casi nunca de avaro. Es posible que en la apartada sierra haya, como el tonto local, el avaro del pueblo, ávido de arrinconar riqueza, pero son elementos muy aislados. El extranjero que a España llega se asombra sobre todo de esta característica de larguez.

Y, curiosamente, la hospitalidad aumenta cuando menor es el grado social del individuo. Los pasajeros de tercera clase ofrecen con evidente buen grado la comida que les ha preparado su mujer, y yo he aconsejado a mis estudiantes alemanes, italianos y americanos que al menos la probasen si no querían ofenderles. (Esta ofensa, ¿a qué será debida? ¿Al desprecio que se les hace o a la desconfianza que la negativa anuncia? Américo Castro ha señalado la influencia árabe en la costumbre de ofrecer lo que se come, y es también evidente que la hospitalidad es mayor en las tierras pobres, donde, quien llega a vuestra casa, ha pasado quizá apuros para encontrar comida y agua. Es posible también que la reacción indignada de quien ve rechazada su oferta se base en historias de venenos ofrecidos con la máscara de espléndidos manjares.) Comer indica familiaridad, confianza, elementos importantes en una sociedad tan jerarquizada como la española. Por ello, cuando alguien demuestra una amistad a la que no se ha dado lugar, se le pregunta sarcásticamente: ¿Dónde hemos comido juntos?

Walter Starkie, el autor de *Don Gitano*, ha contado cuántas veces, en una venta miserable de los caminos, al ir a abonar un vaso de vino se encontró que estaba pagado ya por un humilde arriero que jugaba a las cartas en un rincón. «No le conocía, pero ha visto que usted era extranjero», aclaraba el hostelero.

Al español le gusta invitar porque siempre lleva dentro un duque de Osuna mancado y le hace gracia que este embajador español en Rusia arrojase su vajilla de oro al Moscowa después de una comida, gesto que en otros países produciría sensación de locura.

Entre los recuerdos de los extranjeros por España, hay, casi siempre, el incidente de carretera.

—Nos quedamos sin gasolina y no teníamos dinero español. Y ¿sabe usted lo que ocurrió?

—Sí. Un señor que pasaba se detuvo, les prestó el dinero y no quiso ni siquiera darles su dirección para que se lo devolvieran.

—¿Cómo lo sabe usted?

—Ocurre continuamente.

Las comparaciones siempre son odiosas para quien queda por debajo, pero sin ofender a nuestros vecinos esto no ocurre en otros países de Europa. Y cuanto más modesto sea el español, más ahincadamente insistirá en que compartáis su almuerzo y su copa, más podrá ofenderle si la rehusáis.

«*El pobre es rumboso, el rico roñoso.*»

Si esto pasara sólo con extranjeros, podría darse como explicación el carácter de orgullo y anotarle en el ansia de quedar bien, y hacer dignamente los honores de la casa. Pero lo mismo ocurre entre nacionales. En ningún país de los que conozco he visto dar menos importancia a una invitación, tanto por parte de quien la hace como de quien la recibe, considerándola ambos absolutamente natural. Cuando mi primera visita a Italia, oí a alguien decir con admiración: «Es muy amable» —«ci ha oferto el caffé» (nos ofreció café). ¿Cuándo ha comentado un español admirativamente este detalle? Le parece lógico porque él haría exactamente lo mismo en el caso opuesto. La pelea por la cuenta en los restaurantes es en la mayoría de los casos auténtica, es decir, que de verdad todos quieren pagarla. Y si uno se hace el remolón, puede asegurarse que no tiene en el bolsillo el dinero necesario.

Por la misma razón se elogia como una cualidad importante a la persona capaz de servir buena mesa a sus invitados. «Fulano recibe muy bien», se oye cuando se trata de mencionar los méritos de alguien para una Embajada, poniendo esa cualidad casi al nivel de sus conocimientos políticos o habilidad de información.

Y no se perdona a quien, pudiendo por su dinero y obligado por su categoría social, se niega a compartir su pan y su vino con los amigos. Llevándolo al humor negro. Con ocasión de la muerte de un aristócrata conocido por su repugnancia al convite, su hijo y sucesor decía agradecido:

—Hay que ver cuánta gente acudió a casa..., algo impresionante.

—Sí, hijo —contestó el otro—, es que por una vez que recibís...

(Algunas veces el refranero español parece dar un mentís a la teoría de la generosidad innata del español. Hay, especialmente, un proverbio siniestro: «*Quien da pan a perro ajeno, pierde pan y pierde perro.*» Yo quisiera saber la intención oculta del miserable que lo inventó. ¿Qué quería? ¿Quedarse con el pan y con el perro del otro?)

Lujuria

Uno para conquistarlas,
Otro para conseguirlas,
Otro para abandonarlas,
dos para sustituirlas,
y una hora para olvidarlas.

Don Juan Tenorio, de ZORRILLA.

(Citando los días que necesita para su
  trabajo. Setenta y tres mujeres burla-
  das en un año.)

*

«¿Quién te va a querer a ti, rica?»

(Piropo callejero.)

Lujuria

La Lujuria española está en el aire. No hay nada de clandestino en la apreciación española de ese pecado, nada de subterráneo, de recomido, de refrenado. Por ello en España se dan poquísimos crímenes sexuales. De los crímenes sexuales, antes o después de la violación, acostumbra a ser responsable un puritano al que, desde niño, le han advertido el gravísimo pecado de la carne. Durante años el hombre comprime los deseos que pugnan por salir a la superficie y la explosión que se produce, está tan fuera de lo normal como fuera de lo normal era su retención. Una noche Mr. Smith, el buen Mr. Smith, con dos gatos y un perro en su casa de Belgrave Square, asalta a una viejecita y la destroza. O como Mr. Christi, empareda a varias mujeres.

Esto es difícil que se dé en España y no precisamente porque falte el ánimo de la violencia (véase Ira). Es porque la presión a que tantos años se ha visto sujeto Mr. Smith, es incomprensible en el caso de Juan Pérez, que ha ido soltando vapor durante toda su vida, tanto porque él lo necesitaba como porque le parecía normal y lógico a la sociedad que le rodeaba.

Normal y lógica es para los españoles esa costumbre que los extranjeros hallan increíble y que se llama el piropo, primera salida de humos que la caldera del español permite. El piropo tiene una larga gama de matices, que, en el fondo, se resumen siempre en lo mismo: Descripción en voz alta de los efectos que una mujer causa en el hombre, seguido del programa que el hombre estaría dispuesto a llevar a cabo con esa mujer.

Esta declaración se lleva a efecto ante una desconocida que, en la mayoría de los casos, no siente el menor interés en la relación, indiferencia que tampoco produce mayor efecto en el piropeador; porque éste ha lanzado su exclamación —ardorosa, apasionada en apariencia— como quien cumple una misión necesaria que obedece a dos motivos. Uno, el de sublimar el deseo que le sacude a la vista de la hembra. Otro, mostrar a los que le rodean que él es muy hombre y tiene que reaccionar así cuando pasa una mujer. Cumplido lo cual, puede seguir hablando de fútbol.

«El piropo —dijo Eugenio d'Ors— es un madrigal de urgencia», definición tan bonita como inexacta. Porque ello equivaldría a ver en todo español, a un trovador componiendo al paso de una mujer un racimo de palabras bellas, al estilo de la España musulmana.

Efectivamente los poetas de Al Andalus extremaron su imaginación para cantar a la amada. Si es blanca: «Jamás vi ni oí tal cosa como ésta: una perla que por el pudor se transforma en cornalina. Tan blanca es su cara que cuando contemplas sus perfecciones, ves tu propio rostro sumergido en su claridad.» (Ben Abd Rabbihi, Córdoba —García Gómez, *Poemas arábigo-andaluces.*)

O... «Su talle flexible era una rama que se balanceaba sobre el montón de arena de su cadera», «levantó sus ojos hacia las estrellas y las estrellas, admiradas de tanta hermosura, perdieron pie — y se fueron cayendo en la mejilla donde con envidia las he visto ennegrecerse».

Esta intención perdura en las coplas españolas:

> Tu garganta, niña,
> es tan clara y bella,
> que el agua que bebes
> se ve por ella.

*

> Los ojos de mi niña
> son de pan tierno
> y los míos de hambre
> se están muriendo.

Sería bonito que hubiera seguido así...
Desgraciadamente, como en la realidad los auténticos poetas son más bien tímidos, la calle queda en manos de dos grupos. Los que rugen el programa antes señalado de placeres posibles, y los que, coartados por su falta de imaginación, repiten una y mil veces lo que los poetas dijeron un día. Eso de: «tienes los ojos más grandes que los pies», etc. Hay un tercer grupo que dice desmayadamente: «¡Olé las mujeres guapas!» «¡Sí, señor!»... o «¡así se pisa!»

Los humoristas españoles han hincado la pluma con sarcasmo en este apartado. Fernández Flórez en *Relato Inmoral* presenta al español educado en el extranjero y, por tanto, poco hecho al piropo, al que las incitaciones de sus amigos obligan a seguir a una muchacha por la calle en conturbado silencio, hasta que el «¡Viva tu madre, cachito de gloria!», recomendado por sus mentores, se convierte en un cortés y tímido: «Señorita, deseo que viva su señora madre.»

... O el extraordinario prólogo de *Eloísa está*

debajo de un almendro, de Jardiel Poncela, en
el que una frase: «Vaya mujeres» «has visto qué
mujeres» «no me digas, menudas mujeres», va
saltando de fila en fila de un cine madrileño hasta
que, tras la intervención monocorde de todos los
hombres de la sala, comente una de las aludidas,
muy satisfecha:

«Digan lo que digan, para piropos no hay como
la gente de Madrid.»

El mejor humorista de hoy, Miguel Mihura,
describe en *Sublime decisión* la orgullosa historia de un hombre que vive del más emocionante
recuerdo de su existencia. Cuando le dijo a una
máscara en un baile de trajes: «¡Vaya gallega!»

«Más tira moza que soga.»

Porque lo malo del piropo es su obligación. Los
varones españoles razonan más o menos así: Yo
soy muy hombre. Por ello, es natural que una
mujer provoque en mí una reacción hormónica
de deseo. Y, lógicamente, debo decirlo en voz
alta para que ella lo sepa.

Muchas veces lo que ocurre es que tiene que
saberlo él.

Desde niños los españoles aprendemos lo importante que es destacar nuestra masculinidad y
mostrar lo alejado que estamos de lo femenino.
Todos los gestos de un muchacho, sus palabras y
naturalmente su voz, tienen que reflejar continuamente esa posición, si no quiere provocar la befa
de los compañeros. Quizá por eso el homosexual
español atipla más la voz y exagera más el gesto
que su colega francés, italiano, inglés. Tiene que
cruzar más camino para llegar «al otro lado».
Cuando yo era adolescente no se podía fumar con
la mano derecha porque «hacía afeminado». (Jardiel describe en la comedia *Usted tiene ojos de
mujer fatal* a una señora, «que sólo se dife-

renciaba de un carabinero en que fumaba con la mano derecha».)

No comprendí entonces —ni ahora, claro— qué extraña relación había entre llevarse el pitillo a la boca con la diestra y lo femenino. Pero me guardé mucho de desafiar al tabú de la sociedad. Hoy no fumo, pero si alguna vez enciendo un cigarrillo lo mantengo en la mano izquierda. ¡No faltaría más!

La necesidad de manifestar continuamente la hombría toca otros aspectos, por ejemplo el del trabajo. Durante mucho tiempo obreros portuarios o constructores se negaron a usar guantes protectores... «eso —decían —es para niñas»...

La línea fronteriza que el español traza alrededor de su virilidad es tan tajante como la mayoría de sus creencias. Por ejemplo: Un hombre sólo puede notar la belleza de la mujer. Cuando a un español le pregunta una muchacha sobre el aspecto físico de otro, dice muy seguro «que él de hombres no entiende». Es decir, que no puede apreciar la corrección de una nariz, el tamaño de unos ojos, o si alguien tiene buena dentadura. Se niega rotundamente a comentar y a juzgar por su respuesta, no podría distinguir a Rock Hudson de Quasimodo. «Yo de hombres no entiendo.»

Cuando se ve obligado por la naturaleza de la historia a describir el aspecto físico de un hombre llegará, cuanto más, a decir que tiene «buena facha», vaga descripción que no compromete como sería —¡Dios nos libre!— «es guapo».

Quizá la explicación de esta asombrosa ceguera se deba a que en el espíritu lujurioso del español, toda admiración física está irrevocablemente unida a un deseo, y por ello el subconsciente rechaza, aterrado, la posibilidad de elogiar a seres del mismo sexo. Porque lo que un verdadero hombre no puede evidentemente descubrir en otro —igualmente ocurre a las mujeres con las mujeres— es el fluido especial que gente de apariencia insignificante tiene para conquistar al sexo contrario. El «it», el «sex appeal». De ahí la frase: «Pues no sé qué la encuentras», reacción típica de mujeres bellas desdeñadas por chatillas graciosas y desvergonzadas. Pero lo otro, la comprobación pura y simple de la belleza física de otro hombre, corriente en Francia, Italia, Alemania, etc., es anatema en España.

La virilidad es cuidada en toda la vida del español que compromete gravemente su fama si hace cosas tan de mujer como llevar por la calle paquetes y, sobre todo, flores. Un hombre con un ramo de claveles en la mano es risible, y una de nuestras paradojas es que el único que las pasea e incluso saluda con ellas, es el más viril de los españoles, el torero.

El concepto de la virilidad aparece incluso en las declaraciones de los políticos. No creo que existan muchos países en que se pueda afirmar en el Manifiesto de un nuevo gobierno que «Este movimiento es de hombres: el que no sienta la masculinidad completamente caracterizada, que espere en un rincón sin perturbar, los días buenos que para la Patria preparamos.» (Primo de Rivera: 13 de septiembre de 1923.)

Un español, naturalmente, no se acerca a la cocina, considerada totalmente fuera de su cuadro de acción. Puede algunas veces y como gracia preparar un plato que exija inteligencia y garbo (costumbre más extendida en el caso de los vascos que aprecian demasiado el buen comer para confiarla a las mujeres), pero jamás permanecerá en la cocina para lavar platos. Lavar platos comprometería gravemente su nombre, y las mujeres coadyuvan a esta impresión, echando de sus dominios a quien se atreva a proponer su ayuda. «¡Que no, vamos, que no es el sitio de los hombres!», me decía una casada española en California, asombrada ante las costumbres americanas. «Que prefiero hacerlo yo aunque esté enferma, a verle ahí, con un delantal. ¡Que no, que no!»

Pero la defensa de esta fama en público —que al parecer es lo importante dada la importancia del «qué dirán»— tiene más obligaciones. El español viste de forma que no deje lugar a dudas sobre su sexo. Los trajes son oscuros, las corbatas apenas con nota de color, las formas lo menos exageradas posibles. Dado que, por otra parte, su instinto de elegancia le hace seguir las modas, hay en su gusto una lucha constante que sólo el tiempo transforma. Llega, por ejemplo, la camisa playera de colores vivos y es acogida con exclamaciones de pasmo escandalizado si el que la lleva es amigo, de sonrisas y codazos si es extraño. «Has visto cómo va el niño, ¡qué rica!» «Parece mentira..., ¡si es que se ha perdido la vergüenza!»...

Esto dura normalmente un año. Poco a poco la moda se va imponiendo, aceptando. Para la mayoría deja de ser afeminada. Los que se burlaban antes, llevan ahora la camisa de colores por la misma calle que fue testigo de su asombro anterior. Ahora, en cambio, se asombran ante un extranjero que lleva los pantalones más cortos de lo normal. «Pero has visto, ¡qué rica!, cómo va..., te digo yo..., se ha perdido la vergüenza...» Hasta el año siguiente...

Lo curioso otra vez es que el torero, viste «en femenino», con sedas y colores vivos. Esta anomalía inspiró a Fernández Flórez una curiosa teoría según la cual, la corrida de toros era el símbolo del amor sexual. El torero —brillante, ceñido, grácil en sus movimientos— era la mujer. El toro —brutal, directo, siguiendo sólo al instinto— era el hombre. El símbolo femenino se movía ante él, le provocaba con su cuerpo y su gesto, lo encelaba (la palabra se usa en las críticas taurinas);

cuando el toro atacaba se encontraba frustrado
y se revolvía con más furia contra su enemigo.
Igual que en la coquetería. El torero triunfa al
final y en la muerte-posesión hay siempre sangre.
Podría añadirse que en esa victoria hay el recuerdo del dominio del hombre por la mujer, desde
Adán y Eva, Omfala y Hércules. En algunos casos
—pocos— la balanza se ha inclinado al otro lado
con la muerte, es decir, con la derrota del ator-
mentador, la mujer.

La obsesión por ser masculino produce a veces,
apoyada en el odio por alguien (véase Envidia),
una acusación fácil: «Me han dicho que»... Otras
veces la acusación nace por puros celos. De un
galán del teatro español de buena planta lo acostumbra a decir quien oye elogiarlo a su novia:

—¡Qué guapo es!

El novio se inclina hacia ella.

—Marica.

—Pero, ¿qué dices? Si está casado con una mujer bellísima, tiene varios hijos.

—MARICA. Te lo digo yo.

La muchacha se queda estupefacta y empieza a
observar con suspicacia los gestos del actor. El
acompañante se recuesta, satisfecho, en la butaca.
¡Pues no faltaba más que su chica fuera a gustar
de aquel payaso!

El español sale todas las mañanas dispuesto
a demostrar al mundo lo masculino que es. Para
ello, hemos visto, el piropo es elemento necesario,
bandera desplegada al viento para mostrar su fi-
siología de hombre perfecto y siempre dispuesto
al ataque. Las mujeres que encuentre tienen que
sufrir —para eso son mujeres, ¡Señor!— el impacto de ese fuego que le abrasa; si no la llama,
al menos las chispas.

Al que sale a la calle en busca de una aventura
sólida le llaman en España «ligón», de ligar. Es
el que entra y sale en los locales nocturnos, lu-

chando con las aspiraciones a despojarle del abrigo de las encargadas del guardarropa, con el pretexto de que sólo va a estar un momento y que, cuando cree ver posibilidades, se lanza al asalto con extrema velocidad sacando a bailar a la extranjera y proponiéndole, a los diez minutos, una relación más intensa. Si le dicen que no, sale corriendo para otro lugar a repetir la suerte.

Pero, aparte de ese ligón práctico, hay el ligón teórico que se conforma con mucho menos. Generalmente actúa en los bares elegantes a la hora del aperitivo. Apoyado en la barra, cuida en la mano un vaso largo, con su whisky o ginebra con tónica y observa a una señorita sentada en compañía de alguien. La mirada es fija, insistente, las cejas se enarcan un poco para darle mayor expresión. De vez en cuando toma un pequeño sorbo y proyecta el labio inferior sobre el superior. De pronto, la muchacha mira en su dirección. El ligón platónico, entonces, guiña el ojo. La muchacha le mira con sorpresa y luego desvía la vista hacia su acompañante.

Un amigo que ha contemplado la maniobra le golpea en la espalda.

—¡Qué tío! ¡Cómo eres! ¡No se te va una!

—¡Bah! —dice el otro—. No tiene importancia.

Y como ya ha conseguido lo que se proponía puede empezar a hablar de la caza.

*

La agresividad sexual española tiene su tradición, y a pesar del cuidado con que se ocultan en libros de texto las proezas en este campo, contamos con un príncipe que murió de sus excesos. Fue el hijo de los Reyes Católicos, don Juan. Casado muy joven con Margarita de Borgoña entró en la vida marital con tal ardor, que los médicos re-

comendaron la separación de los recién casados,
para darle lugar a reponerse. La reina Isabel contestó que lo que Dios había unido no podía sepa-
rarlo ella ni siquiera por razón de Estado, y el
príncipe murió a los pocos meses. Parece que
la culpa de lo ocurrido recae en gran parte en
ella, de cuyo temperamento tenemos una curiosa referencia. Margarita, todavía muy niña, había
sido casada por poderes con un príncipe francés. El matrimonio se anuló antes de que tuviera
tiempo de ver siquiera a su prometido. También
por poderes, se casó con el príncipe Juan, y en
su viaje a España, una tempestad amenazó con
hundir el barco y sus ilusiones. Con el fin de que
reconocieran su cuerpo si lo arrojaba el mar a la
playa, la princesa escribió unos versos en una car-
tela atada a su muñeca. Decían:

> Ci git Margot, la gentille demoiselle
> deux fois mariée et morte pucelle.

> (Aquí yace Margot, la gentil damisela
> casada dos veces y muerta doncella.)

La sensualidad está en los labios y la mirada
del español, está también continuamente en sus
conversaciones, pero cosa curiosa, aparece poco
en sus libros. En la literatura española apenas puede encontrarse la descripción de lo sexual, y no
puede culparse de ello a la Inquisición, mucho
más amplia en este sentido que la censura actual.
Quedan algunas descripciones de la figura de una
dama

> Las teticas menudicas
> que el brial quieren romper...

o el goce de la posesión en *La Celestina*, la graciosa desvergüenza de las escenas de amor en
«Tirant lo Blanc» y en *La lozana andaluza*, de

Francisco Delicado, más crudas que pornográfi-
cas. Quizá el soneto de Góngora...

> La dulce boca que a gustar convida
> un amor entre perlas destilado
> y a no envidiar aquel licor sagrado
> que a Júpiter ministra el garzón de Ida.

... y aún así se trata de reprimir más que de animar al lector hacia el pecado, porque

> amantes, no toquéis si queréis vida,
> porque entre un labio y otro colorado
> amor está, de su veneno armado
> cual entre flor y flor sierpe escondida.

y al final

> ...sólo del amor queda el veneno.

El amor está constreñido por la moralidad y la
religiosidad pública y privada. El acto sexual trae
consigo un castigo, el de la muerte violenta de Ca-
lixto y Melibea, o simplemente el desengaño que
sigue al goce.

Esto, naturalmente, no ocurría a otros españoles, los que seguían la cómoda y comprensiva religión de Mahoma. Cuatro esposas legítimas, todas
las concubinas que podían mantener y, si morían
en el combate, la subida al paraíso con huríes de
ojos negros atendiendo a sus deseos...

> Cuantas veces pasé divirtiéndome a su sombra
> con mujeres de caderas opulentas y talle extenuado:
> blancas y morenas que hacían en mi alma el efecto
> de las espadas refulgentes y las lanzas oscuras.

*

Al quitarse el manto descubría su talle flotante rama de
sauce, como se abre el capullo para mostrar la flor.

> (Rey Mutamid de Sevilla, siglo IX. García
> Gómez, *ob. cit.*, pág. 74.)

Y, uniendo la urgencia sexual con la que compartía el alma árabe, la guerra

Me acordé de Sulayma cuando el ardor de la lid era como el ardor de mi cuerpo cuando me separé de ella.

Creí ver entre las lanzas la esbeltez de su talle y cuando se inclinaron hacia mí las abracé.

(Abul Hasan ben Al-Qartur-nur,
ob. cit., pág. 78.)

Mezclada a otra sensualidad, la del vino, que a pesar de mal vista por el Profeta, era tan apreciada por los andaluces de entonces como por los de ahora:

Cuando llena de su embriaguez se durmió y se durmieron los ojos de la ronda,
...me acerqué a ella tímidamente, como el amigo que busca el contacto furtivo con disimulo;
me acerqué a ella insensiblemente como el sueño;
me elevé hacia ella dulcemente como el aliento.
Besé el blanco brillante de su cuello; apuré el
rojo vivo de su boca.
Y pasé con ella mi noche deliciosamente hasta que
sonrieron las tinieblas mostrando los blancos dientes
de la aurora.

(Ben Suhayd de Córdoba, siglo XI, *íd.*, pág. 100.)

Otro andaluz será la excepción moderna a esta línea de castidad literaria. Aparte de su inmenso talento, García Lorca debió mucha popularidad a la audacia de sus versos. Y *La casada infiel* resultó lo más conocido de su obra sin ser, ni mucho menos, lo mejor.

*

La vista de una muchacha más coqueta o despreocupada que lo acostumbrado, alegra e irrita al español. La sigue con la mirada y aun con sus pasos si tiene tiempo, pero lo hace alternando los piropos con maldiciones a su descaro. Parece que el español ha establecido definitivamente la cantidad máxima de piel que se puede ofrecer a sus ojos. Solo un centímetro más le parece una provocación insultante, una burla, un desafío. Con la facilidad que tiene de asociar todo a su propio mundo, no ve en esa exhibición una costumbre extranjera, sino la intención de mortificarle.

—¡Que no hay derecho, hombre, no hay derecho! ¡Que no se puede ir así por la calle! ¡Que es para matarlas!

Esta misma lógica —las mujeres españolas muestran *lo que deben* y no más— les hace extrañarse ante dibujos o fotografías de París. ¿Cómo es posible que pueda enseñarse eso sin que la gente asalte el escenario? ¿Qué les pasa a los franceses? ¿No son hombres o qué? Es en vano que se les explique que en el país vecino existe la misma proporción entre Costumbre y Deseo que hacía alegrarse a nuestros abuelos ante la vista de un tobillo. Para el español que vive en perpetuo presente, esto no es razonamiento. En el fondo prefieren creer que los franceses, a pesar del crecimiento de población, no están hechos como nosotros. ¡Que no tienen la misma sangre, vamos!

Porque el español, naturalmente, se siente depositario de una tradición donjuanesca irresistible. Tiene gracia, labia, es romántico y potente en lo sexual. ¿Cómo no van a caer ante él las mujeres?

Yo creo que todo español es, realmente, un posible don Juan. Polígamo por excelencia y en general más apto al amor físico que en otros países. Las razones, en mi opinión, son dos: La primera, que se pasa el tiempo comentando el acto sexual, y sus descripciones tienden a mantenerle en un estado de excitación... La segunda, el inteligente uso que el español hace del alcohol y al que ya me he referido en el capítulo anterior. Como dice el portero borracho de Macbeth «el vino en poca cantidad excita los sentidos, pero los ahoga en mucha». Shakespeare conocía a sus paisanos al advertirles del peligro.

Pero lo más donjuanesco de los españoles, a mi entender, es una característica del Tenorio, tan importante, que sin ella no se comprende el tipo. Consiste en *contar* sus hazañas, cosa tan primordial que muchas veces nos da la impresión de que éstas se llevan a cabo con este exclusivo objeto. No olvidemos que en las primeras escenas de la obra de Zorrilla, el héroe (los dos héroes, porque don Luis es un don Juan con peor suerte) halla un evidente placer en narrar la historia del año. Lo importante de sus andanzas es que se sepan y de ahí nació la deducción del Dr. Marañón, negando la supermasculinidad de quien necesita exhibir continuamente la prueba de su hombría:

> Buen lance, ¡viven los cielos!,
> ¡éstos son los que dan fama!
>
> (*Don Juan Tenorio*, parte primera, II-8.)

> «Mientras Sevilla reposa
> creyéndome encarcelado,
> otros dos nombres añado
> a mi lista amorosa.»
>
> (Id., II-5.)

Circula por España la historia de un médico que en una capital de provincia recibió, asombrado y maravillado, la oferta de la señora más bella y distinguida de la ciudad: su alegría se desvaneció, sin embargo, cuando ella puso una condición a sus relaciones íntimas: Que no las supiera nadie.

—¿Que no lo puedo contar en el Casino? —aseguran que respondió el médico—, entonces no me interesa.

En círculos y cafés, los españoles aceptan a regañadientes la entrada de las mujeres: prefieren estar solos, entre hombres..., para poder hablar de mujeres. Las descripciones, relatos, detalles, incidentes del contacto sexual son analizados, estudiados, consultados con afán científico. El hecho que los españoles se casen generalmente más allá de los veintiocho años, permite una experiencia que puede contarse...

... Porque la de los casados es sagrada. Los detalles íntimos del matrimonio no se cuentan en la tertulia, y el casado no tiene más remedio que callarse cuando los demás describen sus hazañas. Eso o contar las aventuras extramaritales, que naturalmente no necesitan estar cubiertas con ningún velo.

De un famoso don Juan madrileño que se había quedado viudo y vuelto a casar decía quien le conocía bien.

«Yo creo que lo ha hecho para poder ser infiel a la mujer legítima.»

Cuando el español encuentra una dificultad puesta por el Estado o la Iglesia a su natural instinto, rodea el obstáculo. En España no hay divorcio, pero sí muchas parejas viviendo en concubinato. (Esta palabra no se emplea jamás en España porque resulta fuerte. Suena mejor «tiene una amiga», «un amigo», con lo que se han apoderado de una palabra de uso corriente, quitándose los que querían referirse solamente a una relación asexual.)

En España el hombre poco culto considera a las mujeres divididas en dos grupos absolutamente distintos y alejados. Uno el de su madre, su hermana y su esposa; el otro el de las «frescas». Los dos mundos son totalmente ajenos el uno del otro, les separa un abismo. «Mi mujer, en un altar», dice a menudo el marido que sale por ahí de «picos pardos»; la mujer, en su casa con los hijos, es la reserva moral a la que hay que acudir de cuando en cuando para purificarse[1]. Lo otro, es eso, una aventura que, si es necesario, pondremos en diminutivo; «la aventurilla» suena mejor porque en el caso de un hombre «no tiene importancia». En caso de la mujer ya no se llama aventurilla. Se llama adulterio.

«—¡Ay, Miguel! ¿Cómo te has atrevido a dar un beso a una mujer casada? ¿No temes que Dios te castigue?

»El rostro del joven se oscureció de pronto. Una arruga profunda, maldita, surcó su frente, y se quedó un rato pensativo... Al cabo, con voz ronca mirando al fuego, dijo Miguel:

»—Si conmigo sucediese una cosa semejante y lo averiguase, ya sé lo que había de hacer... Lo primero sería poner a mi mujer en la calle, de día o de noche, a cualquier hora que lo supiese...»

El protagonista de Palacio Valdés, «Miguel Rivera» (*Maximina*, 1901, p. 44) juzga de forma muy severa lo que él acostumbraba a hacer a los demás, pero al menos, hace un esfuerzo para colocarse en esa posibilidad. La mayoría de los españoles que tratan de conseguir a una mujer no piensan jamás en los derechos del marido o los del hermano, porque (lo hemos visto en Soberbia) son incapaces de *ver desde otra sensibilidad*. El español puede pasarse meses convenciendo a una muchacha para que olvide las enseñanzas recibidas en cuanto a moral y religión, pero se irritará tremendamente si su hermana demanda una mínima parte de la libertad que él espera de la amiga.

---

[1] Llevando esa discriminación al absurdo, un español ingenioso se defendía de las censuras por haber abandonado a su esposa por una chica pizpireta y atractiva. «Pero, naturalmente —repetía—, ¿cómo voy yo a acostarme con una señora respetable que es la madre de mis hijos? Resulta feo.»

Cuando el español va por la calle con su esposa, novia, conocida, mira recelosa y duramente a todos los hombres con quienes se cruza. Quien deslice la mirada hacia la señora o señorita se encontrará —si la desvía unos palmos— unos ojos ásperos: «¡Qué mira usted, hombre!, ¡hace falta desvergüenza!» Cuando ese mismo español va solo observa con el mismo descaro que ha criticado anteriormente. Jamás he oído a nadie admitir que su esposa pueda oír —con la misma razón y derecho— las groserías que él dice a la esposa de otro. «¿Por qué?» «¿Cómo por qué? —me ha contestado indignado ante mi falta de comprensión—. ¡Es muy distinto!» Claro, totalmente distinto; se trata de alguien ajeno. Alguien lejano.

Cualquier relación diferente con lo tradicional es vista con recelo en España. No hay demasiadas viudas que contraigan matrimonio teniendo hijos mayores, porque a éstos, que harán lo imposible para convencer a quien ha perdido el marido que tiene todavía derecho a la vida —entendiendo por tal el lecho—, les parecerá monstruoso que su madre tenga inclinaciones parecidas.

En su propia y personalísima interpretación de las leyes divinas, los españoles sostienen que ellos pueden hacer lo que para ellas está prohibido. Ni siquiera la curiosa precisión del mandamiento «no desearás la mujer de tu prójimo», sin mencionar al marido de su prójima [2], calma el ansia polígama del español. Esta es tan grande, que el mismo individuo que vacila en casarse con una viuda, porque no ha sido el primero, presume en cambio de estar relacionado íntimamente con una mujer que ha abandonado a su marido por él. Quizá vea en este último caso una gallarda prueba de batalla ganada y en la otra sólo una herencia más o menos humillante.

[2] Quizá la desconfianza hacia los demás, explica el feo significado de la palabra «prójima» entre nosotros.

*«Si en el Sexto no hay remisoria,
¿Quién es el guapo que entra en la gloria?»*

El refrán suena más a ironía que a amenaza. Dado el gran número de pecadores, parece evidente que se concederá una moratoria, como hace el Estado cuando, los que han dejado de pagar sus deudas, son demasiado numerosos para meterlos en la cárcel.

La mayoría de las mujeres españolas consideran natural esta diferenciación. Se les ha dicho, desde niñas, que las necesidades físicas de los hombres son mayores y, por tanto, más lógico su pecado. «Los hombres, ya se sabe...», acostumbran a decir. Y que la costumbre de la capital o de ciudades «europeas», como Barcelona, no engañen al observador. En la mayoría de las familias españolas existe una diferencia clara entre lo que pueden hacer ellos y lo que pueden hacer ellas, y este sentir no lo cambia la forma vital, distinta, de los turistas. En Málaga, visitada cada año por millares de ellos, las chicas de buena familia son llevadas a casa por sus novios a las diez y media, hora límite declarada por el padre, y para muchas Torremolinos está prohibido. A Torremolinos se precipitan, en cambio, en cuanto las han «encerrado», todos los novios en busca de las extranjeras.

Cuando las esposas se van de vacaciones con sus hijos, el marido queda solo y abandonado a su suerte en la gran ciudad llena de encantos. La esposa considera lógico que no pueda mantener la fidelidad tantas semanas y, aunque no le pide cuentas, sólo confía que no caiga en manos de alguien que explote su debilidad. La mayoría de las mujeres españolas a quienes he preguntado sobre la confianza que tienen en su marido se han negado con la misma energía: *a)* a creer que su marido las engañaba; *b)* a jurar que no lo haya hecho nunca.

Esta poligamia aceptada ¿procederá de la árabe? El acta oficial que tenía que firmar una casada en la España musulmana rezaba: «Fulana hija de fulano, requiere testimonio invocable en contra de ella, de los testigos mencionados en esta escritura, de que su esposo fulano, hijo de fulano, le ha pedido permiso para tener concubina... y la esposa se lo permite autorizándole a tener concubina... cosa que hace de grado y voluntariamente.» (Formulario Notarial de Ben Mugayt. SÁNCHEZ ALBORNOZ, *La España musulmana.* 2-67.)

La separación entre mujeres decentes e indecentes —antes aludida— está en relación directa con la circunstancia española y sus costumbres. Quien no se amolde rigurosamente a ésas, queda inmediatamente al otro lado de la barricada. En el cuadro rígido de una mente española, una mujer decente hace unas cosas y deja de hacer otras en público. La que no cumple con estos requisitos, resulta una cualquiera. Para nuestros abuelos, lo era la que «fumaba y hablaba de tú a los hombres». Luego fue el pintarse, el enseñar la rodilla, la minifalda. Hubo una persona que murió para que otra no mostrara más de lo que debía. «Leonor Dávalos, la heroica dueña que se arrojó a la hoguera encendida en la Alameda de Hércules para evitar que el aire levantara las faldas de su señora doña Urraca Ossorio, condenada a muerte por Pedro el Cruel. Murió abrasada.»

El silogismo español, las mujeres decentes se cubren hasta ahí, esta mujer se cubre menos, luego no es decente, se aplica a rajatabla sin preocuparse de orígenes nacionales. Así ha ocurrido que la mayoría de las extranjeras que a España llegan con nuevos atuendos o arreglos faciales, son automáticamente situadas en la categoría de las «cualquiera» o de las «fáciles». «Fíjate cómo va..., menuda será..., y además viaja sola..., ya se sabe que una mujer que viaja sola o con una amiga..., ya se sabe que en el extranjero...»

El español se apresura a la conquista... que muchas veces consigue. Sus expresiones son apasionadas, sus gestos románticos, sus alusiones a las estrellas oportunas, y en general, tiene tiempo que dedicar a su empresa. A su favor está la leyenda donjuanesca de la España romántica y la idea, en muchas mujeres, de que un viaje es un paréntesis en la vida y que los prejuicios quedaron en casa con la familia burguesa.

Otras muchas veces el español fracasa... por su culpa. Porque su ambiente le ha enseñado que las mujeres decentes e indecentes se diferencian, además, en el sentido social. Una mujer indecente no sólo actúa con libertad en su vida íntima; es igualmente ordinaria, grosera, y en general todo lo contrario de una señorita en gestos y maneras. El español que las trata emplea su peor vocabulario, habla con ella «como si estuviera entre hombres».

De ahí la sorpresa cuando se encuentra con la extraña combinación de extranjeras que aceptan sus caricias, pero mantienen «antes» y «después» una dignidad increíble («como si no hubiera pasado nada entre nosotros, ¿te imaginas?») y exigen un trato correcto. Algunos han creído que se burlaban de ellos y han reaccionado tan violentamente que han perdido todas sus posibilidades sucesivas, con gran asombro por su parte, porque ya habiendo dicho que sí una vez...

Muy importante para el español esta primera vez. Todo el folklore nacional colabora para explicar la gravedad de la caída, que más que eso es un despeñarse...

Los cuplés de hace treinta años, como los dramas románticos, muestran que para la mujer que se entrega fuera de legítimo matrimonio, no que-

da más que el camino de la prostitución, y el
«mal hombre» que las puso en él, aparece en todos los relatos.

> Aquel hombre fue un ingrato
> que mi pasión burló un día
> y que olvidó al poco rato
> lo que antes me prometía;
> ...yo me puse por delante
> y con rabia jadeante le conté
> mi mal vivir...

Porque sin fama, sin nombre, sin «opinión», no
se puede vivir como los demás viven. Tenían honra y se la quitaron[3]. La voz deshonrar tiene un
significado totalmente español, de un españolis-
mo negro...

Un tren va por los campos aragoneses. En un
departamento de tercera clase hay dos seres humanos, un hombre y una mujer: son campesinos
y están en su viaje de bodas. El tren traquetea,
la mujer envuelta en su pañoleta tiembla de frío
y turbación —es la primera vez que está sola con
un hombre—. El inmóvil, con su capote hasta el
cuello y la gorra calada, permanece también en
silencio. El duro asiento salta, el viento de Monca-
yo silba por entre las ventanas mal cerradas. Hay
dos horas de silencio.

Y, finalmente, él dice con voz ronca:

—¿Te deshonro aquí o en Calatayud?

Es una España extrema, es claro. Pero es simbólico. La honra...

Cuando se pierde es fulminante. El pecado,
como una piedra atada al cuello, las arrastra cada
vez, más hondo. Una mujer que ha estado con
un hombre es ya presa fácil.

En una de sus más sarcásticas narraciones, la

---

[3] La apelación a la «honra» de los españoles aparece
en los manifiestos políticos de 1820, 1868, 1920, 1923,
1930 y 1936.

ya citada *Relato inmoral*, Fernández Flórez describe el caso del celoso y tradicional novio que consigue, después de mucha insistencia, los favores de su futura esposa veinticuatro horas antes de la boda... para abandonarla después por indigna, ¿cómo va a fiarse de quien se entrega al que aún no es su marido?

No importa que sucumba por engaño o excesiva confianza. El hecho es irreversible. Como lamenta don Luis Mejía al recordar la suplantación de que le ha hecho víctima don Juan:

> «Yo la amaba, Don Juan, sí;
> mas después de lo pasado
> imposible la hais dejado
> para vos y para mí.»
>
> (IV-9.)

Con la virginidad ocurre lo mismo que con el honor marital. Tan grave es que se suponga perdida como que, efectivamente, se pierda. El acto en sí es importante, pero su publicación lo es mucho más. Esto explica algo incomprensible desde el punto de vista físico, es decir, la facilidad con que los personajes del teatro y de la novela clásica española, conseguían su lúbrico propósito tras entrar en la habitación de una señorita. La dificultad, al parecer, estaba sólo en abrirse paso entre puertas con cerrojos, criados vigilantes y el padre, siempre ojo avizor para que nadie manchara el escudo de la familia. Los audaces cruzaban esas barreras con diversos medios. Matando al criado o sobornándole, rompiendo la puerta o consiguiendo una llave falsa, aprovechando la ausencia del amo de la casa, o engañándole con la apariencia de maestros de música... Pero si, de una forma u otra, conseguían la entrada, lo demás era facilísimo. Tanto si ella era cómplice y le esperaba, como si no lo era y se sorprendía, el resultado era el mismo. El hombre la gozaba.

«Y con volverse a salir del aposento mi doncella, yo dejé de serlo», dice Dorotea en el *Quijote*
(1-28) en la más breve de las confesiones posibles. Es un caso de aceptación previa, pero lo
mismo sucede si hay odio al hombre que entra.
No hay en nuestra literatura apenas ejemplos
en que la mujer se resista, grite y eche al intruso de su cuarto. El hombre triunfa incluso
cuando el esperado es otro. Es el caso del Don
Juan de Zorrilla, que obtiene a doña Ana, la novia
de don Luis; así se queja éste:

> «Me habéis maniatado
> y habéis la casa asaltado
> usurpándome mi puesto;
> y, pues, el mío tomásteis
> para triunfar de doña Ana
> no sois vos Don Juan quien gana,
> porque por otro jugásteis.»

(IV-8.)

El cómo doña Ana no supiera distinguir, aun
en la oscuridad, es tan difícil de explicar como
que tampoco la Duquesa del «Burlador» de Tirso,
notara diferencia alguna entre su Octavio y Don
Juan. Parece evidente que la reacción de las mujeres al ver a un hombre en su habitación, era
siempre la misma: su honor estaba ya manci-
llado... y, si de todas maneras, la iban a menos-
preciar...

Llegó esto a tal punto, que deshonrar significó
mucho tiempo igualmente el acto físico que el hablar mal de una mujer. En el sainete de Cervantes,
La Guarda cuidadosa, la doncella dice a sus dueños que el sacristán la deshonró en medio de la
calle, lo que aterra a quienes tenían la obligación
de protegerla. Luego, resulta que la deshonra con-
sistió en insultarla públicamente.

En la copla popular se mantuvo durante muchos años el concepto. La maledicencia «quita la honra»:

> Dicen que me andas quitando
> la honra y no sé por qué;
> ¿para qué enturbias el agua
> que tú no quieres beber?

La importancia de la virginidad en España procede tanto de su tradición cristiana (la Virgen María) como de la musulmana. En el derecho matrimonial del siglo XI un padre tenía que «cubrirse» legalmente de la pérdida accidental de la virginidad de su hija, levantando la siguiente acta: «Fulano, hijo de fulano el fulaní, requiere testimonio de que ha sido designio de Alá (honrado y exaltado sea), que su hija fulana, virgen sometida a su potestad, se cayera de un peldaño, de una escalera o cayendo sobre tal o cual cosa y que se perdiera su virginidad, lo cual es divulgado por su padre fulano, cuando ella es aún impúber, al tiempo de ser depuesto ese testimonio, para que así sea público y notorio entre las gentes, evitando con ello la degradación moral de su hija y para que cuando llegue a la pubertad, no crea nadie más de lo que en este documento se dice acaecido, pecando quien otra cosa creyere y se lo imputara a fulana, difamándose con ello...» (Formulario Notarial de Ben Mugayt, s. XI. SÁNCHEZ ALBORNOZ, *La España musulmana.*) (II-65.)

Esta casi supersticiosa veneración por la virginidad y el desprecio consiguiente a la soltera que la perdiera, produce curiosas reacciones.

He sido a menudo confidente de españoles que salían por vez primera al extranjero y sufrían un tremendo «shock» (España ha estado mucho tiempo encerrada en sí misma) al respirar otros aires. He oído a más de uno indignarse ante el «no» de una alemana o de una inglesa.

—¡Figúrate! A mí con esas..., cuando yo sé que ha sido la amante de Fulano.

Mi respuesta les asombraba mucho más.

—Y de Mengano..., y de Zutano... y de otros cien que no conoces, pero contigo no, ya ves que rara...

No lo podía creer... Porque todas las mujeres que había conocido en España «fáciles» lo eran porque al haber caído una vez, habían caído ya para siempre. Del amor de uno habían pasado al de todos, llevadas por la certidumbre de que ningún hombre las hubiera aceptado como únicas. Esta es la razón de que en la prostitución española haya muchas mujeres sin vocación y que en el fondo sueñan con una casa y una cocina. Miguel Mihura las ha reflejado maravillosamente en la muchacha a quien han puesto un piso en «A media luz los tres». La chica que alterna en «cabarets», pero a la que le encanta hacerse una sopa de ajo y sacar brillo a los suelos. El hecho de que existieran mujeres que no se avergonzasen de su pasado y se permitieran el lujo de escoger a sus compañeros de cuarto, llenaba a muchos españoles de asombro y a veces de despecho.

... Porque además era una falla en el programa viajero. El español en general está seguro de que al otro lado de los Pirineos empieza el paraíso, el musulmán, el de las huríes al alcance de la mano. La libertad de costumbres extranjeras es creencia absoluta en escuelas y academias y, apenas ha sido estampado en su pasaporte el visado de entrada en otro país, todos alargan el cuello en busca de la aventura que *tiene* que esperarles en la primera estación. Muchas veces la encuentran —no hay como buscar para encontrar—, otras muchas fracasan por su precipitación y brutalidad en plantear la cuestión. En su propio ambiente, con su propio problema de qué dirán, la extranjera quiere ser convencida, no arrebatada.

Cuando sus esperanzas se truncan, cuando la

realidad no corresponde con lo esperado, el español reacciona característicamente. Si lo que tenía que ser no es, hay que forzarlo a que sea. Si la realidad «falla», se la cambia. Y el español que no tiene aventuras las inventa exactamente «como debían de haber ocurrido». Recuerdo en Venecia la confesión de un amigo...

—Anoche cuando os dejé, me ocurrió una cosa... (Siempre pasa cuando uno no estaba.)

... Entré en el bar del hotel a tomar una copa antes de acostarme. Y de pronto, chico, una mujer guapísima que se me queda mirando. Yo tenía sueño..., me tomo mi copa y me marcho a mi cuarto. No había hecho más que ponerme el pijama y encender un pitillo cuando llaman a la puerta...

—Y era la señora del bar.

—Exacto. Me pidió perdón, quería saber si tenía una cerilla..., bueno, imagínate...

Luego recapacitaba un poco. La aventura dicha así parecía demasiado vulgar. Y casi siempre añadía:

—Te advierto que es de buenísima familia.

He oído la historia situada en Nueva York, Venecia, Berlín, Londres y Hong Kong. Con variantes (en lugar del cuarto del hotel puede ser el camarote de un barco, o el «sleeping» de un tren, la muchacha puede pedir un vaso de agua o una aspirina), pero siempre con tres circunstancias permanentes. Primero, la extraordinaria belleza de la mujer; segunda, la indiferencia inicial del hombre (la iniciativa es siempre de ella); tercero, la elevada clase social de la intrusa que puede llegar a título nobiliario y nunca baja a camarera ni, naturalmente, a «fulana», lo que quitaría mérito a la cosa.

Esta coincidencia es lo que me hace naturalmente escéptico ante unos relatos que, a mi entender, sólo responden a lo que se esperaba ocurriera en la primera salida al extranjero. (Quizá mi suspicacia se deba a resentimiento, porque en cincuenta países visitados no me ha ocurrido nunca.)

El español vive con, para, en, por la lujuria. Los órganos sexuales adquieren en España infinita variedad de denominaciones, muchas de ellas absolutamente reñidas con las leyes no ya de la semántica, sino de la lógica. (Hay una del órgano masculino que es femenina; y viceversa.) Cualquier tropezón verbal de un extranjero ignorante de esa relación, produce grandes carcajadas y guiños entre los presentes, la naturaleza en el paisaje, en la forma de las frutas, etc., se estudia siempre en relación con esa idea fija en la mentalidad hispánica.

El verbo definidor del acto sexual se utiliza continuamente en la más amplia de las gamas. Puede significar sorpresa y asombro.

—Jo...

... abriendo los brazos y la boca. Vale también por fastidiar, aburrir, engañar. En participio representa estar de mal humor, sin dinero.

Una afirmación enérgica por parte del español establece que hace algo o deja de hacerlo «porque le sale de los co...». Normalmente se trata de una decisión que no tiene por qué surgir de esa inesperada procedencia...

Hay un monumento en Madrid (Alcalá frente al Retiro) del que la gente ignora mucho sobre el general representado. Todos se han fijado, sin embargo, lo bastante en cierta parte de la anatomía del caballo, para usarla como punto de referencia. «Tan grandes como..., más grandes que...»

Cuando uno va a Zamora por primera vez nunca dejan de llevarle al monumento a Viriato, colocándole en cierta perspectiva que permita confundir el pomo de su espada por otra cosa. En aquel lado de la plaza, siempre puede verse a un grupo, los que explican y los catecúmenos, muertos de risa ante la escena.

Para el ibérico, salir a la calle representa la posibilidad de una aventura erótica. Arranca ésta en plena tensión como un combatiente en el campo de batalla y, quien ha visto el vagón del «Metro», con una muchacha agraciada perdida entre la masa, puede notar la gama de ilusiones, esperanzas y deseos en los rostros de quienes la rodean. Desde el lejano que estira el cuello e intenta deslizarse a sus proximidades, a los que situados cerca se arriman lo más posible mientras dejan vagar sus ojos por los anuncios. Es un sordo combate en el que la muchacha se defiende como puede, intentando diferenciar el contacto casual del malicioso, el empujón involuntario del buscado. Tacones en el zapato masculino, codazos y, a veces, un alfiler, acostumbran a ser sus armas y la batalla se desarrolla en impresionante silencio por espacio de varias estaciones. Cuando la víctima llega a su destino, los acosadores se quedan mirándose entre ellos como si se hubiera abierto de pronto una sima a sus pies.

La presencia constante del sexo en las calles españolas, produce una constante defensa contra él. Los ojos fijos en el suelo, la expresión grave en la muchacha que quiere evitar dar pie al inoportuno. Hasta tal punto vive la mujer pendiente y temerosa de lo que el hombre pueda intentar contra ella, que normalmente no contesta ni siquiera a quien le pregunta una dirección, cosa que desconcierta al extranjero perdido.

Cuando no va sola, tiene quien tome medidas protectoras. Si una pareja llega al cine y al lado del asiento que ella iba a ocupar está sentado un hombre medianamente joven, el novio tomará ese lugar, dejándola a ella fuera y junto al pasillo si hace falta. Operación que se lleva a cabo sin ningún disimulo. «No, tú siéntate aquí», mientras se mira fijamente al sospechoso. Esta impertinencia es casi siempre pasada en silencio, como si, en realidad, el aludido hubiera visto desvelar sus planes. Y en general es cierto; las muchachas españolas están acostumbradas a abandonar el brazo intermedio de las sillas al vecino y retraerse al fondo de su asiento para no dar motivo a exploraciones y escarceos.

Eso lo saben también los padres de familia, que colocan a sus hijas en cuidadoso orden, «arropadas» por él y por un hermano por pequeño que sea. Si a pesar de esas precauciones ocurre que una muchacha tenga un «flanco» descubierto, el buen señor no vacilará en asomar la cabeza de cuando en cuando y lanzar al caballero en cuestión una mirada inquisitiva de advertencia. «Mucho cuidadito...» Una amiga me contaba, horrorizada, que su padre en esos casos repetía: «¿Te molesta ese señor, hija mía?... Dímelo... ¿Te molesta?», mientras ella se encogía negando y el otro miraba fijamente a la pantalla como si estuviera a mil kilómetros de la voz apocalíptica.

La protagonista de Lope de Vega ya se quejaba de esta vigilancia familiar...

MENENCIA: ¡Qué cansado es el honor,
pues lo que enfada conviene!
No me miren, no me vean,
no me murmuren, no digan,
no piensen que me pasean.
¡Jesús, fulano me vio!
Cierro la puerta, ¡ay de mí!
Si advirtió si yo le vi.
No, que antes le miré yo.
Si mi padre lo entendiese,
si el vecino le mirase,
si en la calle se notase,
si mi hermano lo supiese...
Mi reputación, mi honor,

mi sangre, mi calidad,
mi ser y mi honestidad...
¿Puede haber cosa peor?
Tú encerrada, tú guardada,
cuatro paredes mirando
¿qué ídolo estás envidiando
que mueres de puro honrada?

(LOPE DE VEGA, *Los Vargas de Castilla.*)

«Entre santa y santo, pared de cal y canto.»

En toda relación prolongada entre hombre y
mujer, el español ve como fondo y símbolo el
acto sexual. No concibe casi nunca la relación
pura y ni siquiera cree en la amistad estrecha
entre seres del mismo sexo sin achacarle muy
pronto un tinte erótico. En España —advierto
siempre a mis estudiantes norteamericanas— no
se puede decir «me lo ha dicho mi amigo», sino
«me lo ha dicho un amigo mío». ¿Por qué? Porque si sólo menciona *mi* amigo, la gente automáticamente piensa que es su amante. Pero ¿por
qué? ¡Ah!..., porque es así. ¿Tampoco se puede
decir «mi amiga»? Tampoco.
Esta obsesión de ver en dos seres que se apro-
ximan la posible unión física, hace que actos
que en otros países pasan como muestras de afecto corriente sean vistos aquí con violencia. Un
beso en la pantalla ha producido en la sala durante años, y sigue haciéndolo en los pueblos
pequeños, una explosión de gritos, relinchos y frases augurales de mayores placeres, y los extranjeros que se despiden cariñosamente en un lugar
público se han visto rodeados de caras entre
irónicas y lúbricas. Para el español el beso es
la puerta que conduce a todo lo demás, y más
de una americana (que besan con la misma facilidad con que se peinan) ha visto transformarse
su despedida en una lucha de diez minutos, has-

ta que el otro ha concluido que el beso no era el
aperitivo, sino el postre.

El Gobierno podía haber tomado ante esta actitud la solución de acostumbrar al pueblo español a las expresiones de afecto que se emplean
corrientemente en el resto del mundo europeo y
americano. Pero a impulsos de una moral estricta,
tomó otro camino: el de censurar las escenas
amorosas, cortándolas. Durante muchos años los
espectadores veían a un hombre y una mujer
dirigirse uno hacia el otro con los brazos abiertos... para encontrarlos, ya retrocediendo, en los
fotogramas siguientes. Esto producía gran cólera
en el público, privado de un manjar que, como
todo lo prohibido, imaginaba mucho más sustan-
cioso de lo que era.

Pero el corte no bastaba a veces, porque el
«mal» estaba más hondo; la inmoralidad estri-
baba, más que en una escena, en una situación, y
cortarlo todo significaba quitar otra posibilidad
de diversión al público para el que, como en casi
todos los países pobres, el cine representa una
deliciosa evasión tanto en lo visual (belleza, lujo,
países exóticos) como en lo material (para muchos españoles que viven en casas antiguas, equivale a sillones mullidos, calor en invierno y refri-
geración en verano).

Se buscó otra solución. La de procurar que el
tema de la película llegase al espectador de forma distinta de como lo habían imaginado escritor y director. Para ello, se sirvieron de un arma
poderosa: el doblaje. Así ya no importaba lo que
los personajes sintieran en francés, inglés o alemán. Como en español iban a decir otra cosa...

La gente empezó a no comprender nada de las
películas que le presentaban. Recuerdo una famosa, *Su vida íntima*, con Margaret Sullivan y
Charles Boyer. Este figuraba un hombre casado y enamorado de una soltera, pero imposibili-

tado de cumplir su sueño porque su esposa se negaba a concederle el divorcio. Los tres iban envejeciendo a lo largo de la película, en una tensión que complicaba y agravaba la reacción de los hijos al descubrir el secreto de su padre.

La censura decidió que ese argumento era muy inmoral y el diálogo se transformó para llegar a la situación siguiente: El personaje representado por Charles Boyer era soltero y vivía con su hermana viuda y sus sobrinos. A lo largo de la película, cuando su amante le pedía angustiada: «¿Por qué no nos casamos?», él contestaba humillando la cabeza: «Mi hermana no quiere..., no lo consentirá jamás...»

Los espectadores salían asombradísimos, pero la posibilidad del engaño era rechazada por increíble. Preferían pensar patrióticamente que «esos americanos son unos 'calzonazos'».

Un caso más grave ocurrió con una película posterior, *Mogambo*. Grace Kelly era la esposa de un cazador y Clark Gable, el jefe del safari; Ava Gardner, la muchacha alegre con corazón de oro. El *flirt* entre Grace Kelly y Clark Gable tenía para los espectadores poca importancia, porque la muchacha no estaba casada (a pesar del anillo que *no se podía doblar);* su compañero era sencillamente su hermano. Y ¿por qué, siendo sólo su hermano, parecía tan molesto con las entrevistas de los enamorados? Era un problema difícil, pero el censor lo resolvió a su manera. Aprovechando un momento en que Grace Kelly no miraba hacia la cámara, el doblaje la hizo decir precipitadamente: «Mi hermano no ve con buenos ojos nuestras relaciones porque es íntimo amigo de mi novio, que está enfermo en un hospital de Londres.»

Desde luego era una explicación, pero lo que más desconcertaba a los asistentes a la proyección era el hecho de que los «hermanos» compartieran siempre la misma tienda de campaña. Para los mal pensados, la moral resultó mucho más dañada en la versión expurgada.

Cuando los españoles empezaron a viajar —hasta 1950 lo hacían pocos— y volvieron contándo las películas tal y como las habían visto en el extranjero, la imaginación popular se desbordó. En cada escena interrumpida, los espectadores creían ver la tijera del censor privándoles de abrazos sin fin o, al menos, de los encantos físicos de la actriz en su dormitorio o en el cuarto de baño. «¿Has visto *Gilda* por ahí fuera? —me preguntaron una vez—. ¡Qué suerte! Aquí la censuraron de una forma criminal. ¿Te acuerdas de cuando Rita Hayworth, al bailar, se quita el guante empezando por el codo? Pues aquí cortaron después de esto.»

«Y allí —repuse—, es el final de la escena.»

—«¿Cómo? ¿No se desnuda totalmente?»

La obsesión llegó al chiste. «¿Sabéis esa escena de *Marabunta* en que aparecen millares de hormigas avanzando por el bosque? Pues en la versión que dan en París en lugar de hormigas son mujeres desnudas.»

Hay censura previa en todas partes. Pero aparte de que este hecho no consuela al español, que odia seguir módulos («mal de muchos, consuelo de tontos»), la censura irrita más en España que en otros países, porque no *corresponde* a su realidad sociológica, como en otros países. En la católica Irlanda, por ejemplo, todos están de acuerdo en que no se debe comer carne los viernes de cuaresma y el Estado prohíbe servirla como reflejo de las ideas de los individuos. Igualmente en Francia, el desnudo de una actriz no desconcierta a quien ha visto lo mismo en cualquier quiosco de periódicos.

En España, en cambio, la moralidad oficial es infinitamente más estricta que la privada. El censor decide que aquí no existe el adulterio ni las relaciones premaritales, ni el homosexualismo y, como no «existe», es inútil y peligroso abrir los ojos de los españoles sobre estos excesos. Pero como el espectador sabe que sí existen, como conoce el caso de la vecina que recibe a un hombre casado y se acuerda de que unos primos lejanos se tuvieron que casar porque esperaban un niño y ha oído que «Fulano» es «de la acera de enfrente», resiente esta desmedida protección que le convierte en un niño bobo, incapaz de ver la vida tal y como es.

Directores de películas y, especialmente, escritores teatrales han oído muchas veces la misma advertencia: «En España estas cosas no ocurren. Si quiere usted tocar esos temas, sitúe la acción en país extranjero, por ejemplo, en Francia, porque 'ya se sabe que allí hay mucho vicio'.» Alfonso Paso tuvo en una ocasión que transformar el ambiente de una comedia suya basada en la tradicional historia de «los Rodríguez». «Rodríguez» es el nombre vago y poco comprometedor que dan a los maridos que se quedan solos en Madrid durante el verano, cuando se lo preguntan las muchachitas que se quedan con el propósito de consolarles de su soledad. La censura le obligó a situar la acción en París, y el público oyó asombrado Dupont en lugar de Rodríguez y el Mont Blanc en lugar de la Sierra Madrileña.

Igualmente es dura la censura española ante lo gráfico. Desde 1939 hasta 1965 no se ha publicado un solo desnudo en las revistas españolas que no estuviese estratégicamente cruzado por los titulares, y al imprimir un sello con la Maja de Goya se eligió, naturalmente, la vestida.

(En los últimos meses se han abierto —sólo en ciudades importantes, claro— cines especiales donde los cortes son mínimos. El público está pasmado y en un impresionante silencio y es natural. Les están dando langosta sin haber probado las gambas.)

*

«En viendo belleza, todo hombre tropieza.»

La primacía de lo sexual ha ocasionado en nuestra patria una escala de valores en la que la estética tiene una posición mucho más alta que en otros países. Ser guapa ayuda a la mujer en todas partes, pero en España es casi *sine qua non* para el triunfo social, y las mujeres que no lo son hacen lo imposible —peluquería, cremas, masajes— para parecerlo.

Una mujer bella se exhibe con ilusión y orgullo. Una mujer fea se lleva al lado con cierto recelo y muchas veces porque no hay más remedio, aunque sea de gran encanto interno. En inglés *charming* puede referirse a una fea. La traducción española «encantadora», no. La apariencia manda, como en tantas otras vicisitudes españolas. La mirada del amigo que pasa es siempre un juicio irrevocable, y el pobre que la ha sufrido sabe que al rato estará contando a los conocidos comunes: «He visto a Fulano con una chica horrible», y él tendrá que explicar luego que se trata de una parienta lejana —éstas pueden y a veces incluso deben ser feas—. «Gran fealdad, forzada castidad» — a la que no han tenido más remedio que acompañar.

Por la atrayente, en cambio, todas las miradas son pocas. En tiendas y en bancos, en transportes públicos, se le cede el mejor puesto y la mejor sonrisa; sus problemas de tipo administrativo quedan resueltos en el acto. Como una bandera de optimismo pasea por España ante la afectuosa aprobación de todos (unida, naturalmente, al mayor de los resquemores) (véase Envidia).

Curiosamente el español sí parece entender cuándo el hombre es feo, aunque no sepa decir cuándo es guapo. La cara es el espejo del alma —dice la gente— y al que tiene desagradable aspecto se le niega a menudo cualidades morales e incluso intelectuales. «Cómo va a saber ése nada, con la cara que tiene», es una increíble opinión española.

De cintura para arriba todos somos buenos,
de cintura para abajo, los menos.

Un hombre casto no está bien visto en España. Un hombre que no tenga públicamente una esposa o una amante es observado con cierto recelo. ¿Qué le ocurre a ése? Una vez alguien me manifestó su duda respecto a la masculinidad de cierta figura de las letras. «¿Por qué? —le pregunté yo—. ¿Has encontrado en él algo raro? Su forma de hablar, su gesto son normales.»

«Es cierto —asintió—. ¿Pero dónde está la mujer? Con quién, ¿eh?»

«Pero nosotros, ¿qué sabemos? ¿No puede ser que la tenga y no quiera exhibirla?»

Me miró asombrado. ¿A quién se le ocurre tener a alguien y no mostrarla? No, no; había algo raro. «¿Y la religión? Podía ser un hombre muy religioso y, por tanto, puro, apartado de la carne.»

Tampoco le convenció esta idea. Los españoles, por católicos que sean, caen a menudo en ese pecado. Ahí está Lope de Vega, a quien ni siquiera los hábitos de sacerdote lograron proteger de la tentación. Luego se arrepentía con la misma pasión que pecaba, lloraba, se angustiaba, volvía a las andadas. «Esta es nuestra tradición —siguió mi interlocutor—: pecar, arrepentirse, luego vuelta a empezar. Pero me parece que tu amigo..., ¿eh?»

«Nuestro» amigo se había convertido en «mi» amigo. El se separaba prudentemente por si acaso. Hasta que el otro le «probara» su hombría. Y esto quizá movido por la misma sinrazón en que la jurisprudencia española cree al individuo culpable hasta que prueba ser inocente, lo contrario de la, mucho más humana, jurisprudencia anglosajona. Así, acatando a la sociedad y sus principios, muchos personajes conocidos tienen una amiga que comparte con ellos el primer plano de la actualidad —teatros, bailes, cenas, *cocktails*...— y a las que dejan en su casa por la noche para volverse a dormir solos a la suya.

Este sacrificio es obligatorio. Si se quiere mantener buena fama en España, hay que hacer, a veces, lo contrario que en los demás países.

Recuerdo a un fumista de Madrid, que trabajaba en un hotel. Era un hombre fornido y las reparaciones le proporcionaban, de cuando en cuando, alguna aventurilla. Su mujer le pidió cuentas sobre ello y la respuesta que me repitió fue, más o menos, ésta:

«¿No te doy lo que necesitas? Sabes que te quiero. ¿Te falta algo? Pero si una mujer me hace cucamonas, ¿qué quieres que haga? ¿Preferirías que dijeran que tu marido no era un hombre?»

Parece ser que la convenció.

*

La vigencia de la Lujuria en la vida española está implícitamente ayudada por las mujeres que colaboran a que sea parte evidente de la vida diaria. En un país donde el trabajo femenino está todavía en minoría, la existencia de la mujer se supedita en gran parte a la necesidad de atraer a los hombres, y en pocos lugares del mundo se gasta más, en proporción con los ingresos, en peluquería y modista que en España.

Su seguridad de que lo único que arrastra a un hombre fuera de casa es el sexo, tiene matices absurdos. Cualquier español, tras haber estado con una mujer durante cuatro o cinco horas en plena intimidad, puede oír la acusación...:

—¿Y por qué te vas?

—Tengo que hacer...

—¡Seguro que te vas a estar con otra!

Frase tan halagadora para la masculinidad que nadie puede ofenderse.

Ira

«Voyme, español rayo y fuego
y victorioso te dejo.
Ya os dejo, campos amenos
de España me voy temblando;
que estos hombres, de ira llenos
son como rayos sin truenos
que despedazan callando.»

LOPE DE VEGA. *El cerco de Viena por Carlos V.*

«Llueve de una manera molesta y hace un frío horrible... En el salón donde entramos están los ocho asientos ocupados... nos miramos todos con el odio característico con que nos miramos los españoles y nos disponemos a dormir...»

PÍO BAROJA. *El Globo*, Madrid 1 de enero de 1903.

Ira

«El español —dijo alguien una vez— es un hombre bajito que siempre está irritado.» En capítulos anteriores hemos visto la razón de esta apariencia. La intención de aparecer solemne responde a la gravedad que con el «temor de Dios» era lo más importante para un español del XVI y sigue siéndolo hoy. Un aspecto serio que llega a convertirse en iracundo en cuanto alguien intente ofenderle. Y ¡es tan fácil ofender a un español! Basta mirar a su compañera con más de una ojeada, hacer un comentario en voz alta que una susceptibilidad extremada pueda considerar ofensivo, rozarle la ropa. Un locutor muy conocido recibió una bofetada de un asistente a la emisión porque se dirigió a su esposa con la habitual pregunta: «¿Señora o señorita?» La mujer se encontraba en avanzado estado interesante y el ofendido marido creyó encontrar sarcasmo en lo que sólo había sido distracción.

Ese aspecto iracundo se confirma oyéndole.

Además de emplear a diario el tono de voz que otros pueblos guardan para las disputas, usa también generosamente de la violencia verbal: la interjección.

«...Es sabido que no existe pueblo en Europa que posea caudal tan rico de vocablos injuriosos, de juramentos e interjecciones como el nuestro; según parece, sólo los napolitanos pueden hacernos alguna concurrencia.

»[...] hablábamos de cosas indiferentes..., no obstante, nuestro amigo desparramaba entre sus frases sinnúmero de interjecciones. Eran éstas ya como un compás, como un ritmo que daba cierta arquitectura a sus frases del modo que a un edificio los cantos agudos de las esquinas y los vértices agudos de los frontis. Y nuestro amigo visiblemente sentía, cada vez que soltaba un taco, cierta fruición y descanso; se notaba que los había menester como rítmica purgación de la energía espiritual que a cada instante se le acumulaba dentro estorbándole» [1].

La costumbre de la interjección no ha debilitado del todo el concepto de que está mal. Por eso el español tiene comúnmente dos formas de vocabulario. Una es la que usa corrientemente con los del mismo sexo, otra «para señoras». Si alguien se lanza en un espectáculo público al grito escatológico, el amigo cuidará de avisarle:

—¡Que hay señoras!

Lo que quiere decir que eche mano del otro lenguaje. Y su acondicionamiento es tal, que puede seguir gritando lo mismo, pero utilizando sinónimos menos virulentos, que a menudo empiezan por la misma sílaba (lo que les da la ilusión de decir la palabra fuerte) para acabar en una final inofensiva: Jo...lín... Cór...cholis...

[1] ORTEGA Y GASSET, Obras Completas, tomo II, página 109.

Miér...coles... Hijo de... Satanás... Gili...puertas... Vete a hacer... gárgaras.

La interjección es un insulto al mundo, algo abstracto y sirve para desahogarse; el insulto es una interjección con destinatario concreto. La Ira del español le hace odiar al enemigo, y en su intento de herirle en lo más hondo, el más usado es el de aludir a la honradez de la madre, a la que en la mayoría de los casos ni siquiera se conoce. Evidentemente, con los años, lo que era una relación de causa a efecto (el hijo de la mujer que comerciaba con su cuerpo *no podía* ser bueno), pasó a ser una pura ofensa dirigida al hombre sin ninguna conexión con quien le dio el ser. Tan familiar es el insulto, tan repetida es la frase, que a menudo basta decir: «Empiezo a pensar que su madre», para que todos los presentes sepan a qué atenerse. La rapidez con que un español improvisa un insulto es temible. A un niño que empezó a arrojar piedras a un grupo de personas le dijo uno de los así amenazados: «Niño, no hagas eso que le puedes dar a tu padre sin saberlo.»

La insistencia española en ese aspecto hace que la mera mención de la familia sea hoy acogida con recelo y haya que suavizar la voz y el gesto para decir, por ejemplo, «díselo a tu madre».

(La cosa, sin embargo, no ha llegado en España al extremo mejicano. Méjico que, en muchos aspectos es España sin Europa, es decir, una España más bronca y dura todavía que la peninsular, ha usado y abusado de tal modo del insulto a la madre, que ha «quemado» el nombre para usos normales. Nadie puede preguntarle a un mejicano cómo está su madre sin exponerse a una violencia verbal o a un tiro. Para tales casos, los mejicanos recurren a un diminutivo que en España sólo emplean los niños, y es curioso oír a un hombre maduro preguntar a otro con bigotazos de Pancho Villa: «¿Cómo está su mamá?»)

Y si esto ocurre en el civilizado ciudadano, ¿cómo será el español en estado primitivo? Antonio Machado no le regatea adjetivos:

«Abunda el hombre malo del campo y de la aldea,
capaz de insanos vicios y crímenes bestiales,
que bajo el pardo sayo esconde un alma fea
esclava de los siete pecados capitales.»

(Por tierras de España.)

La fácil Ira, más el desprecio a los derechos ajenos que hemos señalado en el capítulo de la Soberbia, produce fácilmente la crueldad. Quizá la geografía no explique totalmente el comportamiento del hombre, pero ayuda en gran parte. La España, en general mísera, no da el contentamiento interior que, en otras tierras, permite al hombre mirar con ojos comprensivos los defectos ajenos. En el páramo, la vida es difícil y la muerte se ve más como una lotería que como algo horripilante que hay que evitar a toda costa. La incomodidad hace la vida propia menos apetecible, y menos consideración aún se tendrá por la ajena...

«La madre rezaba y decía:
El pan nuestro de cada día...
La hija hambrienta que tal oía
bostezaba y se sonreía.»

Este campesino cruel ha sido satirizado por Gila y Mingote. El primero lo describe en sus monólogos humoristas como capaz de chanzas sangrientas: «Le pusimos un petardo así de gordo en la oreja, ¡jujú! El cacho más grande que quedó de él era así... Su viuda se enfadó, y lo que le dijeron los de la Comisión de Fiestas: Si no sabe aguantar una broma que se vaya del pueblo.» El genial dibujante Mingote le pinta siempre con la boina calada hasta los ojos, el aire entre tonto y malvado.

Una criada de la provincia de Toledo se ofendió cuando yo le pregunté si era cierto que gastaban bromas pesadas a los recién casados. «¡Qué va! Claro que si el novio no convida a los mozos los atamos a los dos a un burro cuando salen de la iglesia y pinchamos al animal para que salga dando corvetas por el campo.» Y hablando de bodas, hay que ver las intenciones de quien creara esta copla: «Me casé con un enano — para hartarme de reír, — le puse la cama en alto — y no podía subir.» Hermoso programa.

Las frases populares reflejan un desprecio total hacia la sensibilidad: «No era nada lo del ojo y lo llevaba en la mano», puede ser un ejemplo de la naturalidad con que se habla en España de posibilidades sangrientas.

Y si la Geografía nos ha familiarizado con la crueldad, la Historia nos ha obligado a usarla para sobrevivir. Desde los tiempos prehistóricos los españoles, situados en una encrucijada entre Europa y Africa, el Mediterráneo y el Atlántico, ven llegar pueblos de otros países para enseñarnos a vivir de esta u otra manera. Fenicios, griegos, cartagineses, romanos, godos, bizantinos, árabes, franceses, portugueses, ingleses..., cada uno de ellos apoyándose en un grupo de españoles para acabar con los otros; de la lucha diversa no queda ninguna idea clara, pero sí la costumbre de matar, costumbre coronada con la gran carnicería de la última guerra civil.

La guerra civil no es cosa nueva en España. Españoles contra españoles han luchado antes de constituirse como Estado (Castilla contra Aragón, Aragón contra Navarra, León contra Castilla) y después... Comunidades, sublevación de Cataluña, guerra de Sucesión... El parricidio político se liga al familiar. Cuando el español cree tener razón —o, mejor dicho, cuando le mueve la pasión— olvida también lazos de sangre. Hermenegildo, príncipe, lucha contra su padre el rey Leovigildo; Juan II de Aragón, contra su hijo Carlos de Viana; Alfonso X contra su hijo Sancho; Pedro el Cruel y Enrique el de las Mercedes no sólo lanzan sus huestes el uno contra el otro. Su odio lleva a los hermanos a luchar física y ferozmente, revolcándose en el suelo hasta que don Enrique, con la ayuda de Duguesclin, acaba con el obstáculo que le separaba del trono.

...En el siglo pasado absolutistas contra liberales, esparteristas contra conservadores, republicanos unitarios contra republicanos federales, monárquicos alfonsinos contra monárquicos carlistas, etc.

Azorín, comentando nuestra historia y entristecido al ver que ni siquiera con la llegada de la República que se esperaba portadora de armonía ciudadana, acababa la violencia española, escribía:

«...Si en los siglos XVI y XVII había un tribunal feroz, ahora, en plena centuria décimonona, sin ese tribunal, persiste el odio de unos españoles contra otros, y siguen las mismas implacables persecuciones. ¿No se acabará el canibalismo español? ¿No llegará un momento en que en la amada España se dé una era de justicia y de serenidad? El rey estaba en su trono; él podía ser el impulso primero de las persecuciones; el pueblo podía decir que el malvado no era él, sino el rey. Pero el trono cayó hecho pedazos; el pueblo ya es dueño de sus destinos; los hombres que gobiernan en su nombre han proclamado siempre la paz, la tolerancia y la concordia. Ahora por primera vez desde la Edad Media, desde que el morador de esta casita, y muchos como él, fue perseguido; ahora por primera vez en la Historia el pueblo —o sus representantes— es el responsable de su crueldad. Si es cordial, el aplauso será para él; si es feroz, la responsabilidad será para él también. ¿Es que el espíritu del antiguo tribunal del Santo Oficio continúa rigiendo en España? Serenidad, tolerancia, comprensión cordial es lo que necesita la nación. Que acabe de una vez y para siempre el canibalismo español. Hemos entrado en una nueva época; demostrémoslo, más que con las leyes, con el corazón.

> *Huellas en la arena. El canibalismo*
> *español.* Crisol, Madrid.

El español, por historia y geografía, tiene la palabra áspera, la amenaza pronta. Cuando en otros países hablan de pegar, aquí ya hablamos de matar. Situaciones que en otros lados requerirían una condena moral se transforman en España en condena capital. Un político aborrecido en otros países es acogido con gritos de «¡Abajo!», «A bas», «Down», «Abasso!» En España, eso es poco. El enemigo político: «¡Muera!», deseo expresado con la misma tranquilidad con que se menciona que fenezca el equipo rival en el campeonato y, naturalmente, el país que se ponga en contra de nuestros intereses.

Se cuenta que alguien, en mesa cercana a la tertulia de don Jacinto Benavente, mordió el puro y lo introdujo en la copa de coñac.

—¿Ha visto usted qué tío asqueroso? —se enfureció un amigo del Premio Nobel—. ¡Es para matarlo!

—Hombre —contestó suavemente don Jacinto—, estoy de acuerdo que es una porquería... Pero tanto como para matarle...

Generalmente la vida física del español tiene poca importancia. Hasta hace muy poco —creo que se intentaba reformarlo—, el coste judicial de atropellar y matar a un indígena era tan bajo que resultaba absurdo. En nuestras guerras llega un momento que, a juzgar por las soflamas, parece más importante morir por la patria que procurar que los enemigos lo hagan por la suya, es decir, que se valora más al muerto que al vencedor.

A los españoles en su historia les ha gustado siempre terminar sus guerras con dureza y las tentativas de llegar a un compromiso se ven siempre con suspicacia. La palabra «componenda» tiene un sentido peyorativo y el único arreglo de los tiempos modernos, el que terminó con la primera guerra carlista, es recordado casi con asco; mencionar el «abrazo de Vergara» no representa, casi nunca, elogiar un gesto caballeroso y digno que detuvo una hemorragia entre hermanos sino un engaño lamentable bordeando la traición.

Y la imparcialidad es prácticamente imposible. Decía José Joaquín Mora en 1853:

Si no eres de Voltaire, eres de Ignacio.
Incrédulo has de ser o jesuita:
entre los dos extremos no hay espacio.
Hombre sensato que el exceso evita
y usa de la razón el puro idioma
de ambas facciones el enojo excita.

El desprecio a la supervivencia se nota en cualquier aspecto de la vida ciudadana. La despreocupación con que se dejan abiertos agujeros en la calzada, exponiendo al transeúnte a la caída o al automovilista al golpe, es una muestra de la indiferencia con que el posible daño físico es visto por los responsables. Tienen que desgañitarse los periódicos durante días y días para que el Municipio, el Estado o la empresa constructora se acuerde de tapar el hueco o de levantar una barrera con un farolillo indicador. Cuando se separa o protege es porque la orden viene de arriba, no porque al que acaba de construir o destruir se le ocurra por un momento que aquello representa un peligro que debe evitarse aun cuando nadie lo mande. Si se le hace notar esa posibilidad, contestarán encogiéndose de hombros con un «Pues que se fijen».

Un día, yendo en coche de Madrid a Zaragoza, salí de una curva para encontrarme inesperadamente con un árbol en mitad de la carretera. Lo acababan de derribar unos leñadores que me miraron asombrados cuando yo bajé del coche para colmarles de improperios. No comprendían nada porque usábamos idiomas distintos. Yo les hablaba de su inmensa responsabilidad moral y ellos me contestaron que tenían un permiso del Ayuntamiento. «¿Pero no se dan cuenta que al no poner a alguien con una bandera en la curva, cualquiera puede estrellarse contra el árbol?» No, señor; no se les había ocurrido. Luego me preguntaron si me había asustado y me ofrecieron un vaso de vino. Era la clásica diferenciación española entre lo jurídico y lo personal... La posibilidad de que el señor X, llegando por la carretera sin una advertencia, se estrellase contra el obstáculo no había llegado a su imaginación. Pero cuando el señor X cobraba forma humana, hablaba, se relacionaba con ellos, estaban dispuestos a hacer de todo para ayudarle.

«[...] qué libro podría escribirse con ese título: 'De la dureza de las costumbres españolas'. Indigna un poco la vislumbre de lo que realmente existe bajo la aparente camaradería de los españoles. En realidad, un terrible resorte de acero los mantiene separados, prestos, si cediera, a lanzarse unos sobre otros. Cada conversación está a punto de convertirse en un combate, cuerpo a cuerpo; cada palabra es un bote de lanza; cada gesto, un navajazo. Cada español es un centro de fiereza que irradia en torno suyo odio y desprecio»[2]. Habla Ortega y Gasset muchos años antes de la prueba del fuego de la guerra civil.

En uno de los tibios otoños madrileños me senté en la Plaza de España, de Madrid, a tomar el sol. Había un fotógrafo ambulante, y un turista quiso la clásica fotografía frente al monumento a Don Quijote y Sancho. Para ello tuvo que pisar la hierba.

—¡Fuera! —gritó a mi lado y con la voz necesaria para que le oyera a cien metros, el guarda—. ¡Fuera! ¡Fuera! —los gestos eran tan desaforados como los gigantes cervantinos. El turista bajó rápidamente de su sitio.

Hasta entonces no había ocurrido nada excepcional. El guarda se había quizá excedido en la voz y el gesto, pero, al fin y al cabo, cumplía con su deber. Estaba prohibido pisar el césped. Pero lo que me asombró fue su cara congestionada cuando se volvía, su misión terminada. Los ojos despedían llamas.

—Un palo hay que darles... un palo...

En una transposición muy española, el simple acto de desobediencia a una disposición municipal, se convertía en un insulto personal, gravísimo a él, encargado de hacerla cumplir, algo que él no estaba dispuesto a tolerar por la gloria de su padre.

... Como el personaje «La Regenta» de Clarín que, cada vez que en su partida de ajedrez alguien daba jaque a su reina, decía:

—¡Lo hago cuestión personal!

En un pueblo español los motes de el «Cojo», el «Tuerto», el «Tartaja», el «Chepa» indica tanto defecto físico de un vecino como la brutalidad con que sus vecinos se lo recuerdan diariamente. Y la imitación que de esos tipos hacen los có-

2 ORTEGA Y GASSET, *Obras Completas*, tomo II, página 117.

micos produce siempre gran risa. Por si fuera
poco el mote se hereda. Al padre de El Cordobés
le llamaban «el Renco» porque el abuelo era
cojo. No se les puede recriminar demasiado si
se piensa que gente tan refinada y culta como
los escritores del siglo XVII aprovechaban la jo-
roba doble de Juan Ruiz de Alarcón para llamar-
le «Poeta entre dos platos» y «Galápago siempre
fuiste y galápago serás».

Esta tensión vital rige tanto en lo individual
como en lo colectivo, y aun quizá más en el primer caso, porque las ofensas personales para el
español son mucho más graves que las hechas a
la comunidad de que forma parte. Yo he oído a
personas habitualmente de juicio moderado alzar
la voz en un paroxismo de rabia sobre minucias:
«Lo que hay que hacer con ese tipo es darle cuatro tiros»; «Gente así no merece vivir». La desproporción entre el pecado y el castigo no parece
ocurrírseles jamás.

Se dirá: Esto es sólo una frase. Pero las frases que se emplean comúnmente, los modismos
de todos los días, indican, por lo contrario, mucho. Son la decantación, siglo a siglo, de un sentimiento enraizado en el individuo. Y, además,
la guerra civil demostró que entre el dicho y el
hecho no había más que la posibilidad de llevarlo
a cabo. Miles de españoles fueron sacados de sus
casas y recibieron «cuatro tiros» por motivos que
en otros países hubieran merecido sólo un movimiento desaprobatorio de cabeza por parte de
sus contrarios.

Discutir, según el Diccionario, es presentar razones distintas. Nada más. En España, esta diver-
gencia de opinión está unida automáticamente
a la pelea. Nadie se extraña al oír: «Tuvieron
una discusión y, claro, llegaron a las manos.»

Cuando el español se une a alguien de su pueblo... es para atacar a los del pueblo vecino. Los naturales de Entralgo y los de Lorío, los pueblos descritos por Palacio Valdés en *La aldea perdida*, eran mozos que encontraban natural visitar las respectivas ferias armados de estacas que resonaban duramente en las cabezas de los vecinos. Al escritor, hombre, por lo demás, suave y nada «tremendista», le parece natural esta actividad que describe sin una frase de censura. (Lo que le molesta, más tarde, es que aparezcan las pistolas. Los palos estaban bien.) Incluso el Estado, que debería ser el moderador, respira violencia. Cuando la República de 1931 crea una nueva fuerza policíaca callejera no se le ocurre llamarla de «la paz», como en Francia, o «rápida», como en Italia. La llamará «¡ de Asalto! »

El actor Fernán Gómez se asombró cuando una actriz sueca con la que trabajaba le aseguró que prefería ver las películas en España «porque aquí no las cortaba la censura». El comentario no tenía nada de sarcástico, aunque así sonara (véase Lujuria). La buena señora se refería a las escenas de violencia sangrienta, que caían bajo la tijera en Estocolmo, mientras eran pasadas sin tocar por Madrid, sabiendo que a nadie le iba a quitar el sueño un par de cadáveres más.

Una de las historias más espeluznantes de la guerra española es la que cuenta del «paseo» dado por una pareja de un bando al partidario del otro lado. Era de madrugada, y en Castilla. Corría un aire cortante cuando los tres se encaminaban al sitio designado para la ejecución.

—¡Qué frío! —maldijo uno de los acompañantes—. ¡Qué barbaridad!

—¡ Horrible! —asintió su compañero.

El condenado a muerte quiso mostrar que, a pesar de su situación, podía comentar el tiempo como cualquier otro.

—Es verdad. Esto no hay quien lo aguante...
Uno de los asesinos le miró torvamente.
—¡ Quéjate tú, cabrón, que no tienes que volver!

*

Me imagino que no fue buscado adrede, pero
¿es posible que entre las frases difíciles de pro-
nunciar en catalán hubiera que elegir precisamente la que dice que «Setze jutges menjen fetge
d'un penjat» («Dieciséis jueces comen del hígado
de un ahorcado«)?

La familiaridad con las palabras morir, matar,
es muy superior en español a otras lenguas. Que
yo sepa sólo el español o la española dice «¡Me
matas!» o «¡Ay que me muero!» en los momentos de éxtasis amoroso.

Ni tampoco sé de madres de países extranjeros
que chillen al hijo que ha hecho una travesura
«¡Te voy a matar!», como aquí ocurre.

El 11 de julio de 1885 aparece en Madrid un
periódico satírico, «La Epidemia», «para levantar
los abatidos ánimos a causa del cólera morbo
asiático que comienza a dejar sentir sus efectos
en la ciudad».

Sí, la muerte está presente en muchos aspectos
de la vida española. No sólo es España el único
país (con Francia) que mantiene la pena capital
en el occidente europeo; también es el único que
viste a la muerte de colores y la convierte en un
espectáculo. El de los toros. La Legión gritaba:
«¡Viva la Muerte!», y en muchos lugares del sur,
un velatorio es una fiesta... Los chistes fúnebres,
el humor negro, empezaron en España mucho
antes que se hicieran famosos entre los estudiantes norteamericanos. «Te doy un muertazo»...,
dice uno ofendido ante la forma con que se trata
el cuerpo presente de su familiar... ¿Quién te da
vela en este entierro? —se pregunta a quien se

entremete sin ser llamado. El jugador de Bridge
que no participa se llama, en el extranjero, «el
que duerme». Aquí no. Aquí tiene que ser «el
muerto».

Nuestra crueldad con los animales ha producido asombro y espanto en los extranjeros. «En
Cuenca —cuenta un inglés— arrojaron un gato
al río para que sus maullidos al descender mos-
trasen la profundidad del mismo», y el nombre
de Despeñaperros es lo suficiente explícito para
que necesite de mayores indagaciones. El asno,
el caballo, el mulo español reciben un trato que
aterra a los visitantes de otros países, especialmente a los anglosajones. Parece como si la violencia con que la vida trata a los españoles se
la traspasan éstos a los que están bajo su cuidado.

En un cuadro famoso, quizá el más famoso de
la pintura española, «Las Meninas», aparece un
perro tumbado tranquilamente, sin meterse con
nadie… y un bufón de la corte que le está dando
la más gratuita de las patadas posibles sin que
nadie —al menos yo no lo he leído— se haya ex-
trañado por ello. En España resulta un acto natural.

El *ABC* —20 de octubre— de 1967 publicó esta
nota:

«ESPAÑA NEGRA»

«La 'España negra' como la España de pande-
reta, por desgracia no solamente perviven en la
leyenda que de nuestro país se han forjado algunas naciones. Ciertos hechos aislados, aparentemente increíbles, nos presentan de tarde en tarde
una imagen fragmentaria de nuestro pueblo que
bien quisiéramos desterrar definitivamente. Tal es
el caso de un pueblecito de Jaén, donde todos los
años, en las fiestas locales, se lidian en capea popular varias vacas que luego, enmaromadas, son

conducidas a la ermita del Patrón y, una vez bendecidas por el párroco, sacrificadas y su carne distribuida graciosamente entre los menesterosos. Lo que constituye una curiosa y antigua tradición, ha degenerado en espectáculo innoble, cruel y carnavalesco. Perdido el tipismo de la fiesta, las pobres bestias son apaleadas y torturadas desde las barreras con palos provistos de aguijones, hasta caer moribundas antes de llegar al matarife. Este año, uno de los pobres animales, enloquecido, logró escapar de sus verdugos, hasta que, cercado, se arrojó por un precipicio, matándose. Bien quisiéramos negar verosimilitud a un espectáculo semejante. Pero la persona que nos lo relata, testigo presencial de los hechos, nos merece confianza. Innecesario será divulgar el nombre de la localidad. Como innecesario será decir que confiamos en el buen juicio de las autoridades locales, para que pongan fin a tal festejo, una vez que ha perdido su primigenio y tradicional tipismo.»

No falta, claro está, el grupo minoritario contrario que intenta alinear la sensibilidad de los españoles con otras naciones europeas. Pero el esfuerzo de la Sociedad Protectora de Animales tropieza a menudo con la admirada expresión de las autoridades cuando van a denunciarle el desafuero... «¿Eso hacen? Hombre, está mal»..., y se nota que está pensando. «Bueno, ¿y por qué pierden el tiempo con esas bobadas?» En un país que considera Fiesta Nacional la de los Toros, la Sociedad tiene fatalmente poco ambiente y lo máximo que puede pretender es aliviar un poco la dureza de las costumbres. Gracias a sus esfuerzos se logró en los años veinte que los caballos de los picadores fueran provistos de petos protectores para evitar el espectáculo de las entrañas colgando sobre la arena. Hubo luego quien dijo que la medida, al ahorrar sufrimientos al caballo, había aumentado los del toro, ya que el picador puede ahora hundirle impunemente la vara, mientras que antes tenía que pensar en salvar al caballo de los cuernos. Al parecer, el intento de suprimir la crueldad española acaba, simplemente, por desplazarla hacia otras víctimas. Como cuando fray Bartolomé de las Casas consiguió con su ardorosa defensa de los indios del Caribe que éstos dejaran de trabajar como esclavos... para ser sustituidos por negros de Africa.

Y la misma saña que muestra frente a los animales, la muestra el español ante las plantas, el árbol especialmente. Parece increíble la tala que se ha realizado en España, preferentemente en Castilla, en los últimos siglos. Unas veces era la guerra —moros contra cristianos, franceses contra españoles—, y el árbol significaba protección para el enemigo y posibilidades económicas. Otras era la necesidad de dejar pasar al ganado, mucho más importante que la agricultura para los gobiernos antiguos, porque les proveía de metálico —la lana crece más de prisa que las ramas— para las innumerables guerras que ha mantenido España por ahí fuera, casi siempre más por prestigio que por interés propio.

Pero en otras muchas ocasiones la tala se ha verificado por puro y simple odio al árbol. (No se puede hablar aquí del influjo africano; los musulmanes, como hijos del desierto, adoran la hoja que les defiende del sol.) En Castilla, que tiene casi el mismo clima cinco meses al año, se tiraron los árboles por puro capricho, y los bosques de que nos habla el *Poema del Cid* (Robledal de Corpes) y los que rodeaban Madrid haciéndolo casi un lugar de placer, han desaparecido; sólo cree uno en su existencia cuando el arado desentierra el grueso tocón que fue base de una gigantesca especie. La Casa de Campo, conservada por ser propiedad real, es una isla de vegetación en el desierto...

No se crea que esto es historia pasada. Hoy los arboricidas tienen una maravillosa excusa. El peligro del choque del automóvil. Los españoles, que en general no toman precaución ninguna contra los accidentes ajenos, han desarrollado en los últimos tiempos una asombrosa, casi enfermiza, sensibilidad para evitar ese posible problema. «Un árbol...; hay un árbol en la curva del kilómetro doscientos veintiséis..., ¡a tirarlo! » Y Castilla, con un sol de justicia, ve desaparecer uno a uno el toldo natural que los árboles le daban. El hecho de que Francia, con una temperatura mucho más suave y un parque móvil mucho más numeroso, deje a ambos lados de sus autopistas los hermosos ejemplares que la embellecen, no tiene la menor importancia. Allá ellos...

En Madrid el pretexto es otro. Facilitar la circulación rodada. Todo español al que un árbol le impida adelantar a otro coche sostiene que es necesario tirarlos todos ¡en seguida! Y en pocos años ha desaparecido el arbolado de los bulevares, a cuya sombra jugaban los niños, y el de la calle de Velázquez. No hay ninguna razón para que no desaparezcan también el del Prado, de Recoletos o de la Castellana. Obsesionados como siempre por el momento actual, incapaces de mirar al futuro, los madrileños no se dan cuenta que el problema del tránsito en el centro de la ciudad no se resuelve quitando unos árboles más; esto puede ser aún un respiro, pero no una solución. Esta, la única posible, es cerrar el centro de la ciudad al automóvil particular, y así tendrán que hacerlo todas un día u otro.

Sí, hay odio al árbol en España. Cómo será que, a pesar del calor que hace en general, cuando se habla de alguien que puede molestar o imponerse a otro se dice: «Le está haciendo sombra».

¿O es que al español (véase Envidia) le irrita sencillamente que haya algo más alto que él?

Es muy posible que la crueldad innata del español sea heredada de un pasado en que matar no sólo fue bueno, sino incluso recomendable para ganar el cielo. Me refiero a la Guerra Santa, que en la España del Medievo animaba a los dos bandos en lucha, tanto a los cristianos como a los musulmanes. Leyendo por encima la crónica de una batalla en el siglo XII, no sabemos si la ha escrito un seguidor de Cristo o el de Mahoma. En ambas se habla de «malvados infieles» que mueren, como es justo que mueran, a mano armada, y los propios combatientes no se preocupaban demasiado de caer porque iban al Paraíso. En ambos casos el Cielo no sólo inspira a los combatientes, sino que los lanza a la batalla, animándolos si es necesario con su presencia física. Según Américo Castro, los españoles cristianos «inventaron» a Santiago, para equilibrar psicológicamente el grito de «Mahoma» que lanzaba a los españoles musulmanes al combate.

Oigamos al poeta cortesano elogiar la crueldad del rey moro Mutamid de Sevilla:

«Has hecho fructificar tu lanza con las cabezas de los reyes enemigos, porque viste que la rama
place cuando está en fruto
y has teñido tu cota con la sangre de sus héroes
porque viste que la bella se engalana de rojo.»

(Ben Ammar de Silves, siglo XI, *o. c.*, p. 71.)

«Trescientas lanzas son, todas tienen pendones, sendos moros mataron todos de sendos golpes», se gloria el cantor de El Cid. Y sus hombres están contentos cuando la sangre puede bajar por la espada ya enhiesta, con tal abundancia, que se deslice hasta el codo, «por el codo ayuso la sangre derramando».

... La *General Historia de España* se deleitará

ante los muertos tras la victoria de las Navas de
Tolosa.

[...] «el campo de batalla tan lleno fincava de
moros y tanta era la mortandad que aun yendo
nos en buenos caballos apenas pudimos pasar
sobre los cuerpos dellos [...] y acabadas estas cosas como dichas son, los nuestros no queriendo
poner término ni destajo a la gracia de Dios, fueron sin toda cansedad a todas partes, hasta la
hueste en pos de los moros que huyen; y según
el asmança de los nuestros mataron y de ellos
hasta doscientas veces mil moros. Ahora acabada
la batalla y liberada, loado a Dios como es, cuenta aun la historia adelante de los grandes fechos
que los cristianos hicieron [...]» (*Estoria de España*, de ALFONSO EL SABIO. Ed. Menéndez Pidal,
página 694.)

... Los musulmanes toledanos se muestran re-
beldes contra el emir de Córdoba. El gobernador
que éste manda invita a los principales de la ciudad a verle en la fortaleza, con motivo de una
fiesta:

«Efectivamente, se presentaron y se les mandó
entrasen por una puerta y las cabalgaduras se
mandasen a la otra por donde habían de salir.
Los verdugos se colocaron al borde del foso y a
todos los que entraban se les cortaba el cuello
hasta que ascendió el número de los muertos a
5.300 y pico... Cuéntase que un médico de Toledo, al acercarse a la puerta por donde habían
entrado los convidados, no encontrando a su llegada que hubiera salido nadie, dijo a los toledanos
que estaban alrededor de la puerta: 'Compañeros,
¿dónde están nuestros amigos que entraron por
la mañana?... Yo no he visto a nadie que haya
vuelto.' Luego levantó los ojos, vio el vapor de la
sangre y exclamó: '¡Oh, toledanos! La espada,
voto a Dios, es la que causa en vosotros este va-

por de sangre, no el humo de la cocina.'» *(Ben Alqutiya.* SÁNCHEZ ALBORNOZ, *ob. cit.,* 1-134.)

Esto sucedió en 807. En 1936 un periodista americano del «Chicago Tribune», Jay Allen, entra en Badajoz unos días después de ser tomada la ciudad por las tropas nacionales:

«Eran jóvenes, casi todos campesinos […], a las cuatro de la mañana los llevan a la plaza de toros, donde les espera la ametralladora. Tras la primera noche se dice que la sangre tenía un palmo de profundidad al otro lado de la calle. No lo dudo. Mil ochocientos hombres cayeron en unas doce horas. Hay más sangre de la que se cree en mil ochocientos cuerpos... La noche estaba calurosa y había un olor en el aire, un olor que yo no quiero ni puedo describir...» («Chicago Tribune», 30 de agosto de 1936.)

En zona republicana, Arturo Barea describe los fusilamientos de los del bando contrario:

«Las ejecuciones habían atraído a más gente de la que hubiera creído posible. Familias con niños, entre excitados y soñolientos, milicianos con sus novias, caminaban por el paseo de las Delicias, todos en la misma dirección. Coches y camiones requisados circulaban... Detrás del matadero una larga pared y una avenida con arbolillos. Los curiosos iban de uno a otro con comentarios irónicos: una frase de condolencia bastaba para hacerle a uno sospechoso.

»Anticipaba la visión de los cuerpos y su vista no me emocionó. Eran unos veinte y no aparecían desfigurados. Había visto peor en Marruecos el día anterior. Pero me impresionaron la brutalidad y la cobardía de los espectadores.

»Unos camiones del Ayuntamiento de Madrid llegaron a recoger los cadáveres. Uno de los conductores dijo: 'Ahora regarán la plaza para dejarla a punto para esta noche.' Se rió, pero su risa sonó a miedo.» *(La forja del rebelde,* p. 3.)

Sí, la historia se mantiene...

En el siglo xx, más de cuatrocientos años después de la separación de musulmanes y cristianos, en tierras españolas el camino ha seguido asombrosamente paralelo. Las fuerzas de Franco llamaron «Cruzada» a la guerra civil. Los musulmanes de Egipto o el Yemen se refieren todavía hoy a la Guerra Santa contra los enemigos de su fe.

Si en la Edad Media un guerrero, Guzmán, fue llamado *El Bueno* porque arrojó su cuchillo a los sitiadores de la fortaleza que amenazaban con matar a su hijo si no se rendía, en 1936 un coronel del ejército, Moscardó, hizo prácticamente lo mismo al serle notificado que su hijo moriría si él no entregaba el Alcázar a su mando.

De las palabras españolas que han pasado a otras lenguas, la mayoría tienen carácter violento: «guerrilla», «pronunciamiento» y «desesperado», que los ingleses han acortado en «desperado».

La primera vez que fui a Italia me quedé asombrado al ver a dos italianos (uno fascista y el otro comunista, a juzgar por sus palabras) discutiendo en la Galería Colonna de Roma, sin llegar jamás a las manos. Dos españoles a quienes mueven ideas tan dispares no podrían charlar más de dos minutos en las mismas circunstancias.

«Casi todas las palabras que usa la parlería política de nuestros conciudadanos son simplemente improperios. Clerical no quiere decir, en labios de los liberales, hombre que cree en la utilidad de las órdenes religiosas para el bien vivir histórico de un pueblo: quiere decir directamente hombre despreciable. Liberal no equivale a partidario del sufragio universal, sino que en voz de reaccionario viene a significar hombre de escasa vergüenza»[3].

[3] Ortega y Gasset, *Obras Completas*, tomo II, página 108.

El lenguaje es aquí —otra vez— revelador. La voz *Meeting* significa en inglés una reunión de personas, a veces de pensamientos dispares, para tratar de solucionar un problema. Este encuentro en España significó automáticamente la pelea, y la frase «Hubo un mitin», «Se armó el mitin» equivale a la violencia de un acto público.

Por ello la palabra española típica es intolerancia, tan sabrosamente paladeada, que ha llegado a convertirse en Santa, frase que entristecía a mi maestro y amigo el doctor Marañón. «¿Cómo puede ser Santa la intolerancia? —decía—. La intolerancia es diabólica.»

«[...] Nuestra decantada intolerancia es cierta. Cuando hemos cambiado nuestras opiniones por las del vecino y adoptado su punto de vista para considerar las cosas, cerramos fieramente contra aquel que las mira desde la orilla opuesta, aunque las mire desde donde nosotros las veíamos antes.

»En las luchas del espíritu el primer deber que nos imponemos consiste en no comprender a nuestros adversarios, en ignorar sus razones porque sospechamos desde el fondo de nuestra brutalidad que si logramos penetrarlas desaparecería el *casus belli*. Nuestra mentalidad prefiere pelear a comprender y casi nunca esgrime las armas de la cultura que son las armas del amor» [4].

Cuando el enemigo nos molesta, o le matamos o va a la cárcel sin que le salve reputación artística o intelectual. La lista de ex presidiarios españoles tiene nada menos que estos nombres entre otros: Arcipreste de Hita, Fray Luis de León, Cervantes, Quevedo, Jovellanos, Maeztu, Miguel Hernández.

*

[4] ANTONIO MACHADO, *Discurso en homenaje a Pérez de la Mata*, 1-X-1910. Cit. por H. Carpintero, «La Torre», núms. 45-46, p. 27. Puerto Rico, 1964.

Ese espíritu está tan introducido en nuestras costumbres que vive incluso en los que creen haberlo superado. En ocasión de comentar la primera edición de este libro con un amigo, me lamentaba de la dureza de nuestros juicios con los que no están de acuerdo.

—¡Cuánta razón tienes! —aseguró mi amigo—. Parece mentira que sea así, cuando tan lógico y civilizado es aceptar las opiniones de los demás. ¿Que el otro piensa distinto? Pues muy bien, allá él. Tiene perfecto derecho. ¿No crees?, yo en eso *soy totalmente intransigente.*

Nuestra intolerancia ha hecho desaparecer de muchas calles y plazas españolas el recuerdo de seres ilustres pertenecientes al bando vencido. Como el español vive siempre en el momento presente, no se le ocurre que el enemigo de hoy será mañana tan pedazo de la historia como él mismo. Por el contrario, intenta acabar con todo lo que le recuerde, derribando estatuas e iglesias y cambiando los nombres de las calles.

Comentaba Manuel Azaña en plena guerra civil:

«Una de las primeras cosas que hace en nuestro país cualquier movimiento político es cambiar los nombres de las calles. Inocente manía que parece responder a la ilusión de borrar el pasado hasta en sus vestigios más anodinos y apoderarse del presente y del mañana. En el fondo es una muestra del subjetivismo español, que se traduce en indiferencia, desamor o desprecio hacia el carácter impersonal de las cosas.»

(O. C., t. IV, págs. 758-759.)

Nuestros vecinos los franceses han hecho exactamente lo contrario, y París está lleno de inscripciones y monumentos a seres muy opuestos, pero siempre admirados. «¡Ah!, el gran rey Enrique IV»..., «la deliciosa María Antonieta»..., «el revolucionario Dantón»..., «el extraordinario Na-

poleón»... No es que tengan más personalidades
en su historia, es que no eliminan a ninguna[5].

Igualmente en los Estados Unidos, donde la
guerra civil de 1861 se recuerda con amplia generosidad para el vencido; el general Lee es quizá
más admirado y respetado que su vencedor, Grant,
y en novelas y películas los «simpáticos» son
siempre los soldados de los estados sudistas.

*

«Ante su dama, el galán
más valiente es que Roldán.»

La violencia es tan normal en España que quien
no la siente la finge. De la misma forma que hay
quien sin interesarse demasiado por las mujeres
simula entusiasmo ante ellas para no quedar mal
en la tertulia (¡qué pensarían de él si no!) muchos emplean frases duras sin íntima convic-
ción. Por ejemplo, el «Voy a partirle la boca»,
el «¡Como le coja solo...!», «Ya verá quién
es el hijo de mi padre», etc., etc. No pudiendo
mantenerse esta actitud diariamente, hay lógicamente una desproporción grande entre la amenaza y el hecho, y el «matón» tiene por ello una
gran tradición en la literatura española. Puede
ser el Centurio de *La Celestina*, que ofrece el
muestrario de males que puede hacer... y Cervantes cantó:

«...esto oyó un valentón y dijo es cierto
lo que dice voacé señor soldado
y quien dijere lo contrario, miente.

[5] La revista humorística «La Codorniz», ante el furor
iconoclasta siguiente a la guerra civil, propuso que, para
evitar confusiones, se variase sólo el adjetivo, dejando
intacto el nombre del antiguo patricio. Por ejemplo,
la calle del «Glorioso Pérez» podía pasar a ser llamada
calle del «Malvado Pérez». La pasión política se satis-
faría sin perjudicar la orientación ciudadana.

> Y luego incontinente
> caló el chapeo, requirió la espada,
> miró al soslayo, fuese... y no hubo nada»,

...y mencionó el mendigo que si no recibía limosna se disponía a «lo que hacer suelo sin tardanza —mas uno que a sacar la espada empieza—; y ¿qué es lo que hacer suele en tal querella? —respondió el valentón: irme sin ella».

No hay referencia a un enemigo en la conversación española que no vaya acompañado de una detallada descripción de lo que se piensa hacer con él, cuando las circunstancias sean favorables. Evidentemente muchas veces no ocurre y, en último caso, el ofendido puede decir que ha pensado que era mejor dejarlo porque «no quiero ensuciarme las manos».

> *«Los muertos que vos matáis*
> *gozan de buena salud...»*

«*Del dicho al hecho hay diez leguas de mal camino.*»

La imaginación de los españoles para contar peleas sólo puede compararse con la que emplean para relatar sus empresas amorosas. Como en ese caso (véase Lujuria), el hecho acostumbra a suceder en sitio lejano y sin testigos. Normalmente procede así:

«Entró el tío..., bueno, no cabía por esa puerta..., empezó a decirme que si tal o si cual..., yo callado...

(Como en el caso anterior, el protagonista está, al principio, pasivo. Con la mujer, porque es elegante hacerse el desinteresado mientras ella insiste ganada por sus encantos masculinos; con el «matón» porque, cuando más desesperado y enloquecido aparezca éste, más elegantemente contrasta la calma del que lo cuenta.)

»...por fin se puso pesadísimo..., le advertí:

'No te metas en líos'..., pero él insistía, empezó a
decir groserías... ¡Chico!, le di así (marca con el
puño), ¡pataplán!, se cayó cuan largo era. Luego
me pidió perdón y tomamos unas copas.»

El que habla es normalmente un tipo insignificante sin ninguna habilidad en judo o karate que
pueda justificar el extraño desenlace de su pelea
con un tipo «que no cabía por esa puerta», pero
él insiste con aire de absoluta sinceridad. En el
fondo, como con la aventura femenina, no ocurrió así, pero «tenía que haber ocurrido así» para
salvar su fama, su reputación.

Una vez fui testigo de un incidente en la calle.
Poco después, el agredido lo explicaba: «Quiso
ponerme la mano en la cara, ¡abofetearme!» Dijo
alguien: «¿Cómo quiso? ¡*Te ha* abofeteado!»
«¡No! —rugió la víctima—, ¡no!; ¡a mí no me
pone nadie la mano en la cara!» Había diez testigos del incidente, pero a él no le importaba;
aunque le escociera todavía el golpe en la mejilla,
no había ocurrido. Como Don Quijote, negaba la
evidencia en nombre del ideal. A él nadie le ponía la mano en la cara, como al Cid nadie le
mesara las barbas. Lo exigía su hombría y la historia toda de España.

«Para mí ha terminado», «Como si no existiera». Con frases parecidas el español acostumbra
a borrar de su vida a un ser humano. La susceptibilidad del español siempre en guardia, siempre
erizada, le hace tomar por ofensas mortales lo que
en otro país se acogería con un encogimiento de
hombros, y desde ese momento se «le retira el
saludo» al ofensor. A menudo ocurre que éste no
sabe que lo es. Porque el español puede sentirse
herido tanto por acción como por omisión, y
quitarle un puesto administrativo a alguien es, a
veces, menos grave que dejar de invitarle a una
fiesta. «No se acordó de mí cuando el baile, de
modo que por mí se puede ir a...», y aquí uno

de los amables destinos adonde el español gusta de enviar a sus enemigos.

Esta posibilidad de ofender sin darse cuenta hace que todos los días se encuentre la gente con sorpresas. «¿Por qué no me saluda Fulano?», se pregunta el español, buceando en su memoria para recordar lo que le ha hecho. La estupefacción dura en general poco y no termina preguntándole al ex amigo la razón de su actitud. Por el contrario, la reacción es inmediata. «No sé lo que le pasa, pero no le necesito para nada.» Y ahora en lugar de uno son dos los ofendidos, dos los que se cruzan por la calle ignorándose con tal pomposidad, que cualquiera puede notar lo artificioso de la situación. Pasan a un metro de distancia uno de otro, la barbilla hacia arriba, los ojos fijos en el horizonte, como si no existiera un ser humano en diez leguas.

Esta actitud fácil en campo abierto, es más difícil cuando la sociedad española obliga a los amigos de ayer y hoy enemigos, a asistir a la misma reunión. Hay que ver entonces las maniobras que se desarrollan en el minúsculo espacio, las vueltas estratégicas, las diversiones tácticas, los rodeos, el urgente ir a saludar a alguien al otro extremo de la sala, que se lleva a cabo para evitar el odioso *tête à tête*.

Las amas de casa saben, naturalmente, de estas luchas y procuran no invitar simultáneamente a dos enemigos, entre otras cosas porque podría suceder que ninguno de los dos asistiera «si va a ir ése» (se le ha quitado ya hasta el nombre propio). Pero como los humores de los españoles cambian con tanta frecuencia, no es raro que la anfitriona investigue un poco, después de concretar día y hora: «Oye, tú, ¿cómo estás con Fulano?», pregunta que no parece nunca inoportuna y que se contesta con la verdad. «Estamos bien»; «un poco fríos, pero nos tolera-

mos», o, en fin, «a matar», otra insistencia en uno
de los verbos favoritos de los españoles.

La antipatía mutua puede proceder de mil causas. Por ejemplo, de unas oposiciones perdidas
o ganadas, pero durante las cuales se han dicho
cosas difíciles de olvidar luego. En las oposiciones a cátedras españolas hay un ejercicio llamado la «trinca» durante el cual los que aspiran a
la plaza de profesores se dedican a juzgar la obra
del rival. En principio, la idea es que sea juzgada
solamente la parte científica, pero el español no
concibe desgajar al hombre de su obra, y su natural inclinación a personalizar le mueve a atacar
al contrincante, más que en sus libros, en su persona. Yo he asistido a una sesión en la que uno
de los concursantes negó que otro hubiera estado
en el archivo de Historia Moderna de Simancas y para demostrarlo sacó un papel firmado
por un secretario de dicho archivo asegurando
no haberle visto allí. El otro contraatacó con
un recibo de una tienda de Simancas en la que
había comprado unos lápices… y, a la vez, amenazó con sacar a relucir ciertos secretillos políticos…

Muchas enemistades españolas han nacido tras
la «injusticia» cometida contra el perdedor de
unas oposiciones. (A veces pienso si ese sistema,
al parecer totalmente absurdo, no obedece a cierta
habilidad por parte del Estado español, que al
echar a reñir a los ciudadanos entre sí quiere
evitar que se unan contra él.)

No hay que añadir que muchas de esas injus-
ticias son ciertas y han sido hechas por razones
políticas; éstas influyeron tan fuertemente en las
circunstancias españolas de la posguerra que, incluso cuando había justicia en la elección, se hablaba del favoritismo por la costumbre de verlos.
La persecución a miembros de organizaciones ta-
chadas de subversivas fue aprovechada por quie-

nes querían ocupar sus puestos en la Administración del Estado y de aquí nació la frase: «¿Quién
es masón?» «El que está delante en el escalafón.»

En los pueblos las enemistades se mantienen
durante generaciones, y el obligado contacto a
que el espacio obliga hace más ceñuda la mirada,
áspero el gesto. En cualquier lugar español hay
Capuletos y Montescos que a veces ni siquiera
recuerdan cuándo empezó el resentimiento. Otras
veces, la causa permanece viva a costa de dinero. Se trata de viejos pleitos iniciados por una
mísera causa (un árbol frutal contra la pared, el
derecho de paso por un camino), y se mantiene
año tras año sin ninguna esperanza de sacar be-
neficio económico (ha costado ya más el pleito),
pero sólo por la Ira que provoca la sola idea de
abandonarla dando la razón al vecino.

Pero aunque el «ruido» sea mayor que la «furia», la crueldad está presente largamente en la
idiosincrasia del español. De don Juan se menciona generalmente su característica más conocida, la del hombre que engaña a las mujeres, pero,
curiosamente, nadie le recuerda como a matador
de hombres. Y, sin embargo, la famosa apuesta
tenía dos filos: «Muertos en desafío y mujeres bur-
ladas». Los muertos figuran en su lista en menor
número que las mujeres, pero no hay razón concreta para que no sea al contrario. Al fin y al
cabo, don Juan necesita varios días para una
conquista, mientras que para despedir de la vida
a un hombre le bastan los minutos del desafío.
La intención es la misma en ambos casos. Eli-
minar los obstáculos a su egoísmo.

La gente no mata como don Juan, aunque intente amar como don Juan; pero, en el fondo de
su corazón, lo encuentra normal en ambos sentidos. Cuando Goya, el más español de los pintores,
pinta escenas de la vida popular, pinta con sangre.
No hablo ya de los *Desastres de la guerra*, que al

fin y al cabo reflejan un momento excepcional, el de la lucha por la Independencia, sino de ese tremendo cuadro en que dos campesinos se atacan a garrotazos. Lo que hace esa escena excepcional es que los dos campesinos se han enterrado hasta las corvas de sus piernas, para hacer imposible la huida del cobarde o del débil.

Quien haya hablado con cualquier campesino español, se dará cuenta de la dureza de sus expresiones: «¡Ay va!, ¡se te ha saltado un ojo!», le dijo delante de mí un campesino de Aranjuez a otro que solamente lo tenía inyectado en sangre. Y dadle autoridad a un español del pueblo y habréis puesto en sus manos, con la escopeta, un escape a sus instintos iracundos.

Para un guarda de la Casa de Campo de Madrid que yo conocí, cualquier delito en su jurisdicción, empezando con robar un poco de leña, merecía el peor castigo: «Si le cojo, dos tiros hay que darle; sí, señor, ¡para acabar con esa ralea! ¿No cree usted?» Me miraba con los ojos inyectados de rabia, trocada en asombro cuando yo le dije que no, que no creía que la vida de un hombre valiera menos que cuatro ramas de un árbol.

«No hay peor cuña que la de la misma madera.»

«Cuando al ruin hacen señor, no hay cuchillo de mayor dolor.»

Esto se hace evidente en situaciones parecidas. El orgullo español es mucho más importante que la solidaridad social, y la gente más dura con los obreros o campesinos es la que saliendo de entre ellos ha conseguido un principio de autoridad.

*

La crueldad es admirada a veces románticamente. Hace años hubo en Madrid un caso que se hizo célebre. Un tal Jarabo mató a tres personas para robarlas. El crimen, odioso desde todos los puntos de vista, tenía características especiales que movieron asombradamente a mucha gente a colocarse al lado del asesino. Este era guapo, de buena familia, rico hasta que sus locuras destruyeron su fortuna. Era un Don Juan, y el comentario: «¡Qué tío!, ¡qué bárbaro!», aplicado a él, tuvo a menudo un tintín de admiración, más clara por parte de las mujeres más humildes (criadas, vendedoras del mercado), pero manifiesta en la mayoría del sexo femenino.

Matar fue durante años un espectáculo. Cuando mi padre era niño, todavía las ejecuciones eran públicas y la costumbre era llevar a los muchachos jóvenes y, al caer la cabeza del condenado sobre el pecho, darles una bofetada para que el recuerdo quedase clavado en su mente.

> «Aquí yace media España;
> murió de la otra media.»

dijo Larra en su *El día de difuntos de 1836.*

¿Muerte moral? Las guerras civiles de entonces ya daban a la frase un tinte realista. Quizá haya más simbología en los versos de Machado casi un siglo después:

> «Españolito que vienes al mundo;
> guárdete Dios;
> una de las dos Españas
> ha de helarte el corazón.»

*

«Triste país en donde todos los hombres son graves y todas las mujeres displicentes, en donde en la mirada de un hombre que pasa vemos la mirada de un enemigo.» (BAROJA. *Vieja España, patria nueva.*)

Hace unos años hubo un tímido intento de dar un poco de amabilidad a la dureza con que los españoles se miran unos a otros. Surgieron unos cartelitos en los coches que decían: Sonría, por favor. A los pocos días apareció otro desgraciadamente simbólico: No sonría y conduzca mejor. El que lo puso ya sabía (Soberbia) que el otro conducía mal su coche mientras que él era perfecto.

Se ha comentado muchas veces el amor de los españoles por cuadros, estatuas sangrientas y macabras. Las figuras de los «Pasos» de Semana Santa tienen las heridas reproducidas con el mayor de los realismos; las espinas parecen realmente clavarse en la carne del Señor; las espadas, en el corazón de la Virgen de los Dolores. El arte barroco mostró mártires decapitados, despellejados, clavados en cruz, procurando hacer llegar al espectador tanto el choque físico como el de la compasión por el inocente. Y el exceso de dramatismo nunca daña: «A mal Cristo, mucha sangre.» Si el escultor no conseguía obtener la admiración del público por la perfección física de su obra, conseguiría al menos la violenta sacudida ante las desbordantes heridas —más pintura— que el Señor recibió en el suplicio.

Igualmente unido a lo fisiológico-pasional, son los cuadros de Valdés Leal, donde los cadáveres de obispos y reyes se muestran en su podredumbre aristocrática, con los gusanos reptando por entre sedas, alhajas, cetros y báculos.

Hay un edificio en Sevilla, cuyo nombre, para mí, es una muestra de crueldad mucho mayor que las reproducciones antes aludidas. El edificio es conocido por Hospital de los Incurables..., y, durante siglos, al sevillano le ha parecido natural llamar así a una institución a la que un día, como quien no quiere la cosa, hay que llevar a alguien de la familia:

—Vamos, padre, madre..., tía..., te llevaremos al hospital, allí estarás bien...

—¿A qué hospital, hijo?

—Al de los... Incurables.

*

La crueldad española es, probablemente, la característica más difundida en el extranjero. La diagnosis es cierta; pero el reconocimiento, equivocado, porque se basa en verdades a medias.

Cuando se dice, por ejemplo, que la Inquisición española torturaba a sus víctimas, se afirma algo que, aun siendo cierto, no tiene valor de ejemplo si no se añade que en aquella época *todos* los tribunales religiosos y seglares atormentaban a sus prisioneros como medio legal de hacerles confesar. Con esta perspectiva, la actuación de la Inquisición se puede ver con menos desagrado, aun cuando por su naturaleza religiosa el Santo Oficio no debería haber apelado a procedimientos de tal dureza. Lo malo de la Inquisición, como vio muy bien el Dr. Marañón, no fue la brutalidad física, sino la espiritual. No el que atormentara los cuerpos, sino que lo intentara con las almas, es decir, que persiguiera ideas y quisiera extirpar las que no le gustaban de lo más sagrado e invulnerable del hombre: su conciencia.

Cuando se atormentaba en España, se hacía también en toda Europa, y, en los museos holandeses, al lado de los instrumentos de tortura para los protestantes, están los que usaron contra los sacerdotes católicos. María Tudor fue llamada «la Sangrienta» porque la sangre que hizo derramar era protestante y esta religión fue la que, al vencer, decidió los apodos. En otro caso habría sido María «el brazo de la fe» o algo parecido.

Lo malo para el nombre español es que sus

principales enemigos del xvi y xvii fueron también los mejores impresores del tiempo. El mundo que empezaba a leer fue inundado de panfletos y, para el que sólo sabía mirar, de grabados que mostraban la crueldad española con protestantes y con indios americanos.

La crueldad española en América, en realidad, fue detenida por la codicia —nadie acaba con los instrumentos de trabajo— y por la Lujuria. El español no discriminó en mujeres como hacían —públicamente al menos— el anglosajón y el holandés, y llenó el continente de mestizos, que acabaron echándole. El hecho cierto es que los rasgos característicos del indio puedan verse repetidos por millones desde el sur de Río Grande hasta el de Hornos, constituyendo esta raza el 63 % de la población en Bolivia; 53 %, Guatemala; Perú, 45 %; Ecuador, 39 %; Méjico, 30 %; mientras que en lo que hoy son los Estados Unidos y Canadá hay que buscar con el mapa en la mano las «reservas» donde se guardan las casi extinguidas especies del piel roja. Se admitirá que como «asesinos de razas» los españoles fueron bastante ineficaces.

Y, por lo demás, tan español era Pizarro atormentando a Atahualpa como fray Bartolomé de las Casas acusando a sus compatriotas de «crímenes contra la humanidad» en el siglo xvi.

El español no quiso destruir ningún pueblo, aunque tratara de imponer su autoridad a todos. No hubo «genocidio» durante su historia y el oprimido pudo elegir siempre el marcharse (judíos, moriscos).

La crueldad española es una circunstancia vital nacida al influjo de la dureza que ha rodeado al español desde niño. La crueldad del español no llega nunca al deleite; acepta el dolor, la sangre y la muerte como parte integrante de la vida hu-

mana, pero no se refocila contemplándola ni le
parece bien extremarla. El sadismo es excepcional.

Veamos el caso más aparente, el de las corridas de toros. Quien movido de un deseo de cambiar la leyenda negra por otra blanca igualmente
artificial sostiene que no hay crueldad en ese espectáculo, debe ser más admirado por su patriotismo que por su claridad mental. Una fiesta en
la que seis toros son picados, banderilleados y
muertos a estoque y donde otros dos elementos
(el caballo y el hombre) se arriesgan a la herida
mortal, no puede evitar ser cruel (y que en otros
lugares existan otros espectáculos igualmente feroces tampoco basta a mejorar el nuestro).

Pero la crueldad con los toros está condiciona-
da y supeditada al desarrollo de la fiesta. Yo no
conozco a ningún buen aficionado al que «le gus-
te» la suerte de varas. Cuando la pica se hunde
en el morrillo del toro hay muestras de atención: «Está bien..., mal puesta», pero jamás he
visto a nadie complacerse ante el chorro de sangre que baja manchando el costado de la fiera.
Y tan precisa es la relación entre la pica y su
función de humillar la cabeza del toro, que al
menor indicio de que el picador la hunda más
de lo necesario nace la más violenta de las pro-
testas. Si hay un error en el juicio del público
es casi siempre contra el varilarguero, al que muchas veces se le chilla injustamente...; muestra
de la antipatía con que se ve su acción sangui-
naria.

Lo mismo ocurre cuando el torero tarda en
matar: la espada entra inútilmente o el desca-
bello falla una y otra vez. Si el público de toros
en verdad fuera cruel, si de verdad, como quieren algunos extranjeros, fuera a la plaza a «ver
sufrir» al toro, celebraría con aplausos la prolongación de esa agonía. Y los que están en la plaza,
especialmente el espada, que oye pitos e insultos

y ve alejarse la posibilidad de la oreja, saben de sobra que no es así.

El hombre mata a la fiera frente a un público numeroso. Esto quizá sea cruel, Pero debe matarla de frente y por derecho, metiendo el brazo por entre las astas del toro. Esta es justicia. El toro debe morir porque las leyes de la corrida las han hecho los hombres y no los toros, pero sin que se le recorte al animal la cornamenta, sin que haya una excesiva ventaja por parte del torero por cojera o debilidad física del cornúpeta. (Todos los toreros, valientes o cobardes, llevan en su cuerpo las cicatrices reveladoras de la capacidad de defensa del toro, sin la cual no hay toreo.)

El sadismo es una actitud mental ante el dolor, una delicia intelectual ante el sufrimiento ajeno. La crueldad española, por el contrario, es directa, a flor de piel, me atrevería a decir «sana». La prueba es que entre los españoles no ha habido nunca literatura llamada del terror, donde los autores escriben experiencias sádicas para complacencia de los masoquistas lectores, género al que tan dados son los anglosajones aunque su inventor literario fuera un marqués de París. La crueldad española (como la Lujuria) no necesita reprimirse, ahogarse o *refugiarse en un libro*.

El español no es cruel con el desdichado. Un mendigo tiene en España todas las posibilidades de ganarse la vida. El español no hará nada para evitar la mendicidad, si para ello hace falta organizar comités, buscar trabajo para los desheredados de la fortuna...; todo esto representa una capacidad de mirar al futuro que el español no tiene; pero presentar a cualquier ciudadano de la península o de sus islas un desgraciado, y acudirá a socorrrerle por pobre que él mismo sea.

Hace unos años en Madrid hubo un muchachito que iba con una bandeja de pasteles. De pronto fingía tropezar y éstos se le caían al suelo. El niño empezaba a recogerlos, mientras los transeúntes se reunían a su alrededor. Explicaba sollozando que su amo le haría pagar los dulces que había estropeado, y en pocos minutos los que le rodeaban habían puesto en sus manos gran cantidad de pesetas. El niño daba las gracias, recogía los pasteles y se iba a otra esquina de la ciudad a repetir el mismo juego. Cuando, tras varias semanas de accidentes parecidos, la policía intervino se acabó el negocio, que, hasta entonces, no había fallado una sola vez.

Gula

«Los españoles [...], parcos en el comer y sobrios en el beber, pero superfluos en el vestir.»

BALTASAR GRACIÁN, *El Criticón*, parte II, Crisi 3.

«El primer mandamiento del pobre, primero reventar que no que sobre.»

(Proverbio español.)

Gula

Comer

La idea corriente del español está de acuerdo
con la tesis de Gracián. Otros señalan que el español es sobrio por la sencilla razón de que no
puede ser otra cosa. Es evidente que la mayoría
del territorio no es precisamente un paraíso de
tentaciones; la parda meseta, las duras cordille-
ras no sugieren al apetito tema alguno. La gente
de esas regiones sencillamente come mal y come
poco. Hay una famosa anécdota de Eugenio d'Ors
en la que relata la sensación de tristeza que le
dio una aldea castellana con una sola plaza, en la
plaza una sola tienda y en ésta un escaparate con
una tortilla y un letrero: «De encargo».

La tendencia creada por la historia y el lenguaje de asociar a España con Castilla ha mantenido durante años este concepto —antigula— de
los españoles. Los escritores más famosos se hacen eco. Por una vez que come bien Sancho Pan-
za (bodas de Camacho, casa del caballero del
Verde Gabán) pasa hambre otras ciento. El ham-

222 El español y los siete pecados capitales

bre está presente en toda la novela picaresca con
una precisión y agudeza que hace pensar que el
autor, a pesar de su condición social, había tenido ocasión de conocerla. (Recuérdese el Hidalgo
del *Lazarillo*, el principio del *Buscón*, en la casa
del Dómine Cabra...) La España que dominaba el
mundo entero era incapaz de alimentar regular-
mente a sus hijos.

Y aun así, según muchos escritores del XVII,
era ya gollería lo que tenían. Cuando Quevedo se
queja de la molicie que ha entrado en la vida
española, viene a decir que la decadencia de España comenzó cuando entró la especia, ese refina-
miento de la mesa.

> «No había venido al gusto lisonjera
> la pimienta arrugada, ni del clavo
> la adulación fragante forastera.
>
> Carnero y vaca fue principio y cabo;
> y con rojos pimientos y ajos duros
> tan bien como el señor comió el esclavo.»

Quizá el espectro del hambre pasada hizo que
el español aumentara su comida a medida que
crecían sus posibilidades económicas, y en los
tiempos del siglo XX los españoles se distinguen
de los demás europeos por dos cosas: por lo
que comen y por la hora en que comen. Hoy,
tras el golpe de la guerra civil, cuando hay una
preocupación por la «línea» que no existía antes, los españoles siguen devorando más que la
mayoría de los habitantes del globo, comprendi-
dos los famosos alemanes y holandeses que, en
general, cenan sólo té y queso. El español des-
ayuna ligero, toma el aperitivo, almuerza fuerte
(el cocido con todos sus aditamentos es sólo un
plato), merienda y cena, al menos, con dos platos
fuertes. Las cositas que «pica» en el bar antes
de ir a su casa bastarían para el almuerzo de los
seres más ricos del mundo, los norteamericanos.

Estoy seguro de que esta observación provocará asombro en mi país. El español se considera pobre y cree que en cualquier país del mundo, con más recursos, la comida tiene que ser más abundante y rica. Por otra parte, el español, que alardea de tantas cosas, es modestísimo al referirse a lo que traga. Infinidad de veces he sostenido el diálogo siguiente:

—No como apenas nada...
—Pero si he visto lo que has pedido... Sopa...
—Unos sorbos...
—Pescado...
—Dos salmonetes chiquitos, chiquitos...
—Carne...
—Un filetito de nada...
—Ensalada...
—Eso no cuenta...
—Queso...
—¡Algo hay que tomar de postre...!

Cuando al volver del extranjero voy a comer con amigos, causo siempre asombro. «¿Estás enfermo?», es la cariñosa solicitud cuando encargo una chuleta empanada con verdura, ensalada y fruta... «¿Estás malo? ¿Qué te pasa?»

La prueba de lo mucho que come el español es lo que le cuesta digerirlo. En todos los restaurantes y bares tienen como cosa normal y gratuita bicarbonato de sosa a la disposición de los clientes. Esto no ocurre en ningún otro país del mundo, que yo sepa. Cuando el español se siente «pesado» después de comer no lo atribuye casi nunca a haber consumido demasiado..., lo que pasa es que algo «le sentó mal». La culpa es siempre de calidad, nunca de la cantidad.

Obsérvese que la fórmula tradicional de nuestros vecinos europeos antes de empezar a comer es «Buen apetito». En España, en cambio, se dice «Buen provecho» en la seguridad de que el apetito no le va a faltar nunca a un español, mientras es más posible que éste le lleve a lo que no conviene a su salud.

...y otra curiosa diferencia con el extranjero. El comensal español que se siente en deuda con Dios por el alimento le da las gracias DESPUES de haberlo ingerido, a los postres, mientras, allende fronteras, se hace antes de comer. ¿Desconfianza basada en un hambre de siglos?

La geografía de la Gula en España es tan variada como su topografía. Y el culto de la comida desciende de norte a sur y en diagonal de este a oeste.

En términos generales se establece en España, unas zonas que caracterizan la principal alimentación y especialidad: la de las salsas iría desde Galicia al Pirineo aragonés. La de los asados cubriría las dos Castillas y León. Navarra y Aragón sería la tierra de los Chilindrones, la de los pescados, Cataluña, la de los arroces el antiguo reino de Valencia, y la zona de los fritos sería la andaluza. Naturalmente, como toda definición demasiado amplia, ésta tiene muchos posibles distingos, pero puede servir para tener una idea aproximada de la variedad española en la cocina.

Los más amantes de la comida son los vascos; los menos, los andaluces; la comida jugosa de Levante se transforma en sencillos platos salmantinos y extremeños. (Que una comida sea pesada no significa que haya Gula en mayúscula. Los platos a base de cerdo lo son en general, y lo único que indica su abundancia es que el cerdo es barato en la región. Extremadura, por ejemplo.)

A la cabeza de la cocina española está, evidentemente, la vasca. A la cabeza de los comedores españoles están, evidentemente, los vascos. Nadie les regatea esa primacía, que nace con la materia prima; carnes de tierras ricas de humedad, pescado —quizá el mejor del mundo— del Cantábrico, sigue en la elaboración tranquila y minuciosa y termina en la casi religiosa seriedad con que se sientan a la mesa. Sólo en Guipúzcoa hay 35 sociedades gastronómicas con 2.500 socios. Los chistes sobre los vascos tienen, generalmente, dos vertientes. Una, la de su desconfianza; otra, la de su apetito gigantesco. El más conocido probablemente, el del bilbaíno, al que presentaron una serie de posibilidades gastronómicas, preguntándole la cantidad que sería capaz de devorar. El vasco contestó que podría con una ternerita, un par de corderos, tres docenas de gallinas...

—¿Y pajaritos?

—¿Pajaritos? —el hombre miró alrededor con aire de pasmo—: ¿Pajaritos? ¡Todos!

Con menos fama los catalanes, hombres de familia que gustan poco de salir a cenar fuera, tienen también su «saque», como dicen en Madrid, y sus judías y arroces, son sólo prólogo de pescado y chuletas con guarnición de patata o verduras.

No se quedan atrás los asturianos, con su plato a base de habas y cerdo, la famosa «fabada». De Asturias era Palacio Valdés, que en la *Alegría del Capitán Ribot* ha dado uno de los pocos ejemplos que en la literatura española se puede encontrar de sensualidad en la descripción de una comida.

Para encontrar otras tenemos que recurrir a dos gallegos, naturales de una tierra que compite con la vasca en posibilidades terrestres y marítimas, pero que, quizá por razones económicas, no consume la misma cantidad alimenticia que bilbaínos y guipuzcoanos. (Alava, más castellana, es también más sobria.) Estos gallegos se llamaron Julio Camba y Wenceslao Fernández Flórez.

A Julio Camba debemos el libro más famoso sobre temas culinarios de los últimos tiempos

(J. A. de Vega, Cándido y Edgar Neville han escrito más tarde geografías culinarias de España), *La casa de Lúculo*. Enseñando con el ejemplo, Camba era absolutamente intolerante a la hora de comer y se negaba a dejarse invitar si no podía elegir el restaurante, la comida y el vino, como saben por experiencia muchos de sus amigos. Fernández-Flórez tenía la misma teoría sobre la importancia de la comida y escribió muchos artículos en contra de la costumbre de los banquetes, porque afirmaba que «no había amistad que valiera comer langostino pasado» [1]; cuando sus paisanos de Madrid le ofrecieron uno, se negó: «¿Qué diría la gente si olvidara mis principios porque el banquete me lo ofrecían a mí? —decía—. No puedo ir.» «Ese Fernández Flórez, siempre tan bromista —creyeron los organizadores—. No se olvide, el próximo sábado...»

El banquete se celebró sin el homenajeado. Su silla vacía se mantuvo como un símbolo y los discursos se pronunciaron dirigidos a ella. Luego llevaron el ramo de flores del centro de la mesa a la madre del escritor.

Fernández Flórez, al contrario que Camba, era la cortesía personificada, y sus esfuerzos para evitar herir al anfitrión, salvando al mismo tiempo su delicado y exigente paladar, era una diversión. Cuando se le ofrecía una ginebra —ha ocurrido en mi casa—, aguzaba el perfil aquilino en una expresión mixta de alegría y desconfianza, esperando que a la ginebra se le pusiera un nom-

---

[1] En lo de los banquetes tenía totalmente razón. La violencia verbal que en ellos se desarrolla (véase Envidia) puede deberse en parte a la irritación que causan sus platos. Parece que no hay restaurante, por bueno que sea, capaz de servir a más de veinte personas una comida digna. Y el resultado es desgraciadamente irrevocable porque como apuntaba Eugenio d'Ors «Una mala cena es una cosa que no se recupera jamás.»

bre. Cuando éste era «Gordon» accedía encantado.

Y en sus novelas ha sido el escritor que más agudamente ha tratado del triunfo y la tristeza del glotón, triunfo al devorar y tristeza al ver que se le termina la comida, alegría del mascar lo de su plato y pesadumbre al ver cómo desaparece, en el del vecino, lo que él también quisiera comer. El banquete de «Las vacas gordas», en *Las siete columnas*, es una perfecta descripción del tipo con su filosofía correspondiente. «La gordura es la paz...; ningún gordo puede entrar en una guerra porque no se lo aguanta el físico...; alimentar a los pueblos es procurar la felicidad total.»

Todos los comilones que he conocido, Neville, Cossío, Pizarro, evitan en lo posible cruzar la frontera de la comida que está un poco más abajo del cochinillo de Segovia y de las perdices de Toledo. Porque allí nace el mayor de los desiertos culinarios: Andalucía.

Evidentemente, en Andalucía no şe come, aunque se simula comer continuamente. No hay en toda España quien menos a gusto se siente ante una mesa colmada de viandas. No hay en España quien más a gusto se esté horas y horas ante una barra colmada de «tapas». No es cierto que el «flamenco no coma». El flamenco come, pero de pie, para «apoyar» las copas de vino que van deslizándose por su garganta. La variedad de las «tapas» españolas, especialmente andaluzas, es increíble y, a la larga, la suma de esos calamares, de los huevos cocidos, de los pulpos, de las sardinas, de las cazoletitas de eso y de lo otro, constituye una comida normal para muchos países europeos y americanos. Pero en Andalucía no la llaman comida, y cuando intentan hacer una al estilo del norte es una imitación increíble. La

buena mano de la cocinera andaluza está especialmente en el frito de pescados...

«Recién sacaíto del fondo del mar»,

como dice Juan Carlos de Luna en el *Piyayo*, y
en la creación de un manjar que, con la paella, ha
cruzado todas las fronteras del mundo. Me refiero al gazpacho, con el que misteriosamente, y hace
centenares de años, alguien descubrió ya las vita-
minas en frutas y legumbres. Descubrió también
que, con temperaturas de 40 grados a la sombra,
el campesino no podía introducir en su organismo una comida caliente y que necesitaba algo
que sirviera al mismo tiempo de bebida y de alimento. Así nació la revelación, líquida pero sóli-
damente alimenticia.

Aparte del gazpacho, que es un plato regional,
aunque al llegar el verano se convierta en nacional y aun universal, los platos que asoman más
a las mesas españolas son el cocido y la paella.
La razón de su éxito obedece a que sus ingre-
dientes básicos, arroz, patata, garbanzo, se encuentran fácil y baratamente en toda la península... Y si la barrera regional se cruza así fácilmente, también se supera sin esfuerzo la social y
económica. Porque se trata de dos platos «elásti-
cos» que pueden costar poco o mucho, en relación directa con el número de «tropiezos» que
reúnen.

*

Beber

En la inmensa mayoría del territorio español
se da el vino y muchas veces con más abundancia
que el agua. Dígalo si no la costumbre de los
Monegros de cambiar un litro de vino por uno
de agua, o las casas andaluzas edificadas con el

auxilio del vino en la argamasa. Desde el gallego
Riveiro al de Panadés, desde los caldos de la Rioja a los de Jerez de la Frontera, pasando por el
centro, que da el más barato, y por ello el más
extendido de los vinos españoles, el de la zona
de Valdepeñas, una cascada de zumo de uva
pasa por los gaznates españoles en cantidad impresionante y permite además larga exportación
y fama en el extranjero, como el que Sherry
(jerez) tiene desde los tiempos en que Shakespeare lo elogiaba.

Los españoles andaluces que seguían a Mahoma, se olvidaban a veces de sus consejos antial-
cohólicos...

«Apoyadas las mejillas en las palmas de las
manos nos sorprendió a ellos y a mí la luz de la
aurora.

»En toda la noche había cesado de escanciarles
el vino y de beber yo mismo lo que quedaba en
sus propias copas hasta que me embriagué al
igual que ellos.

»Pero el vino ha tomado bien su venganza. Yo
le hice caer en mi boca y él me hizo caer a mí.»
(Avenzoar, siglo XII. GARCÍA GÓMEZ, *Poemas arábigo-andaluces.*)

Este desequilibrio, afortunadamente, no es corriente en España. Rectificando la división que
hemos marcado en la comida, el mayor consumo
de vino se da en el norte y en el sur, las provincias vascas y Andalucía, dejando al resto del país
con menor culto a Baco. Vascos y andaluces, tan
diferentes en todo el resto de sus vidas, se «encuentran» a menudo en el canto que sigue a las
libaciones prolongadas. Este canto puede ser coral en una taberna bilbaína e individual en una
calle de Sevilla, como coral e individual es, respec-
tivamente, el baile en los mismos lugares, pero
la consecuencia es la misma. El hombre se siente obligado a lanzar la felicidad que le rebosa

por la garganta y a hacer partícipe de ella a las esferas.

«*El vino poco trae ingenio, mucho se lleva el seso.*»

Lo grave del caso es que la exageración de esa costumbre se realiza en ocasiones en que el país se llena de forasteros. Si un turista llega a España sólo en los días de San Fermín en Pamplona o en los de Semana Santa o Ferias de abril en Sevilla, no habrá quién le convenza, en todos los días de su vida, de que el español no es un ser irremediablemente borracho.

Esto, naturalmente, no es cierto. Por el contrario, el español medio es increíblemente sobrio si tenemos en cuenta el precio del vino, al que alcanza cualquier obrero e incluso cualquier mendigo. Con taberna —tentación en todas las esquinas—, con la compañía de amigos que permitan el gran vicio español de la conversación para animar la cosa, con partidos de fútbol y corridas de toros que comentar, el español, repito, es increíblemente sobrio. Quizá porque desde niño bebe al menos cuando come:

«*Comer sin vino, comer mezquino*»,

y como el famoso rey de la Antigüedad que se protegía del veneno bebiendo una mínima parte de él para acostumbrar a su cuerpo, se ha vacunado contra las sorpresas de la bebida; pero probablemente la respuesta es otra. El embriagado hace el ridículo, y lo que más teme el español es ese peligro. (Véase Soberbia.)

De ahí que cuando se encuentra a un borracho éste siempre intenta convencer a la gente de que no lo está, insistiendo en que «él no falta a nadie». El español, cuando se marea, procura, como los ingleses, que no se le note, pero mientras el carácter retraído del británico le hace serlo aún más y permanecer inmóvil en su rincón para que el movimiento no le provoque el derrumbe, el español, más extravertido, necesita ir conveciendo a cada uno de los presentes de que no está ebrio y de que es un caballero.

La ética y la moralidad españolas —al compás de otros países— han relajado mucho su coacción en los últimos años, pero, sin embargo, permanece el tabú. «Borracho» sigue siendo un insulto. «Tener mal vino» refiriéndose a alguien, es una advertencia para evitarle. La sociedad anglosajona, tan severa para muchos aspectos de la vida moral, tolera, acepta y perdona al huésped que se pone malo en una reunión. La parece algo natural en la vida de un hombre. La sociedad española, mucho más laxa en comprender otros pecados —especialmente, como hemos visto, el de la Lujuria—, se niega rotundamente a tolerar el espectáculo de un hombre privado de sus sentidos, y un invitado que así se pone puede estar bien seguro que no volverá a serlo. (De los innumerables «guateques» a que asistí en mi vida, sólo recuerdo un caso en que un escritor hizo su primer y último error en aquella casa.) El juicio es normalmente severo y definitivo: «Si no sabe beber, que no beba.» Y el español consciente de esa actitud pública recurre a su mejor dialéctica cuando se ha puesto en el trance sin pretenderlo. Nunca es que bebiera demasiado. Es que mezcló distintos licores y eso —ya se sabe— es lo malo.

Al español, sin embargo, le hace gracia, en principio, la idea del borracho, y los chistes se multiplican sobre el tipo que no sabe lo que quiere, aparte de la obvia necesidad de seguir bebiendo. Mis paisanos no beben mucha agua —«Algo tiene el agua cuando la bendicen», dice el refrán—, y,

cuando elogia el vino con entusiasmo, contribuye
a la equivocada idea de algunos extranjeros sobre las costumbres españolas.

Las sociedades se enfrentan con la bebida de
acuerdo con su casta y procedencia. El nórdico,
en general, ve en ella una forma de evadirse
de una realidad que le atormenta. Esta puede ser
el clima en Escandinavia, la presión del trabajo
en los Estados Unidos o cualquier problema profesional o personal. La misión del líquido consiste en «arrancarlos» de esa posición y trasla-
darlos a otro mundo, exactamente igual que en
el caso de las drogas. No es casualidad que en los
países donde se bebe mucho, haya también muchos casos de suicidios. No es que se maten porque el alcoholismo los lleve a ello. Es que la
Muerte es la única salida que les queda, cuando
la bebida no basta a librarles de sus problemas.

En España, en cambio, no se bebe para alejarse de la sociedad, sino para hacer ésta más grata.
El español que bebe se siente más comunicativo,
más confiado en sí mismo —si cabe— para explicar a esta sociedad lo que él piensa del mundo. El alcohol le sugiere nuevas ideas, le pro-
porciona caminos nuevos que explotar. A medida que bebe, se ve a sí mismo más alto, más
guapo, más inteligente, especialmente más brillante. Por esta razón, al primer tartamudeo, a
la primera equivocación, el español se refrena.
Porque se trata de triunfar en esta sociedad, no
de abandonarla y desvanecerse en la noche.

... Y, además, manteniendo su dignidad. Yo recuerdo a un amigo en una fiesta, hace muchos
años. Su bebida le había puesto peligrosamente
cerca de la inconsciencia y estaba haciendo ca-
rantoñas a una adolescente, hermana del dueño
de la casa. La esposa se acercó a él y le oí sólo
estas palabras: «Estás haciendo el ridículo.»

Bastó.

Envidia

«Nadie es profeta en su patria. Esto es particularmente verdad en España. Sus habitantes tienen envidia al sabio que entre ellos surge y alcanza maestría en su arte; tienen en poco lo mucho que puede hacer, rebajan sus aciertos y se ensañan, en cambio en sus caídas y tropiezos, sobre todo mientras vive, y con doble animosidad que en cualquier otro país... Si la suerte le lleva luego por el camino de descollar claramente sobre sus émulos [...], entonces se le declara la guerra al desgraciado, convertido en pasto de murmuraciones, cebo de calumnias, imán de censuras, presa de lenguas y blanco de ataques contra su honor.»
«Risala apologética de Ibn Hazam» (994-1064). Trad. García Gómez.

*

«Vale más ser envidiado que envidioso»... «Si la envidia fuera tiña muchos tiñosos habría.»

Envidia

Parece mentira que el pueblo más generoso del mundo sea probablemente el más envidioso; una de las tantas paradojas del alma española.

En *El Hospital de los podridos*, entremés de Cervantes, aparece una serie de gente que odia a otros por los más variados pero siempre absurdos motivos. Véase algunos casos de enfermos que van recluidos a ese hospital.

«Había hombre que ni comía ni dormía en siete horas, haciendo discursos; y cuando veía a uno con una cadena o vestido nuevo, decía: '¿Quién te lo dio, hombre? ¿Dónde lo hubiste? ¿De dónde lo pudiste sacar? Tú no tienes hacienda más que yo; con tener más que tú, apenas puedo dar unas cintas a mi mujer.' Y desvanecidos en esto se les hace una ponzoña y polilla.»

Otros son más sutiles.

—«¿De qué se pudre este hermano?

»—Este hermano se pudre de que una dama

237

muy hermosa de este lugar está enamorada de un hombre calvo y que mira con un antojo.

»—¿Pues de eso os pudrís, hermano? ¿Pues qué os va a vos en que la otra tenga tan mal gusto?

»—¿Pues no me ha de ir? Que más quisiera verla enamorada de un demonio. ¿Por qué una mujer tan hermosa ha de favorecer a un hombre antojicalvo?

»...Asimismo hay aquí alguno que se pudre con los que tienen las narices muy grandes.

»—¡Válgale el diablo! ¿Pues qué le va a él en que otros las tengan grandes o pequeñas?

»—Dice que suele un narigón de estos pasar por una calle angosta y que ocupa a tanto la calle, que es menester ir de medio lado para que pasen los que van por ella; y fuera de este inconveniente, hay otro mayor, que es gastar pañizuelos disformes en tanta manera, que puedan servir de velas de navíos.»

Si hay algo que irrita al español es que otro se destaque.

«Los ojos siempre turbios de envidia o de tristeza
guarda su presa y llora lo que el vecino alcanza;
ni pasa su infortunio ni goza su riqueza,
le hieren y acongojan fortunas y malandanzas.»

cantó Antonio Machado (*Campos de Castilla*, 1907-1917). Como el glotón que come lo que está en su plato sin dejar de mirar lo que come el vecino, al envidioso nada le contenta si otro posee algo que él apetezca. Por ello, una de las cosas más difíciles para el español es elogiar a otro.

Es tan espinoso el camino, tan áspera la subida, que el lenguaje ha creado fórmulas diversas con las que «matizar» el elogio por merecido que éste sea. Por ejemplo, la expresión, tan natural y repetida, que el que la pronuncia probablemente no se dé cuenta de lo que representa como símbolo.

Hay que reconocer que Fulano es buen actor
(o ingeniero o vendedor de corbatas). Hay que
reconocer, es decir, «tenemos que hacer un esfuerzo, nos obligamos y muy a nuestro pesar» a
conceder una virtud al aludido. Jamás he oído
a nadie decir: «Hay que reconocer que Fulano
tiene ese defecto.» Para eso no hace falta esfuerzo
alguno. La palabra sale fluida, el pensamiento se
extiende sin dificultad. No hay que atormentarse
para hallar el adjetivo que disminuye. Quizá sea
ésta la razón de la graciosa expresión española
de usar la expresión negativa significando lo contrario. Por ejemplo, «Es fea la niña», cuando pasa
la muchacha más bella de la ciudad, o «Descalza
la ha dejado su padre», si tiene millones. La intención resulta clara sin tener que usar el aborrecido elogio.

Vamos a suponer que Fulano ha pasado esa
primera barrera de dificultad y que, con la muerte en el alma, «se reconozca» su valía en cualquier campo. Entonces se le hará caer en otro
cualquiera. Puede ser: «Sí; pero como persona...», o, por el contrario, si se trata de un alma
de Dios: «Pero como arquitecto...» La alabanza
no irá completa jamás, llevará detrás siempre
como un lastre. El español necesita encontrar
en el admirado algo que enturbie esa admiración
y le quite importancia. Cuántas veces hemos oído:
«Qué listo es el c...», o, todavía más grave con una
sonrisa afectuosa: «Qué bien escribe el h. de p...»
Eso, aunque no lo parezca, *es un elogio*, el mayor
de los elogios que un español pueda hacer. La
palabrota final, no tiene ninguna relación con la
realidad. Se trata de un desahogo que permite el
buen concepto anterior, algo así como la aduana
que el alabado tiene que pagar. ¡No van a elo-
giarle gratis!

«Todos envidiamos al que nos lleve un palmo.»

Goya escribe a su amigo Zapater en 1779. Su carrera va prosperando y la familia real le agasaja «con toda la grandeza gracias a Dios que yo no merecía ni mi obra lo que logré. Pero *chiquio*, campicos y buena vida, nadie me sacará de esta opinión y más ahora que empiezo a tener enemigos mayores y con mayor encono».

Ocho años después cita que se compró una berlina «todos se han alegrado mucho menos la gente de alma baja que se ha atrevido a algo, aunque de poca consideración».

Lo tremendo de la Envidia española es que hace falta muy poco, casi nada, para despertarla. A Jardiel Poncela, que era bajo, le irritaban los americanos por su estatura. El simple hecho de que existieran lo consideraba el estupendo escritor como una ofensa continua. «No hace falta ser tan alto...», murmuraba indignado cuando pasaba junto a él alguien de un metro ochenta... Yo he oído a muchos amigos, que dan en otros campos muestras de generosidad y de nobleza, decir irritados: «Ese tipo que anda presumiendo...» Cuando yo preguntaba: «¿De qué presume?», la respuesta era increíble: «¿No lo ves?, ¡de mujeres!, ¡de guapo!» «Pero ¿tú has hablado con él?...» «No hace falta...; no hay más que ver cómo entra en los sitios avasallando.» (Es decir, convirtiendo automáticamente a los presentes en vasallos suyos. Asombrosa transformación.) Pero yo sólo veía a un muchacho de buen aspecto que entraba en el café con una atractiva rubia. Jamás le vi despreciar a nadie ni mostrar a la dama con aire de reto. Me pregunto si para hacerse perdonar debía entrar encorvado, con la camisa rota y sucia, acompañado de una zarrapastrosa...

El español puede tolerar en otro español un

par de cualidades, pero nunca más. Un hombre puede ser rico y bueno, pero no inteligente; listo y gracioso, pero pobre. En cuanto intenta alcanzar ese tercer grado, se desencadena la animosidad, pero «¡Qué se ha creído, hombre!» La costumbre de tutear con tono entre protector y agresivo al torero y al jugador de fútbol es una forma de vengarse del dinero y de la fama que tienen.

«Talento y belleza todo en una pieza, gran rareza.»

Recuerdo una frase de las muchas que hicieron famoso a Agustín de Foxá. Aristócrata, rico, diplomático, acababa de casarse con una muchacha guapísima, era el huésped preferido de las casas de Madrid, y, por si fuera poco, su obra en verso *Baile en Capitanía* llenaba el teatro tarde y noche. Al felicitarle en el saloncillo del Español, me dijo: «Mucho, ¿verdad? Yo ya he empezado a hacer correr el rumor de que tengo una úlcera en el estómago...»

Conocía bien a su mundo. En cualquier reunión, tras los «hay que reconocer» de rigor, alguien diría: «Sí, qué pena que esté tan enfermo...», y todos, en el fondo, sentirían como un alivio.

Cuando después de la guerra civil Ortega y Gasset pronunció su ciclo de conferencias en Madrid, oí a más de uno criticar... al público. La presencia de muchas señoras elegantes en el salón sacaba de quicio a bastantes intelectuales que, pobres en el aspecto económico, se resistían a admitir que una persona rica de bienes pudiese además serlo de cerebro, probablemente porque esto les hacía a ellos más pobres todavía. Publiqué por entonces un artículo defendiendo «el derecho de los ricos a la cultura», aunque sabía que era trabajo perdido.

Cuando la obra literaria, artística, ha volado tan alto en la fama que es imposible menospreciarla sin caer en el absurdo, o cuando nos gusta «a pesar nuestro», se puede comparar siempre —y siempre para mal— con otras del mismo autor. Un país que ha inventado lo de «todas las comparaciones son odiosas» es porque no concibe que existan sin hundir a una de las partes comparadas.

Y así..., «sí, la obra no está mal, pero ¡es lo único que vale la pena de su producción!»

Y si, envanecido por el éxito, el autor intenta una continuación, oirá:

«Nunca segundas partes fueron buenas».

¡Y esto en la nación que ha visto nacer las dos partes del *Quijote!*

La necesidad, casi fisiológica, de zaherir al de arriba lleva al crítico a los más mezquinos y risibles intentos. Por ejemplo, los enemigos de Pérez Galdós le citaban en el periódico como el «Señor Pérez» a secas, con lo que, evidentemente, pensaban hacer desaparecer, como por escotillón, novelas, Episodios Nacionales y teatro del genial canario. Y otro resentido aludía al Dr. Marañón siempre con el aditamento de su segundo apellido «y Posadillo» convencido de que con ello «¡le hundía!»

*

La instintiva posición de rebajar lo que se presente ante la vista del español lleva a deducciones incluso cómicas. Me contaron de un joven profesor que fue a enseñar español a los Estados Unidos; en la primera reunión con sus colegas notó que todos hablaban con respeto a un caballero de avanzada edad. ¿Quién es?, preguntó el recién llegado. Le informaron que se trataba de una autoridad en el campo de la Literatura Comparada. El español le miró un segundo.

—¡Ya será menos! —dijo muy serio.

Cuando leo en el prólogo de un nuevo libro: «A requerimiento afectuoso de mis amigos reúno aquí textos míos desperdigados», no puedo evitar cierto escepticismo. No creo que haya muchos españoles que urjan a un compatriota a que publique algo..., a no ser que estén seguros de que será un fracaso.

*

Y en cuanto a «De lo sublime a lo ridículo no hay más que un paso», me da siempre la impresión de que están intentando empujarle para que lo dé.

*

Los españoles sólo conciben la admiración a un bando si va unido el odio entrañable al bando opuesto, trátese de juego, teatro, política o deporte.

«Aquel tiempo en que las glorias españolas se daban por parejas: Calvo y Vico, actores; Cánovas y Sagasta, políticos; Castelar y Salmerón, oradores; Galdós y Pereda, novelistas... Entiéndase bien esta pequeña circunstancia: la necesidad de emulación era el rasgo característico de la psicología española de entonces y acaso de la de ahora. Los españoles no pueden ponerse de acuerdo. La mitad de los españoles se sienten como impelidos a opinar lo contrario de lo que opina la otra mitad, y, en ocasiones, hasta dentro de un mismo español se produce esta escisión absoluta, seguida de radical contradicción entre las dos mitades.

»Los españoles de entonces no consideraban cada par de nombre citados a la manera de yunta de bueyes que trazan el mismo surco con un mismo arado..., no; sino que la forma de enunciación binaria encerraba irreductible oposición, equivalente a lo primero y lo último, el alfa y el omega, el bien y el mal, lo blanco y lo negro, Ormuz y Arimán, Dios y el diablo. El lagartijista prefería y celebraba otro torero cualquiera antes que Frascuelo; el frascuelista aplaudía a toreros mediocres, pero jamás hallaba nada de particular en las faenas de Lagartijo. El periodista colocaba inmediatamente después de Pereda a todos los escritores y Galdós a la cola; y los galdosianos, viceversa.

»En el Congreso se daban de puñetazos canovistas y sagastinos, salmeronianos y castelarianos. En el teatro se iban a las manos los de Vico y los de Calvo, los de Gayarre y los de Masini. En la plaza de toros se denostaban y agredían los de Lagartijo y Frascuelo...» (PÉREZ DE AYALA, *Política y toros.*)

Ese partidismo fue aguda y bellamente tratado por el mismo Ramón Pérez de Ayala en unos versos enviados a Sebastián Miranda en 1939.

HOMO HISPANICUS

Da vuelta en su conciencia
como caballo en la pista
la milenaria ascendencia
de atavismo senequista,
barroco y sanchopancista.

Posee infusa toda ciencia.
Cree que se pierde de vista.
Su ambición es la indolencia.
Se afirma individualista
y es de algo o de alguien un «ista»[1].

O con heroica demencia
mundos vírgenes conquista
y recae a la querencia
de una existencia quietista
en su pista. Su conciencia.

(«ABC», agosto 1971.)

[1] Carlistas o constitucionalistas. Progresista o canovista. Gayarrista o massinista. Frascuelista o lagartijista. Guerrista o esparterista. Machaquista o bombista. Gallis-

También cabe el recurso de compensar el elogio con una censura al familiar. Si se habla con admiración de alguien no faltará quien, tras una pequeña pausa, diga: «El hijo no ha salido igual, ¿verdad?» «Qué va, ya quisiera...», o «El hermano es el que no vale nada comparado con él... ¡Naturalmente!» Así el gran poeta Manuel Machado tuvo que acabar siendo el «Machado malo» porque era hermano del inmenso Antonio. En el caso de los Alvarez Quintero, cuya personalidad dual se resistía encarnizadamente a dividirse, se creó una leyenda. Ninguno de los dos tenía talento. El «bueno» era una hermana jorobada (que no dejaban ver a nadie) y era quien dictaba las comedias que firmaban después Serafín y Joaquín. (Esta es la versión que me dieron hace muchos años. Luego supe que existía, efectivamente, un hermano enfermo en casa, pero nadie aportó pruebas de esa paternidad literaria. Pero era más fácil de aceptar que un deforme escribiese cosas interesantes y que daban dinero. ¡Pobrecito, en algo tiene que entretenerse!)

Con ese espíritu que ha dado motivo al increíble refrán: «Piensa mal y acertarás», no es raro que en España florezca tanto la maledicencia usada para reducir las personalidades al nivel que permita ser aceptada por los ciudadanos comunes. Viejo como la sociedad española nuestro compatriota Marcial ya se distinguió en Roma por su mala intención —sigue nuestro desarrollo satírico procurando rebajar fama y dignidad ajenas. Unas veces en el Madrid de los Austrias donde Villamediana será famoso por sus versos, por sus amores, pero especialmente por su mala lengua. ¡Con qué fruición repetirían los madrileños sus sátiras!

ta o belmontista. Maurista, romanonista, garciaprietista, hasta gassetista y urzaista, y nacionalista, fascista... Y nunca acaba la lista.

¡Qué galán sale Vergel!,
¡con cintillos de diamantes!
Diamantes que fueron antes
de amantes de su mujer.

O reflejado en la estrofa del dieciochesco Juan
Pablo Forner:

Con Juan hablé mal de Pablo.
Con éste hablé mal de Juan;
sábenlo y conmigo están
por esto dados al diablo.
Con gusto Pablo me oía.
Con gusto Juan me escuchaba,
y uno y otro me incitaba;
¿en qué, pues, les ofendía?

Imagino que si esto fue leído por Juan y Pablo, reaccionarían cada uno con la misma indignación. ¿Cómo en qué? ¡El caso es muy distinto! Naturalmente... ¿Cómo voy a compararme
Yo con el Otro?

O en el XIX de Pérez Galdós: «La malicia ade-
rezada de ingenio, es grata y sabrosa a nuestros
paladares, y no oirás nunca alabar a una persona
por honrada, por inteligente o por otra cualidad
sin que al punto venga ese inmortal y castizo tío
Paco con sus implacables rebajas.» *(La incógnita.)*

Una de las formas de vengarse del importante
es recordar cuando no lo era. «¡Pero si le conocí
lampando!», se grita a propósito del millonario
que parece no hacernos caso. Y aun puede añadirse: «¡La de veces que me ha pedido diez duros
para comer!»

El círculo cerrado de café y casino es buen ambiente para el cultivo de la maledicencia.

«Se advierte casi siempre que el hombre que
da la nota más agria y venenosa es el que tiene
más éxito en la tertulia del café.

»Si el que da esa nota de alacrán se identifica
con ella, como ocurre muchas veces, se convierte
en un bufón agresivo profesional que hace reír

a los demás contertulios. Los otros lo saben, le
excitan y él, dentro de su papel, lanza sus frases
venenosas que producen la satisfacción un poco
miserable de todos.» (BAROJA, PÍO, *Memorias*. Madrid, 1955, p. 1210.)

Insiste Marañón: «El hombre del café es, entre otras cosas, manantial inagotable del resentimiento. Cuando el hombre de la calle, lleno de
afanes, pasa por delante de una de esas terrazas
o escaparates del casino o del café, siente en sus
carnes, sin necesidad de mirarlos, los dardos del
resentimiento disparados por aquellos hombres
que vegetan rumiando sus propias acedías en torno a la mesilla redonda o puestos en pie detrás
de un vasto cristal.» (G. MARAÑÓN, «Contestación
al discurso de ingreso de don Pío Baroja en la
Academia Española», 12 de mayo de 1935.)

Y todo ello resulta tan apetitoso para el español, que llama: «Dar gusto a la lengua» a hablar
mal de alguien.

*

De la maledicencia, igual sufren los individuos
que las comunidades.

El refranero de España está lleno de juicios
peyorativos sobre los pueblos, y la mayoría de
ellos han nacido en las localidades vecinas. Unas
veces la definición es general.

*«De Jaén ni hombre ni mujer, ni aire que venga
de él.»*
«Hijos de Madrid, uno bueno entre mil.»
«Antes marrano que murciano.»
«Hijo de Sevilla, uno bueno por maravilla.»
«Albacete, míralo y vete.»
«Burgalés, mala res.»
«Amigo de León, tuyo te sea y mío non.»
«Buena es Cuenca para ciegos.»
«Ni piedra redonda ni gente de Gerona.»
«A los de Guadalajara, ni mirarles la cara.»
«Morella (Castellón de la Plana) guárdate de ella.»
«A Huelva una vez y nunca vuelvas.»

Como se ve, quien inventara el refrán no razona el porqué de su juicio tan negativo como absoluto. Pero el español no tiene por qué explicar la razón de sus preferencias o desagrados. Basta que lo diga él.

En otros casos, el insulto es más preciso. Puede ser, por ejemplo:

La suciedad...

«Mallorca tierra porca.»

o

«El melero de Muel (Zaragoza), que vendía más moscas que miel.»

La vanidad...

«Alcalá de Henares, mucho te precias y poco vales.»
«Los de Aranjuez hasta en el c... tienen el R. P.» (Real Patrimonio.)
«Avila de los grandes fueros, ¿dónde están tus caballeros?»
«Toledano, tonto y vano.»
«En Baeza (Jaén), orgullo y pobreza.»

La ignorancia, la lentitud mental...

«Palencia la necia, quien te oye te desprecia.»
«Los amantes de Teruel, tonta ella y tonto él.»
«La justicia de Paralvillo (Ciudad Real), que ahorcado el hombre hacía la pesquisa.»
«El hidalgo de Fuenlabrada (Madrid), que vendió el caballo para comprar la cebada.»

Hipocresía...

«¿Qué haré en Madrid que no sé mentir?»
«El pamplonés, su misica y su putica.»
«Gato segoviano, colmillos agudos y fíngese santo.»
«¿Es de Peñafiel? (Valladolid), pues no fíes de él.»

Ladrones, amigos de desplumar al forastero...

«Si de Jaca me escapa, más rico soy que el Papa.»
«Salamanca a unos sana, a otros manca y a todos deja sin blanca.»

«*Alba de Tormes (Salamanca)..., buena de putas, mejor de ladrones, mira tu capa dónde la pones.*»
«*Barcelona es bona si la bolsa sona.*»
«*Con los de Cuenca ni trato ni cuenta.*»
«*Si llevas dinero a Estepa (Sevilla), que ni el alcalde lo sepa.*»
«*Valladolid de los vinos agudos, entran los mozos vestidos y salen desnudos.*»
«*Granadino, ladrón fino.*»

En los refranes españoles la honorabilidad de un pueblo parece depender mucho del consonante. Si el adjetivo correspondiente termina en «ino» es muy fácil encontrar un «fino» aplicado a un bandido o, en femenino, a una prostituta...
Profesión a la que los españoles aluden con fruición cuando se trata de juzgar a las mujeres de otras localidades. A juzgar por el refranero, se diría que no hay una mujer honrada en toda la península; esta tremenda conclusión no pasa jamás por la mente de quien usa esos proverbios porque, para empezar, nadie piensa que otros tengan su mismo derecho a insultar a los que viven unos kilómetros más abajo y, menos aún pueden llegar a imaginar que la suma de todos estos juicios den una idea muy baja de la moral del pueblo español. Significaría tener una conciencia colectiva a la que ya hemos echado de menos en páginas anteriores...
En algunos casos la acusación es clara, aunque no sea concreta:

«*Hombre de Lugo, mujer de Betanzos y can de Villalba tres cosas malas.*»

Y se tiende a prevenir al forastero que quiera, ingenuamente, casarse en ese o aquel pueblo...

«*De Soria, ni aire ni novia.*»
«*De Cabra (Córdoba), ni el viento, ni el pimiento, ni el casamiento.*»
«*De Cariñena (Zaragoza), ni mujer ni burra buena.*»

«*En Valencia el aire es fuego, la tierra agua, los hombres mujeres y las mujeres nada.*»
«*De Antequera (Málaga), ni mujer ni montera.*»

Por si acaso alguien tardara en comprender, el español precisa...

«*Cartagena, monte pelado, mar sin pescados, mujeres sin vergüenza, niños mal criados...*»
«*De Andújar, la que no es puta es bruja.*»
«*Badajoz, tierra de Dios, andan los cornudos de dos en dos.*»
«*En Catalojas (Guadalajara), hay más putas que hojas.*»
«*En Castillejo del Romeral (Cuenca), muchas putas y poco pan.*»
«*De Daroca (Zaragoza), puta o loca.*»
«*Mallorquina, puta fina.*»
«*Para putas, Pajares (Oviedo) es la flor de los lugares.*»
«*Las toledanas, putas tempranas.*»
«*Puta de Toro y trucha del Duero.*»

En esta breve selección están representadas más de la mitad de las provincias españolas de este a oeste y de norte a sur. Ninguna región se libra de esa gigantesca mancha y, si es cierto que también hay elogios, en su mayoría son creación local, y muchas veces queda rebajado por la comparación.

«*Buena es Granada, pero junto a Sevilla no vale nada.*»
«*Buena es Sevilla, pero junto a Granada no es maravilla.*»

No hace falta decir dónde nacieron los respectivos refranes.

A veces la animosidad entre pueblos se extiende a los forasteros que van a ellos a pasar el verano y se identifican pronto con filias y fobias. Cuando yo era un niño veraneaba en Blanes, y el odio a Lloret, la población vecina en la misma Costa Brava, era tan grande que nosotros jamás cantábamos *Marina* diciendo: «Costas las de Levante — playas las de Lloret», sino: «Costas las de Levante — playas las que lloré», manteniendo el consonante sin mencionar al rival.

En algunos casos, refranes o dichos nacen de un suceso ocurrido en el pueblo, suceso que éste intenta olvidar y que los de los lugares vecinos mantienen vivo alegremente. Es el episodio de los rebuznos del *Quijote*, por ejemplo, o cuando en San Pol de Mar (Barcelona) un alcalde quiso proteger un hermoso reloj de sol de las inclemencias del tiempo poniéndole un toldo, lo que ha mantenido hasta hoy la sarcástica pregunta: «San Pol, ¿qué hora es?», pregunta tan violentamente contestada como en el caso de Calatayud (Zaragoza). El autor de una zarzuela tuvo la desdichada idea de situar en ese pueblo una obra en la que aparecía una muchacha calumniada:

> Si vas a Calatayud
> pregunta por la Dolores
> que es una chica muy guapa
> y amiga de hacer favores.

con lo que ya no hay otra forma de referirse a esa ciudad aragonesa.

La afanosa búsqueda de lo malo en el prójimo hace que palabras sencillas adopten en español un significado torcido, casi tenebroso. Por ejemplo, «prejuicio». No hace falta ser filólogo para interpretar esa voz en el sentido en que fue inventada, es decir, en el de tener un previo interés que haga menos imparcial la opinión. Pero obsérvese que en inglés ese pre-juicio puede ser favorable: «No puedo ser imparcial porque es amigo mío y, por tanto, tengo un prejuicio, *I am prejudiced*.» En España, en cambio, la expresión es *siempre* negativa. «Tiene un prejuicio» respecto a alguien equivale a que le odia *a priori*, jamás a que le quiere por anticipado.

La posición natural del español de estar a la defensiva y desconfiar ha producido que se pase fácilmente de ser honesto a ser bobo. «Ingenuo», que es una bella demostración de claridad en el individuo, se convierte en un insulto, y «cándido», que en inglés mantiene su prístina significación de sincero, resulta, en español, infeliz. «No seas tonto», puede interpretarse a menudo por «No seas honrado».

«Versátil»... significa en otros idiomas el versado o capaz de realizar varios trabajos. Esto es mucho para la Envidia española. Versátil aquí será el que va de oficio a oficio, pero en vez de para hacerlos todos bien —¿cómo va a tolerarse eso?—, para fracasar en todos. «De genio voluble e inconstante», dice el Diccionario.

Otra... «responsable». El que firma, el que toma sobre sí la responsabilidad, el autor, en suma. Automáticamente en nuestro idioma la palabra adquiere un tono amenazante, peyorativo. Nadie elogia a Herrera como el «responsable» del monasterio de El Escorial. No; responsable será el que esté relacionado directamente con un fracaso, con una tragedia... Como en otros casos, el Diccionario de la Lengua marca en las dos acepciones del vocablo toda la psicología del español. Primero, la definición escueta derivada del origen etimológico. Después, el matiz que el español le ha dado. «Responsabilidad: a) obligación de responder a una cosa; b) cargo u obligación moral que resulta para uno del posible yerro.»

El envidioso por verte ciego se saltaría un ojo.

No hay noticia en España que circule más de prisa que la de un ataque de alguien contra alguien. «¿Has leído el periódico de hoy?, ¡cómo te ha puesto Fulano!» Muchas veces se trata sólo de una alusión humorística sin ninguna maldad y no hay molestia en el aludido, con gran tristeza del correveidile (palabra simbólica; ¿cuántos españoles habrían tenido que apresurarse a llevar malas noticias para que la frase se convirtiera en adjetivo?).

Una vez Miguel Mihura me pidió que le consiguiera comentarios de los periódicos alemanes a una obra suya que se iba a poner en Hannover. Precisamente por aquel entonces yo tenía una alumna de esa ciudad y me fue muy fácil conseguirlo. Las críticas no eran elogiosas (habían presentado *A media luz los tres*, de Mihura, en una Semana del Teatro Español, después de la *Vida es sueño*, y el alemán no es precisamente el ser capaz de adaptarse a situaciones tan distintas en veinticuatro horas).

Pasados unos días, Mihura me llamó echándome en cara el olvido de lo prometido. Le dije que tenía en mi poder las críticas, pero que, dado su poco interés y el carácter negativo de las mismas, no había considerado oportuno enviárselas. Hubo al otro lado del hilo un instante de vacilación.

—¿Que no me las has mandado porque eran malas?

—Así es, Miguel.

Otro silencio estupefacto.

—¡Qué tío!, ¡qué bueno eres! Otros amigos me habrían buscado por todas partes para comunicarme que me habían puesto verde...

No era exageración. No hay Pereza española que detenga a un «amigo» para localizar a alguien a quien pueda darle un disgusto.

Cuando tras un estreno teatral hay trescientas personas aplaudiendo y tres pateando en señal de desagrado, entran en los cafés los que han asistido a la función con una sonrisa en los labios. No esperan a que les pregunten...

—¡Chicos, un pateo espantoso!...

«No sé qué propensión tiene la humanidad a alegrarse del mal ajeno, pero he observado que el público sale más alegre y decidor, más risueño y locuaz, de una representación silbada.» (LARRA. «Una primera representación», *La Revista Española*, Madrid, 3 de abril de 1835.)

La primera representación en los teatros permite al español algo único. Corregir la habitual relación de autor-espectador en la que comúnmente ve una situación inferior. ¡El, escuchando durante hora y media lo que ha escrito otro! En Soberbia vimos cómo se apresura a salir en el entreacto, para juzgar en minutos lo que el autor compuso en meses o, a veces, en años. Pero su satisfacción es mayor si puede hacer llegar al autor directamente la expresión de su juicio adverso. El silbido, el pateo, en los teatros españoles es una muestra de ese sentimiento de venganza; el pasivo se ha vuelto activo, el espectador se ha vuelto actor, a la voz se ha contestado con la voz.

En algunos casos, ese ajuste de cuentas no puede llevarse a cabo en forma explícita, porque las circunstancias no permiten presentarse abiertamente como enemigo del autor. Entonces pueden usarse caminos oblicuos, como patear al mismo tiempo que se aplaude —lo he visto personalmente, o bien usar del elogio con matices venenosos, como hace el que entra a saludar al autor en el entreacto. El dramaturgo está nervioso... el primer acto ha terminado sin alboroto, pero nota en el ambiente una frialdad precursora del desastre. El «amigo» aparece en la puerta y le anima así:

—Oye... ¡Y a mí que me gusta!

En una ocasión el empresario de un teatro madrileño quiso evitar el posible fracaso de la primera representación, regalando las entradas a gente aficionada al teatro. La orden llegó a taquilla cuando se había ya vendido una butaca a un habitual. El empresario lamentó la excepción..., no quería reacción negativa en el estreno.

Este fue un escándalo. Los pitos, los golpes en el suelo, los gritos adversos llenaban la sala. En medio de la masa excitada y ruidosa, un espectador se volvía a un lado y a otro con expresión asombrada:

—¡Que no es tan malo, señores, que no hay para tanto!

Era el único que había pagado su entrada.

Esta violencia en la aventura teatral, no se da normalmente en la de la novela o el ensayo, pero es por razones extra-literarias. El novelista, el filósofo, no reúne a la gente en un espacio cerrado para exhibir su inteligencia ante ellos, para pavonearse humillándoles. Además el autor teatral es el único de los escritores españoles al que le basta tener mediano éxito para poder vivir decentemente de su trabajo. Y ver conquistar gloria y dinero al mismo tiempo, es demasiado para que pueda soportarlo Juan Español... que en algo tiene que vengarse.

...Y si no ha podido ir al estreno, siempre le queda el recurso de solazarse con la recensión adversa de los periódicos. El crítico más despiadado es el que tiene más lectores, es el más popular de los periodistas locales.

Pero entendámonos... No es que la Envidia se dé en España más fuertemente entre escritores, ocurre sencillamente que sus rencillas se airean más, y sus frases maldicientes, como más ingeniosas, son también más repetidas. Hay siempre poetas fáciles para encadenar una cuarteta apenas bajado el telón de una comedia del siglo XVII adaptada por Fulano de Tal...

> ¿Qué ha hecho el adaptador?,
> pues menuda cosa ha hecho,
> cambiar el «fecho» por hecho
> y cobrar por el autor

Yo he asistido, por razones profesionales, a muchos banquetes de gente de pluma. No recuerdo uno sólo donde el elogio al homenajeado no se uniera a un desaforado ataque contra otros escritores. A las tres o cuatro frases admirativas, el orador de turno bajaba levemente la voz y miraba alrededor.

«Así es Fulano de Tal y no como otros.» Y seguían diez minutos de censura y vituperio. Nunca he asistido a banquetes «a alguien», que no fueran además «contra alguien».

Ejemplo de ese tipo de comida, puede ser la que describe Baroja. La invitación rezaba: «Esta es la deleitosa y apacible comida que celebramos en loor de nuestro ingenioso amigo don Pío Baroja [...]»

«[...] pero [...] yo recuerdo que este banquete fue un tanto caótico. Había poca gente a gusto. Ortega y Munilla dijo que si es que se iba a hablar mal de los escritores viejos que habían tenido la amabilidad de ir; algunos escritores jóvenes se preguntaban por qué se me había elegido a mí para darme el banquete; Cavia murmuró, Cornuty se puso a hablar de tú a Galdós y a pedirle cuentas de no se qué, y al salir Sánchez Gerona se encontró con un grupo de señoritos que dijeron que el banquete era un banquete de modernistas y que todos los modernistas eran pederastas» (BAROJA. *Memorias*, p. 422).

Cabría una cierta justificación en el mundo literario español para ese resentimiento. Es un mundo tan pobre, hay tan poco que repartir, que la tajada que se lleve uno deja hambrientos a los demás. Pero lo trágico es que esa laguna envidia del desposeído se mantiene con igual o mayor fuerza en el triunfador.

Alcanzar la cúspide, no significa llegar también a la generosidad ni equivale a dejar de ser envidioso. Leamos a Menéndez Pidal:

«La falta (de presiones en nuestra curva histórica...) suele estar de parte del ilustre que desprecia a la masa y que repele o envidie al otro
ilustre [...;], cada individuo destacado envidia la
empresa de su semejante, no quiere coadyuvar a
ella, sino usurparla o arruinarla, pasión muy humana, es cierto, pero demasiado española.»

Se refiere el patriarca de las letras españolas
al Cid[2]. La primera figura histórico-literaria que
se asoma a nuestros libros es ya una víctima del
tenebroso pecado español. A Rodrigo Díaz no le
envidian los oprimidos vasallos, los hombres de
la gleba, los soldados que marchan a pie mientras
él va a caballo. Los que le envidian y por ello
buscan su perdición son los caballeros de la corte,
los nobles, los infantes de Carrión.

Avanzando en la historia encontraremos el mismo fenómeno. Oigamos el lamento de fray Luis de
León desde su cárcel: «Aquí la envidia y mentira
me tuvieron encerrado — dichoso el humilde estado —del sabio que se retira— de aqueste mundo malvado, y con pobre mesa y casa — en el campo deleitoso — con sólo Dios se compasa — y a
solas su vida pasa, — ni envidiado ni envidioso.»
Es la única defensa que se le ocurría ante el peligro. Y no hay nada más triste para un enamorado de las letras españolas del siglo de oro, que
ver cómo se trataban unos a otros los escritores
del momento:

> Dicen que ha hecho Lopico
> contra mí, mil versos adversos;
> mas si yo vuelvo mi pico,
> con el pico de mis versos
> a este Lopico, lo pico.·

El epígrama Español, Madrid, 1941, pág. 159.

[2] *La España del Cid*. Madrid, 1924, II, 696.

Es Góngora contra Lope de Vega. Y contra él
se levanta a su vez el ingenio malicioso de Quevedo:

> Dice don Luis que ha escrito
> un soneto, y digo yo
> que si don Luis lo escribió
> será un soneto maldito.
> A las obras me remito
> luego el poema se vea;
> mas nadie que escriba crea,
> mientras más no se cultive,
> porque no escribe el que escribe
> versos que no hay quien los lea.

> *El Epígrama Español*, Madrid, 1941, pág. 203.

Incluso el que para muchos representa el más
noble y desdichado de los escritores españoles,
Miguel de Cervantes, lanzará una tremenda flecha
contra el fastuoso Lope de Vega, en el prólogo a
la segunda parte del *Quijote*. Defendiéndose de la
acusación de que ya le atacara en la primera, dice
Cervantes: «He sentido que me llamen envidioso
y que como a ignorante me describa qué cosa es
la envidia... engañóse del todo en todo; que del
tal (Lope) adoro el ingenio, admiro las obras y la
ocupación continua y virtuosa [...]»

La «ocupación continua y virtuosa» de Lope de
Vega consistía en tener varias amantes, aún después de entrar en el sacerdocio. Esto lo sabía
todo Madrid, con lo que la suave frase de Cervantes resultaba de un terrible sarcasmo.

Y por su parte a Lope, el gran Lope, no le bastaba estar en lo alto en dinero, en prestigio, en
fama. Cuando ve a Cervantes luchando trabajosa-
mente hará una desdeñosa referencia al «tonto
que alabe el *Quijote*».

Se quejará Zorrilla más de dos siglos después:

> Dios me tuvo en tierra ajena
> once años encadenado
> y hubiera muerto expatriado
> si El no rompe mi cadena.

Yo creo en Dios; sí, en verdad;
humillé ante El mi cabeza
y aguardé con entereza
la muerte o la libertad.

Y atado de pies y manos
de la calumnia y la envidia
sentí herirme con perfidia
los aguijones villanos.

Y no eran Pedro de allí
los que allí a traición me herían
Pedro, los dardos venían
¡envenenados de aquí!

(ZORRILLA, JOSÉ. «A Pedro Antonio de Alar-
    cón», *op. cit.*, pág. 623.)

«Jamás he visto un libro en manos de quien
no fuera amigo o enemigo personal (del autor)»,
dice Manuel Machado, *La guerra literaria*, Madrid,
1913, p. 20.

He aquí algunos juicios de Pío Baroja sobre
los escritores españoles, sus colegas. «A mí siempre me pareció Gómez de la Serna un hombre sin
gracia, de una abundancia sosa, un sinsorgo como
dicen en Bilbao» (p. 303)[3]. «Ese Gómez Carrillo
era uno de los rastacueros clásicos que vienen de
América» (p. 387). «Pedro Corominas era un tanto pesado, física y espiritualmente» (p. 423). Otras
veces el juicio es más agrio por ser devolución
de otro parecido. «¿Sabe usted lo que dice Rubén Darío de usted?» (preguntan unos periodistas
con la amable intención característica de la raza).
«—No, ¿qué dice? —dice: «Pío Baroja es un escritor de mucha miga. Ya se conoce que es pana-
dero.» «¡Bah!, no me ofende nada. Yo diré de
él: Rubén Darío es un escritor de buena pluma.
Ya se conoce que es indio» (p. 426).

Baroja añade que los periodistas creyeron que
eso era un insulto y se queja de que a él le pueden decir todo y él no puede defenderse sin que

[3] BAROJA, PÍO: *Memorias*, Madrid, 1955.

le consideren ofensivo. Esto, sin embargo, es constante en España. Hay quien tiene burla para decir muchas cosas porque «ya se sabe cómo es», «conociéndole, no importa» y otros en cambio que ofenden sólo pasando por delante de uno (véase Soberbia). Es la constante personalización española por la que el hombre juzga al semejante en términos privados y no de acuerdo con la ética o la moral. Ha habido un famoso escritor y periodista a quien quería la mayor parte de los aficionados a las letras y que había hecho —confesadas por él— cosas que en otra persona hubieran bastado a que se le cerrasen todas las puertas... Pero era simpático, lo que en España es bastante más importante que ser sabio o ministro.

Siguen los juicios barojianos, no por sintéticos menos graves: «Blasco Ibáñez, evidentemente es un buen novelista..., pero para mí es aburrido: es un conjunto de perfecciones vulgares y mostrencas que a mí me ahoga» (p. 428). «Palacio Valdés [...] desde el primer momento me dio la impresión de un hombre muy vanidoso y que disfrazaba su suficiencia con un aire de modestia fingida» (p. 484). «Don Benito (Pérez Galdós), debía ser hombre un poco lioso y hasta trapacero... en cuestión de delicadeza para las personas... no era hombre que tuviera muchos escrúpulos... Yo creo que esta falta de sensibilidad ética hace que los libros de Galdós, a veces con grandes perfecciones técnicas y literarias, fallen» (p. 448). «La Pardo Bazán no me interesó nunca como mujer ni como escritora. Como mujer era de una obesidad desagradable y como escritora, todo eso del casticismo y del lenguaje no he tenido muchas condiciones para sentirlo» (p. 526). «La literatura de Benavente no me ha producido nunca un gran entusiasmo: me parece algo frío y teórico» (p. 528). «Unamuno era de una intransigencia extraordinaria. No oía a la gente: así que todo lo

que decía no tenía más que la propia aprobación»
(p. 619). «Eso de hablar de lo que no entendía era
muy primitivo de Unamuno» (p. 1297). «La fraseo-
logía de Solana me sonaba a cosa conocida y me
interesaba poco» (p. 717). «Cajal como filósofo de
la medicina, no era cosa mayor. Sus ideas científi-
cas no creo que fueran de gran envergadura»
(p. 746). «Valle Inclán no era hombre de cara bonita ni mucho menos... Sus opiniones para mí no
valían gran cosa» (pp. 1157-8). «Otro escritor que
habla a mi parecer de una manera pedantesca es
Salvador de Madariaga... hombre escolástico, con-
ceptuoso y que a mí no me parece inteligente»
(pp. 1291-2). Pero quizá el más increíble de los
juicios de Baroja es el que empleaba contra
Villaespesa, al que acusaba de mal poeta ante
todo el mundo... porque no le devolvió un dinero
prestado.

Todos estos adjetivos son piropos junto a los
que emplea, para otros eruditos, Luis Astrana Ma-
rín y figuran en el tomo último de su obra *Vida
heroica y ejemplar de Miguel de Cervantes*. «Mal
día —decía satisfecho de haber terminado su mo-
numental trabajo— para el hijo del sastre del
Campillo, 'el Nalgas', que pone el hilo y dice que
es profesor y es un hediondo homosexual; para
el académico chirle... para el renacuajo de fragua
'que él se lo fuella y él se lo cuadra', para el es-
tropajoso y plagiario historiador chueta 'ad usum
delphinis' y para el otro imbécil de trasnochado
gongorismo» (p. 573).

Estamos citando a escritores conocidos, de escritores que estaban seguros de haber alcanzado
un prestigio, una fama, un nombre. No les bastaba. Porque la altura del español no se precisa
por el nivel a que está él sino por lo bajo que quedan los otros. Unamuno define...

«La envidia ha estropeado y estropea no pocos
ingenios españoles, sin ella lozanos y fructuosos.

Todos recordamos el famoso símil de la cucaña. Hay en el fondo de nuestra alma cierta propensión a no creernos ricos sino a proporción que son los demás pobres, poso que hay que limpiar»[4].

Esto es tan cierto que se ha popularizado en la historieta del rico que pagaba a un sereno para que en las noches de frío y viento se paseara por delante de su casa. Cuando el de arriba oía los pesados zapatos chapotear en el agua y los resoplidos de quien intentaba entrar en calor con el movimiento, se arrebujaba entre las mantas con una sonrisa de felicidad. «¡Cómo se estará mojando ese hombre!»

Quien suba en España sube a su riesgo, porque en cuanto destaca su cabeza sobre los demás empiezan a tirarle y la relación amistosa anterior no le protegerá jamás. Entre los refranes españoles hay uno que ofrece una hermosa muestra de agradecimiento. Reza así: «Al maestro, puñalada.»

Lo que pensará el mundo exterior no ha detenido ese tipo de campaña. Cuando Echegaray obtuvo el Premio Nobel de Literatura, hubo en España varias manifestaciones y banquetes. ¿Para celebrar su triunfo? No. Para condenarlo y protestar de tal galardón. Yo, sin ninguna simpatía personal por la obra de ese autor, me pregunto si en otro país podría haberse dado una muestra más impresionante de falta de solidaridad. (Otro grupo, probablemente enemigo ideológico del anterior, se opuso con todas sus fuerzas a que le dieran el «Nobel» de 1912 a don Benito Pérez Galdós.) Como ejemplo contrario puede verse el de los franceses que discuten en cartas y artículos periodísticos todos los aspectos de la vida humana y eterna, pero que al salir al extranjero forman un bloque granítico de mutuo elogio. «¿Qué pien-

---

[4] «El individualismo español.» Ensayos.

sa Sartre del escritor católico Claudel? —Una
maravilla. —¿Qué cree el católico Mauriac del
comunista Aragon? —Que es un magnífico escritor.»

Igual que en España. A Cela le preguntaron en
América: «—¿Qué piensa de Gironella? Contestó: —¿giro... qué?» Y el otro le paga con la misma moneda. Y ¿cuándo termina esa perpetua
guerra civil española? Con la muerte. «De Mortuis
nil nisi bonum» es verdad absoluta en España. En
cuanto ha desaparecido el enemigo se vuelca el
caudal de los ditirambos, firmado por sus más
tenaces detractores en vida. Sería muy bonito pensar que se trata de caridad cristiana, pero me
temo que la explicación sea otra. Iriarte ya lo
sospechaba...

> «A los autores antiguos
> admiras sólo, Becerra.
> Sólo alabas, sólo aplaudes
> a los difuntos poetas.
> Permite amigo, que en esto
> complacerte no pretenda;
> no estimo tu voto en tanto
> que por lograrle me muera.»

La Envidia puede disfrazarse de sentimientos
varios para disimularse. Por ejemplo, de orgullo local como en el caso de *El caballero de Olmedo* muerto por celos de sus éxitos en las corridas y en el trato con las damas. Don Alonso recuerda las advertencias de Fabia...

> Siempre dice que me guarde
> y siempre que no camine
> de noche sin más razón,
> de que la envidia me sigue.
>
> Pero ya no puede ser
> que don Rodrigo me envidie,
> pues hoy la vida me debe;
> que esta deuda no permite
> que un caballero tan noble
> en ningún tiempo la olvide.

... pero sí, lo olvida su enemigo, en quien puede más el resentimiento ante el afortunado forastero.

>   ¿Sabéis quién soy?
> D. FERNANDO: —El de Olmedo,
> el matador de los toros,
> que viene arrogante y necio
> a enfrentar los de Medina...

haciéndole matar luego por un criado. (LOPE DE VEGA. *El Caballero de Olmedo*, acto III.)

Otras, se reviste de orgullo patriótico. Yo he oído con asombro a uno de los hombres más generosos de Madrid, referirse con despecho a unos americanos que estaban cerca de nosotros comiendo con apetito. «Ya están aquí esos insultándonos con sus dólares.» Esto ocurría antes de las bases, es decir, antes de que pudiera haber un sentimiento político de «invasión» en la presencia del extranjero. Era sencillamente que al español le molesta la riqueza ajena, y un caballero bebiendo buen champaña en un rincón del restaurante, tiene ya ganada automáticamente la antipatía de la mayoría de los comensales a los que ni siquiera ha dirigido la mirada. («Y además nos desprecia» podría decir a esto alguno.)

En el entremés «La Cárcel de Sevilla» Cervantes lleva las posibilidades de envidia al último trance, el del ahorcado. «Paisano» quiere que «cuando estuviere ahorcado le limpien el rostro y le pongan un cuello almidonado». «Aun hasta la muerte fue limpio mi amor —señala su amiga Beltrana— yo apostaré que no ha habido mejor ahorcado en el mundo.» Y remata Torbellina: «¡Oh qué de envidiosos ha de haber!»

Cuando en España alguien sube tiene una fortuna *envidiable*. ¿Por qué envidiable?, ¿por qué tiene que unirse ese sentimiento a la comprobación de la suerte ajena? No hay quien lo explique, pero a todos parece natural que quien esté por

encima, tenga que llevar el castigo de su audacia.
Y como en el caso de la Intolerancia, también la
Envidia se ha hecho tan normal en la vida española que ha podido hablarse de Santa Envidia si
lo que se desea es bueno... ¡Santa Envidia...!

«La lucha por la existencia es aquí más ruda
que en otras partes, reviste caracteres de feroci-
dad en el reparto de las mercedes políticas y en
la esfera común; tiene por expresión la envidia
en varias formas y en peregrinas manifestaciones
Se da el caso extraño de que el superior tenga
envidia del inferior y ocurre que los que comen
a dos carrillos defienden con ira y anhelo una
triste migaja.» (PÉREZ GALDÓS. *Tormento. O. C.*, tomo 4, p. 1473.)

Sí, no se trata sólo de desear lo máximo sino
de negar que otros tengan su mínimo. «Eso de
hacer el amor, es tan bueno que debería estar
prohibido a los pobres.» Una broma, claro, pero...

Conozco el caso de un español que abandonó
iracundo un puesto que tenía porque le habían
dado a otro el mismo sueldo y categoría que él
había tenido antes. ¡Su razón era que a él le había costado más años alcanzarlo!

Igualmente en el caso de las oposiciones españolas a cátedra. Todos están convencidos que son
absurdas, increíbles, que no sirven para evitar
injusticia, y sí para crear resentimientos y odios
que duran toda la vida. Pero cuando algún ministro bien intencionado ha querido suprimirlas ha
encontrado una resistencia encarnizada. «¡Ah, no!,
si yo lo he sufrido, que lo sufran los demás.»

*

Unamuno, el más español de los intelectuales,
empleó su mejor dialéctica para tratar de explicar el corazón de sus conciudadanos. Ya vimos
su defensa de la Soberbia, tema en que era al

mismo tiempo definidor y definido. En el caso de la Envidia sólo era observador, pero observador apasionado porque sentía todos los pecados nuestros sobre su conciencia.

Nunca se ha descrito mejor esa desazón nacional. Cuando las pinturas de «Abel Sánchez» quitan el sueño a Joaquín, Antonia, su mujer, quiere convencerle de que se dedique a la investigación para conseguir a su vez fama y gloria.

«No puedo, Antonia; no puedo. Sus éxitos me quitan el sueño y no podría trabajar en paz. La visión de sus cuadros maravillosos se pondría entre mis ojos y el microscopio y no me dejarían ver lo que otros no han visto sino por él. No puedo, no puedo» [5].

Y en su deseo de salvar al español, Unamuno le hace irresponsable del estigma.

«¿Por qué miró Dios con agrado la ofrenda de Abel y con desdén la de Caín?

»—Acaso porque Dios veía ya en Caín al futuro matador de su hermano, el envidioso.

»—Entonces es que le había hecho envidioso, es que le había dado un bebedizo.

»[...] ¿no se te ha ocurrido pensar que si Caín no mata a Abel habría sido éste el que acabaría matando a su hermano?

»—¿Y cómo se te puede ocurrir esto?

»—Las ovejas de Abel eran adeptas a Dios, y Abel, el pastor, hallaba gracia a los ojos del Señor: pero los frutos de la tierra de Caín el labrador, no gustaban a Dios, ni tenía para Él gracia Caín. El agraciado, el favorito de Dios era Abel... el desgraciado, Caín...

»—¿Y qué culpa tenía Abel de eso?

»—¡Ah!, ¿pero tú crees que los afortunados, los agraciados, los favoritos, no tienen culpa de

5 UNAMUNO, MIGUEL DE. *Obras selectas*, Madrid, 1955, pág. 539.

ello? La tienen de no ocultar y ocultar, como una
vergüenza que lo es, todo favor gratuito, todo pri-
vilegio no ganado por propios méritos, de no ocultar esa gracia en vez de hacer ostentación de ella.
Porque no me cabe duda de que Abel restregaría
a los hocicos de Caín su gracia, le azuzaría con el
humo de sus ovejas sacrificadas a Dios. Los que
se creen justos, suelen ser unos arrogantes que
van a deprimir a los otros con la ostentación de
su justicia. Ya dijo quien lo dijera que no hay
canalla mayor que las personas honradas...» [6]

[6] UNAMUNO, MIGUEL DE. *Obras selectas*, Madrid, 1955,
pág. 542.

Pereza

«¿Tendrás razón, perezoso lector (si es que has llegado ya a esto que estoy escribiendo), tendrá razón el buen M. Sansdélai en hablar mal de nosotros y de nuestra pereza? ¿Será cosa de que vuelva el día de mañana a visitar nuestros hogares? Dejemos esta cuestión para mañana porque ya estarás cansado de leer hoy: si mañana u otro día no tienes, como sueles, pereza de volver a la librería, pereza de sacar tu bolsillo y pereza de abrir los ojos para ojear las hojas que tengo de darte todavía, te contaré como a mí mismo que todo esto veo o conozco, y callo mucho más, me ha sucedido muchas veces llevado de esta influencia, hija del clima y de otras causas, perder de pereza más de una conquista amorosa; abandonar más de una pretensión empezada y las esperanzas de más de un empleo..., renunciar, en fin, por pereza de hacer una visita, justa y necesaria, a relaciones sociales que hubieran podido valerme de mucho en el transcurso de mi vida; te confesaré que no hay negocio que pueda hacer hoy que no deje para mañana; te referiré que me levanto a las once y duermo siesta; que paso haciendo quinto pie de la mesa de un café hablando y roncando, como buen español, las siete y ocho horas seguidas; te añadiré que cuando cierran el café me arrastro lentamente a mi tertulia diaria (porque de pereza no tengo más que una) y un cigarrito tras otro me alcanzan clavado en un sitio y bostezando sin cesar las doce o la una de la madrugada; que muchas veces no ceno de pereza y de pereza no me acuesto; en fin, lector de mi alma, te declararé que de tantas veces como estuve en esta vida desesperado ninguna me ahorqué y siempre fue por pereza.»

(LARRA. «Vuelva usted mañana», *Artículos de costumbres.*)

Pereza

«Uno que hice y tres que pensé hacer, cuatro que me apunté.»

«Hay años en que no está uno para nada.»

El español está consciente de algunos de sus pecados capitales. Por ejemplo, de la Soberbia, pero la considera tan natural como la Lujuria, compañera obligada de quien sea *muy hombre*. No acepta en cambio la acusación de avaro, de glotón y, desde luego, jamás la de envidioso porque contradice su soberbia.

Con la Pereza ocurre un poco como con la Lujuria. Se admite y aun se exagera la fuerza con que ésta actúa sobre nosotros. Nadie se avergüenza de levantarse tarde y por el contrario se ironiza sobre el que lo hace a las ocho de la «madrugada», «con el lechero». Es fácil que alguien comente con fingido asombro: ¿Pero a esa hora es de día? Y se vanagloria de la siesta incluso quien no tiene tiempo de gozarla.

Se atribuye a Unamuno, también aquí el primer

273

español en defectos y virtudes, que contestó a un señor que se escandalizaba de que el escritor durmiera nueve horas diarias. «Pero no olvide que cuando despierto, estoy más despierto que usted.»

El español, cuando puede, se apoya en una pared o en un farol. Julio Camba lo advirtió cuando un extranjero reconoció por esa posición fotografías tomadas en las calles de España en contraste con las de otros países.

El chiste, insisto, acostumbra a seguir los carriles del gusto y disgusto de los pueblos. No es casualidad que haya tanta historieta sobre gente que ha declarado odio eterno al trabajo y que tanto autor cómico —Alvarez Quintero, Arniches, Muñoz-Seca— haya logrado la segunda carcajada sacando a las tablas al holgazán.

*

*«Lo que te ponen guisado
ya diez veces fue sisado.»*

Por pereza mucha gente se deja engañar a sabiendas. La institución de la «sisa» lo prueba. Una cocinera si va a la plaza cobra menos dinero que si va en su lugar la señora de la casa y en su actitud no hay engaño ninguno. Todos saben que, yendo ella, anunciará unos precios de carne, verdura, etc., que están por encima de la realidad. La diferencia que ella se embolsa es la «sisa» que compensa con creces el dinero que deja de ganar en sueldo.

La señora, a menudo, se resigna a ese impuesto especial, porque le permite dormir hasta más tarde por la mañana, pero su actitud no es exclusivamente femenina ni moderna. La Pereza se une como otras veces a la Soberbia y nunca sabemos dónde termina una y empieza la otra. Mandar a un «botones» al otro lado de la calle a comprar algo responde probablemente en la misma proporción al deseo de ahorrarse esfuerzos y a la sensación de señorío que ofrece el ordenar algo.

La costumbre es tan vieja como España. Muchos administradores de fincas rústicas y urbanas en el país se han enriquecido porque los señores a quienes daban cuenta de sus gestiones no las comprobaban; cuando no era tarde era temprano y cuando no hacía calor hacía frío.

El trabajo es malo para el hombre, la prueba es que cansa, sostenía González-Ruano. Y el cansancio es algo tan aborrecido por el español, que, cuando alguien sufre por un amor no correspondido, se dice de él que «pasa fatigas» como expresión de feroz tormento.

La palabra «siesta» ha pasado a todas las lenguas. Para los españoles es muy importante y tanto más si, mientras se lleva a cabo, unos ángeles son tan amables como para realizar la tarea de uno, como le ocurrió a San Isidro, que sólo por ese invento ya merecía ser patrón de la villa de Madrid.

Las anécdotas sobre la pereza española son múltiples. La del tuerto que perdió un ojo porque le iba cayendo una gota de agua en él y no quiso moverse; la del obrero parado al que tras la manifestación de protesta se acerca alguien a ofrecerle ayuda: «¡Pero, hombre! —ruge indignado—, ¿somos aquí tres mil personas pidiendo trabajo y ha tenido usted que escogerme a mí?» O el que se apoya en una puerta y cuando abren pregunta si es allí donde dan un premio al más perezoso.

«—Sí —le contestan—, pase usted.»

«—De ninguna manera, que me entren.»

La exageración ha llevado el chiste del holgazán al extremo. Un sujeto tumbado en un banco y mostrando en su aspecto falta de medios econó-

micos, es abordado por un fabricante que se siente
movido a hacer una buena acción.

—Amigo, levántese... ¿Quiere usted trabajar?

El otro se medio incorpora guiñando los ojos...

—¿Traba... qué?

No conocía el verbo.

Y se da por auténtica la historia del buzo andaluz que tardaba tanto en limpiar los fondos de
un barco que el capataz, intrigado, bajó un día de
improviso y se lo encontró durmiendo en el fondo del mar, perfectamente aislado del ruido del
mundo.

El Pelota, un popular pintor de paredes andaluz,
se encontró con un problema. Una señora extranjera estaba decidida a rechazar todo color de
pintura que no correspondiera a la muestra que
tenía. El Pelota podía haber intentado durante
horas. O hacer lo que hizo. Compuso una muestra,
separó la muestra del catálogo y la introdujo en
ella. La dejó secar luego y volvió a pegarla en el
cartón. Luego pintó las paredes.

—Aquí está, señora. ¿Qué le parece?

La cliente cogió la muestra y la acercó a la pared. Se confundía totalmente con ella.

—¡Maravilloso! ¡Maravilloso! Ha conseguido
usted el tono idéntico.

—No hay como probar y probar, señora —contestó el Pelota, que desde entonces es grandemente admirado por sus colegas de la Costa
del Sol.

Para muchos españoles el trabajo sería bueno
si estuviera a la altura de su categoría social.
Esta (por las causas históricas vistas en Soberbia)
es casi siempre muy alta para aceptar algo tan
humillante como trabajar con las manos (oficio
manual fue oficio *bajo* mucho tiempo y lo sigue
siendo para muchos). Cuando Alonso de Contreras se coloca en la tienda de un platero y éste le
manda a por agua, el mozo le dice que está allí

para aprender el oficio, no para servir de criado, y le tira el jarro a la cabeza.

Esta aversión al trabajo manual considerado indigno se extendía, a veces, a las necesidades bélicas. Cervantes se burla de una actitud que daba ventaja a los moros en sus escaramuzas navales con los españoles. Habla un argelino: cuando les persiguen...

> Nosotros, a la ligera
> listos, vivos como el fuego;
> y en dándonos caza, luego
> pico al viento y ropa fuera.
> ... hacemos nuestra vía
> contra el viento sin trabajo;
> y el soldado más lucido,
> el más flaco y más membrudo,
> luego se muestra desnudo
> y del bogavante asido.
> Pero allá tiene la honra
> el cristiano en tal extremo,
> que asir en un trance el remo,
> le parece que es deshonra;
> y mientras ellos allá
> en sus trece están honrados,
> nosotros, de ellos cargados,
> venimos sin honra acá.

(CERVANTES, *Trato de Argel.* Jornada 2.)

En el siglo XVIII salió un decreto de Carlos III advirtiendo que el trabajo manual no era deshonroso y que ejercerlo no representaba dificultad para llegar a marqués, por ejemplo. No sirvió para nada. Era más fácil tener una excusa «social» que reforzara la natural pereza. ¿«Yo» hacer de carpintero? ¿Yo?

El origen del trabajo es la maldición bíblica. Esta verdad nunca ha sido tan clara como en España, donde el individuo, por humilde que sea su nacimiento, por pobre que sea el ambiente en que ha crecido, no considera el trabajo lógica consecuencia de su existencia, sino como una condena, que él tiene que cumplir sin culpa alguna. Cada vez que el español se levanta para ir a la oficina o al taller, lo hace con una profunda violencia. Las ocho horas que en él pasa son como horas de purgatorio esperando la liberación de la salida. No es raro que intente cortarlas encendiendo un cigarrillo con lentitud y morosidad o escapándose a tomar café.

Mi hermano Guillermo me hace notar que el español usa la voz trabajar para actividades que en otros países se consideran diversión. «Trabajar» en la escena es «jugar»; en Francia *(jouer)*, en los países anglosajones *(to play)*, en Alemania *(Spiel)*.

La «rutina» que en otras lenguas es, sencillamente, el trabajo de todos los días, tiene en español un matiz significativo. Es la labor que se realiza sin poner interés ni cariño. Y no olvidemos que la palabra española «mañana» en el sentido de dejar para ese día la urgencia de hoy, ha pasado a todas las lenguas. La voz «luego», que en el siglo XVII significó ¡pronto!, ¡en seguida!, fue relajando su sentido el compás de la forma en que era aplicada por el español, y hoy significa «más tarde», «después». Al alcance de todo español está la experiencia de entrar en una tienda y preguntar por algo que no está a la vista. Infinidad de veces el dependiente empieza a mover la cabeza negativamente y a decir «no tenemos» antes de acabar de oír la demanda.

Muchos obreros me han preguntado en España sobre mi experiencia en los EE. UU. ¿Cómo era tratado allí el trabajador? Cuando yo les hablaba de sus posibilidades —frigidaire, coche, calefacción central, agua caliente, buenas carreteras, televisión— se les hacía la boca agua, se miraban, se daban con el codo: «¿Ves, hombre? ¡Así se puede trabajar!» «Así da gusto.» «Así es uno una persona respetable...»

Lo malo era que cuando yo les empezaba a des-

cribir la vida del obrero americano *en* el trabajo;
la mayoría —les recordaba— no pueden fumar en
la fábrica.

—¿Que no... que no pueden echar un cigarrillo? Pero ¿cómo es posible?

—Porque lo es. ¡Ah!, y en muchas empresas
tienen los minutos contados para ir al lavabo...

—¿Cómo? —eso ya les parecía increíble—, ¿les
estaban tomando el pelo? ¿Cómo podía una empresa intervenir en algo tan personal, tan individual como eso? ¡Qué esclavitud! Y surgía la frase
tan repetida en España cada vez que se habla de
puntualidad, de cumplimiento estrecho del deber,
de acatar las reglas...

—¡Pero eso no es ser hombres! ¡Eso es ser
máquinas!

Hace unos años la Unión Soviética, sin relaciones diplomáticas con España desde la guerra
civil de 1936-39, tuvo, sin embargo, un gesto elegante con el país. Los niños que habían sido lle-
vados a aquella nación por los republicanos, fueron autorizados a regresar a España. Eran ya
hombres hechos y derechos, crecidos y educados
en pleno régimen comunista; algunos de ellos
traían a sus mujeres rusas. La España de Franco
los acogió con cierto recelo, pero los ayudó en la
búsqueda de trabajo colocándolos de acuerdo con
la especialidad que habían tenido en la URSS. En
las fábricas a donde fueron destinados hubo entre
los trabajadores —casi todos de izquierda— un
movimiento de curiosidad y de simpatía hacia
quienes venían nada menos que de la «patria del
proletariado»...

... Pero con asombro infinito de los que esperaban apoyo moral y material en la lucha por sus
reivindicaciones (la huelga estaba prohibida), los
españoles rusificados reaccionaron en contra de
toda lógica marxista, a favor de los empresarios.
No era que tuvieran una simpatía especial por

ellos. Es que en su idea de la división capital-trabajo, los veían al menos cumpliendo su función de «explotadores», mientras los obreros no cumplían con la suya de «productores».

—Pero ¿cómo se atreven a hablar de reivindicaciones? —gritaba uno de los recién llegados—, ¿por qué no se dedican antes que nada a responsabilizarse en su trabajo?, ¿qué manera de cuidar las máquinas es ésa?, ¿qué horario de ocho horas se creen que están haciendo? ¡Eso no es producir, eso es pasar el rato! ¡En la URSS los habrían mandado a todos a Siberia!

Porque en la URSS, como en los EEUU, el trabajo es un Dios ante el que se inclina todo el mundo. Y no es casualidad —ni sólo suerte en las riquezas del subsuelo— el que ambos sean los países más potentes del mundo.

En el encuentro entre americanos y andaluces, con motivo de las bases de La Rota (sur de España), pareció como si dos grupos humanos aparentemente iguales, con parecidas necesidades —comer, beber, amar, reír— estuvieran separados por un abismo de incomprensión. Cuando un andaluz oía que le ofrecían tanto dinero —mucho para su costumbre— para trabajar de nueve a cinco, entendía sólo que tenía que *estar ahí esas ocho horas*. Para el americano, en cambio, significaba que tenía que trabajar *durante todas esas ocho horas*. Las sorpresas se sucedieron. Oí a un chófer quejarse en una taberna de Cádiz...

«—Llego con el camión al muelle... lo dejo para que lo carguen y me meto en la taberna a tomarme una copa, ¿lo natural, no? Bueno, pues llega un yanqui que chapurreaba el español y me dice: ¿Usted no trabaja como chófer?, ¿qué hace aquí? —Tomándome una copa —digo—, ¿quiere acompañarme? —y contesta el 'malage'—: No es hora de copas sino de trabajo. —¿Pero qué quiere usted que haga mientras me cargan el camión? Y va y dice el tío: —Coja usted otro y lo lleva a la estación. Y así estuve toda la mañana saltando de un camión a otro como un grillo, sin tiempo para un café; eso no es trabajar, ¡eso son ganas de reventarle a uno!»

Otro se quejó de lo que consideraba «juego sucio» por parte de los americanos. Parece ser que le habían ofrecido un puesto de guarda en una zona aislada de la base, ocupación que aceptó encantado, pero... al llegar la hora de cobrar se encontró con que le descontaban unas horas. Al protestar le enseñaron unas fotos tomadas desde un helicóptero, en las que se le veía durmiendo junto a una manta «en horas de trabajo» como le señaló el de la administración. Esto le pareció muy mal al español que consideraba de mala fe esos procedimientos. (El hecho de que estuviera de verdad durmiendo en lugar de velando como era su deber, tenía muy poca importancia a la hora de protestar. Como ya vimos en Soberbia, el español se resiente de la desconfianza ajena incluso cuando hay sobrados motivos para ello.)

Ese español que quería ser guarda es uno de los miles que han sabido conciliar el tener oficialmente un puesto y poquísimo que hacer en él. Pueden ser guardas, pero en su mayoría son porteros y ordenanzas, y especialmente pululan en las oficinas públicas. Van vestidos de uniforme gris o azul con bocamangas doradas, y su misión es difícil de explicar al curioso que cree en la eficacia de los empleos. Por de pronto su más importante papel es estar en un pasillo cerca de una puerta. Generalmente sentado, se levanta respetuosamente cuando pasa un superior y, si éste es de categoría en la administración, empuja para él la puerta. Llevan papeles y mensajes de una oficina a otra y muchas veces suben café de la calle para los altos empleados.

Son cargos generalmente inamovibles, y desde

su rincón ven cambiar caras de ministros y subsecretarios con una sonrisa interna; saben que ellos se quedan, mientras aquel a quien saludan rendidamente se marchará un día u otro.

Son fruto de la Soberbia ajena —tener quien le sirva— y de la Pereza propia.

> Madre, ya he visto una carta
> del hijo de Veremunda
> dice que en un ministerio
> tiene ya plaza segura;
> que le dan ocho mil reales
> y que la crecida turba
> de porteros y ordenanzas
> con respeto le saludan.
> Que se levanta a las once,
> que va a la oficina y su única
> ocupación es ponerse
> a fumar junto a una estufa,
> no muy lejos de una mesa
> donde hay papeles y pluma.
> Después sale de paseo,
> después come, después busca
> en el café a sus amigos,
> todos de elevada cuna.
>
> F. Díaz-Plaja, *La vida española en el siglo XIX*, Madrid, 1969.

... Decía un aspirante a oficinista en el siglo XIX. Con poca diferencia lo mismo que hoy.

Cuando el español ha conseguido su ambición de llegar a su mesa de oficina, se para [1]. Todo movimiento ulterior corre a cargo del Estado. Este movimiento se llama «escalafón» y va desplazando lenta pero seguramente al empleado en su camino ascendente para el que, en general, no hay que hacer ningún esfuerzo posterior al de

---

[1] El adjetivo «ambicioso», que en Estados Unidos es un elogio al referirse a alguien deseoso de mejorar su posición social y la de su familia, es un insulto en España. ¿Porque con su esfuerzo obliga a los demás a trabajar más? ¿Porque equivale a que intenta subir por malas artes?

las oposiciones. Su vida está ya marcada inexorablemente por la burocracia; el esfuerzo, la iniciativa personal ha desaparecido... Alguien (Dios) y algo (el Estado) se ocupan de él.

Pero no es sólo la administración estatal la que ha hecho de la Pereza una profesión española. El ansia de ser servido, de tener gente a quien mandar alrededor, se une eficazmente con el deseo del español de permanecer sentado el mayor tiempo posible. Como muestra, están los porteros de las casas particulares cuya misión, aparte de cierta limpieza y esporádica información a quien pregunte, es sencillamente «estar ahí» por si «se ofrece algo». Un portero desempeña perfectamente su deber si se sienta en una silla a las nueve de la mañana, después de barrer el portal, y se levanta a las once de la noche para cerrarlo. Su trabajo es no trabajar. Si un día sale a buscar un taxi para la señora del segundo, que está a punto de tener un niño, ya ha demostrado para cinco años la necesidad de su existencia.

Algo parecido le ocurre al sereno, que tras abrir puertas durante un rato, se pasa el resto de la noche junto al fuego, hablando con algún trasnochador. Y al guardacoches. Y a la «señora del teléfono» encerrada en un cuchitril junto a la cabina telefónica y cuya misión es entregar la ficha correspondiente para la llamada y que a veces «dobla» de encargada de los lavabos. O el cerillero que pasa las horas muertas esperando que alguien quiera cigarrillos y no tenga ganas de ir al estanco.

En fin, hay en España innumerables ocupaciones que consisten en estar desocupados durante el noventa por ciento del tiempo por si se les necesita el otro diez.

Eso, en otros países, lo hacen sólo los guardias y los bomberos.

*

No es que el obrero, el empleado español, se consuele con su sueldo menguado. No, él busca una salida a su situación, pero la más fácil de ellas —trabajar intensamente para mejorar su posición— es demasiado fatigosa y por otro lado, dadas las circunstancias económicas del país, inútil, «porque aquí no hay nada que hacer». En vista de lo cual, intenta la Liberación por la puerta de la suerte. Esta es la razón del éxito incomparable de la Lotería, de las Apuestas Mutuas —que permiten unir, además, dos aficiones nacionales, el ansia de hacerse ricos y el fútbol— y de la lotería de los ciegos. Las tres organizaciones están escalonadas de forma tan perfecta, que en ellas pueden entrar todos los españoles, desde el que sólo dispone de unos céntimos para el cupón de los invidentes, hasta el ricachón que adquiere varios «enteros» de la Lotería de Navidad, jugándose unos miles de pesetas para obtener millones.

(Curiosamente esta afición a la rueda de la fortuna no ha llevado al español a la última consecuencia. Me refiero al vicio del juego que entre nosotros sólo ataca a unas señoras aburridas en la tarde y a unos cuantos caballeros de buenos medios económicos. No creo que haya influido eficazmente la prohibición gubernamental, porque el español ha resistido a la autoridad en otras mil cosas.)

El español esclavo de un trabajo que no apetece, busca la solución que le eleve hasta el punto de no trabajar. Pero lo que intenta, tiene que ser decisivo y absoluto, algo que le haga saltar desde la nada al todo. Como en el caso que describe Azorín: «Un cura joven que también comía con nosotros, protege a un herrero de este pueblo que ha inventado nada menos —¡pásmese usted!— que un torpedo eléctrico. Esto sí que es archiespañol clásico —nada de estudio ni de trabajo, ni de mejorar la agricultura, ni de fomentar el comercio, no. Un torpedo eléctrico que nos haga dueños en cuatro días de todos los mares del globo.» («La voluntad».)

Supongamos que tampoco esto funcione. El español tiene que buscar un camino que casi siempre acaba siendo el mismo. Es el de las «oposiciones» a un cargo del Estado. Estas oposiciones, como en el caso de la lotería, están al alcance de todos los bolsillos, desde la de carteros, a la que va cualquiera salido de la escuela primaria, hasta las que requieren un título pequeño (Bachiller, para Aduanas) o grande (abogado, para Notarías). Los programas son diversos y las dificultades varían, pero el principio que las informa es casi siempre el mismo; el español sacrifica unos años trabajando intensamente, para no tener que trabajar más en el resto de su vida. (Si lo hace será por su cuenta y riesgo. Su jefe, el Estado, no le requiere normalmente más que vaya unas horas de la mañana a la oficina.) Se cuenta en Madrid la misma anécdota de varios ministerios: un señor es detenido en la puerta del centro oficial cuando intentaba subir.

—¿A dónde va usted? —le pregunta el portero—; no hay nadie arriba...

—¡Ah! —se asombra el señor—, por la tarde ¿no trabajan?

—Cuando no trabajan es por la mañana. Por la tarde es que no vienen.

(Una de las mayores ironías de la burocracia española es que a la gestión que tarda meses y a veces años la llaman «hacer una diligencia».)

Todo burócrata, en principio, cree que tras terminar su purgatorio de oposiciones —y dado el sudor y la angustia que le cuesta, no exagera el juicio— le corresponde un paraíso de placidez. Por ello quien llega a requerir sus servicios, es mirado con recelo y molestia que sólo se alivia cuando se le puede mandar a rectificar papeles o a comprar más sellos.

Y cuando todo está en orden se dice que vuelva «a fines de la semana o el mes próximo».

Con sueldos a menudo mezquinos, el funcionario considera el trabajo a que le someten como algo absolutamente desagradable, que sólo puede aliviarse con malas maneras. Si el español que se acerca a la ventanilla ve al Estado sólo como enemigo con quien hay que convivir, el español que le ve llegar desde el otro lado, tiene para él, como mínimo, el calificativo de «pesado», alguien que «plantea problemas». La idea de que el gobierno le paga precisamente para ayudar a solucionar esos problemas, no parece pasar por las mentes de casi ningún funcionario español, hasta el punto de que la frase «me ha venido con la papeleta», es decir, con algo que resolver, equivale a «ha venido a dar la lata».

La situación es tan aceptada que nadie se asombra de una nota como la que publicó el «ABC» de Madrid el 30 de septiembre de 1965. En ella, el ministro de Información daba la referencia de lo acordado en el Consejo de Ministros y, refiriéndose a las nuevas normas de trabajo de los empleados de la administración pública, decía lo siguiente:

«El horario será de nueve a dos y de cinco a siete y media. Como ustedes no desconocen, la Ley de Retribuciones empieza a regir el día primero de octubre y es lógico que lo mismo que empiezan a recibir las remuneraciones fijadas, cumplan todos los funcionarios con el horario que se determina.»

O sea, más o menos: «Hala, ya no tenéis excusa para llegar tarde o no llegar a la oficina. Os hemos subido el sueldo y lo menos que podéis hacer es presentaros al trabajo.» El que éste sea eficaz, el que el público que espera turno ante las

taquillas sea atendido como corresponde a quien
paga sus impuestos para que estos funcionarios
cobren su sueldo, es algo muy distinto y prácticamente imposible de conseguir si no se cambia el
concepto general que los funcionarios tienen y,
que es hoy casi el mismo que tenía el personaje
de *La de Bringas*, la novela de Pérez Galdós, en
que un muchacho de dieciséis años... «no ponía
los pies en la oficina más que para cobrar los cuatrocientos dieciséis reales y pico que le regalábamos (los españoles) por su cara bonita [...] en el
engreído meollo de Rosalía Bringas se había incrustado la idea de que la credencial aquella no
era favor, sino el cumplimiento de un deber del
Estado para con los españoles precoces...» *(La
de Bringas.* Cap. 11.)

Miguel Mihura retrató a los funcionarios españoles en una comedia titulada *Sublime decisión*,
estrenada en Madrid en 1955. El ambiente de la
época era de primeros de siglo, pero a nadie engañaba dada la similitud de aquella situación con
la que el español ve todos los días. La escena
representaba el interior de una oficina del Estado. Había a la derecha una ventanilla a la que
se acercaba tímidamente un contribuyente. No le
veíamos ni oíamos, pero su presencia se reflejaba
en las palabras del funcionario. «¿Qué tripa se le
ha roto a usted? Sí, señor, aquí es donde se entregan esos documentos. Pero para entregar esos
documentos no es la hora. La hora es cuando hayamos cerrado. ¿Que no lo entiende usted? ¡Pues
es usted un animal! »

«Cuando yo era funcionario —decía otro personaje— tenía siempre un bastón a mano. Y al
primero que asomaba la cabeza, ¡hala!, un bastonazo... ¡Y así no tenía ni que hablar!) (Acto II.)

El dibujante Mingote ha presentado docenas de
veces el tipo humano del oficinista público, que
no siente ninguna afinidad o relación de simpatía

con quien aguarda minuto tras minuto. Como en
muchos sitios no hay servicio de información ocurre que, tras una cola de media hora, al que espera se le dice que le falta tal o cual sello en su
instancia, sello que tiene que ir a buscar y perder
el turno a no ser que el ordenanza —véase Intermediarios— se lo facilite mediante una propina.
Estoy seguro de que si se les propusiera a muchas
oficinas del Estado...:

—¿Por qué no redactan unos carteles advirtiendo a la gente de todos los documentos y sellos
que necesitan antes de ponerse en la cola?...

Le mirarían a uno asombrados. ¿Por qué? Que
se entere si quiere, y si no, que se fastidie. ¡Pues
estaría bueno que tuviéramos que hacer de amas
de cría de los despistados!

El público, para muchos de esos funcionarios,
es un ser antipático, monótono y, sobre todo, pesado, sin el cual se viviría tan ricamente. Hay que
ver con la ilusión con que en algunas oficinas
le contestan a uno cuando pregunta dónde está el
lavabo.

—¡Sí, hay uno, pero no es para el público!

Esta extraña concepción de su misión —la de
que su puesto es un regalo de la Providencia—
que no requiere ninguna compensación por su
parte, tiene probablemente raíces históricas. La
ampliación de los servicios administrativos es del
siglo de las grandes reformas modernas, el XIX, el
mismo de los frecuentes cambios políticos. Cuando un partido subía al poder, tenía que recompen-
sar a quienes le habían ayudado y lo más fácil
era ingresarlos en un Ministerio. Aunque éstos
habían perdido a los partidarios del grupo derro-
tado, siempre quedaban algunos que no podían
ser echados, y el nuevo jefe resolvía la situación
creando nuevos puestos. Pronto los partidos políticos se pusieron de acuerdo para que no se mo-
viera a nadie con la invención de los «derechos

adquiridos». ¿Qué más les daba si quien iba a pagar era ese ente AJENO llamado el Estado? Los funcionarios públicos se multiplicaron, pero en su mentalidad quedó grabado con mucha más fuerza lo de Funcionario que lo de Público. ¿Qué le debían a éste si no los había nombrado? Y cuando la entrada en los cargos se hizo por oposición o concurso, se mantuvo el sello anterior.

Después de la guerra civil y especialmente en los últimos diez años, cuando España se abrió algo más a Europa y América, las circunstancias cambiaron en parte. La gente, toda la gente, empezó a apetecer un tipo de vida que antes estaba reservada a un grupo en lo alto de la escala social. Por ello, como los sueldos no bastaban y la laxitud de horas lo permitían, se inició el sistema de trabajar en varios sitios distintos. El doble trabajo es *normal* para muchos españoles y aún hay quien está en tres y cuatro empleos, lo cual, aunque quisiera, le impide ser eficaz en ninguno. ¿Y para qué va a serlo, si lo que le pagan en cada uno no es suficiente para obligarle a ello?

Una vez pregunté en una dependencia oficial por un jefe a quien me costaba encontrar en su despacho. La respuesta de la secretaria fue exactamente ésta:

—Es que, como sólo hace una semana que terminó las vacaciones, todavía no se ha incorporado.

Algo así como el buzo que, tras remontar desde el fondo del mar, necesita unas horas de acomodación al medio hostil, para no sufrir un shock peligroso para sus arterias. (Las vacaciones en ese caso concreto, habían sido de mes y medio.) Y además, si no está no hay nadie que pueda resolver el problema porque «esto lo lleva él personalmente».

Dadas estas circunstancias, cuando el español

tiene que enfrentarse con el Estado y sus brazos tentaculares, no lo hace nunca de sopetón, porque sabe que sería ahogado tras meses y meses de lucha desesperada. Los caminos más cómodos son dos: Uno, el de halagar la Soberbia del funcionario con el nombre de un amigo común, sobre todo si es un hombre importante. Veréis entonces hundirse los obstáculos, desaparecer las barreras, desvanecerse las rocas que estaban en vuestro paso. El más importante de los papeles se obtiene en diez minutos entre sonrisas, humo de tabaco y palmoteo de espaldas.

Una de las razones porque el servicio burocrático no mejora en España es precisamente porque los que tienen fuerza —dinero, nombre, relaciones políticas— y podrían quejarse de cómo los tratan en las ventanillas, no acuden a ellas, prefiriendo dar el rodeo a que antes aludía. Con lo cual, los que se presentan son gentes de menor cuantía a la que puede fácilmente humillarse sin consecuencias ulteriores. Cuando alguien (modesto o ignorante) va con la masa y se queja luego del trato, el mismo empleado se apresura a darle explicaciones: «¡Si hubiéramos sabido quién era usted! ¿Por qué no nos dijo...?» Lo que en otras palabras significa: «Como ciudadano y a pesar de mantener con sus impuestos este y otros negocios del Estado, usted no tiene derechos, ni siquiera los obvios de la cortesía. Ahora bien, como don Fulano de Tal o como amigo del jefe superior de Administración los tiene todos, incluso los que de acuerdo con el reglamento podrían discutirse.»

*

El otro camino va a través de un intermediario. ¿Qué es un intermediario? El que hace el trabajo que uno no tiene ganas de hacer. Hay intermediarios para todos los gustos y todos los estados sociales. Por ejemplo, el «habilitado» de los funcionarios públicos, función que he intentado vanamente explicar a muchos extranjeros.

—¿Pero qué hace ese señor?

—Cobra mi paga del Estado.

—¿Y qué gana con eso?

—Una comisión que yo le doy.

—¿Pero usted no puede cobrar su paga directamente?

—Es muy complicado, hay que ir a la oficina del Tesoro, hacer cola... no vale la pena, por lo que se le deja...

Ante la dificultad burocrática el español se retrae y deja a un especialista actuar por su cuenta. Lo mismo ocurre con cualquier gestión de tipo oficina. ¿Hay que sacar un certificado de penales, una partida de nacimiento, de bautismo, un pasaporte? El español no va al ministerio de Justicia, a su Tenencia de Alcaldía, a su parroquia, al Ministerio de Gobernación... Va a una agencia que se encarga de ello. El intermediario existe para lo importante y para lo minúsculo. Si alguien se detiene un momento mirando hacia lo alto de la calle, aparece como surgido del suelo un muchacho o un anciano que pregunta respetuosamente si lo que desea usted es un taxi. En caso afirmativo se coloca unos pasos más arriba de la calle en actitud de acecho y apenas ve la luz verde agita nerviosamente los brazos y da chillidos.

Cuando el taxi se para a vuestra altura, abre la puerta con una sonrisa y respira afanosamente para mostrar lo que le ha costado conseguirlo.

—Vaya, señorito, hemos tenido suerte... (y si tiene gorra de plato, cosa importante para ser un buen intermediario, se la quita respetuosamente para recibir la propina). Y el español sube al coche, convertido en importante por unas pesetas.

Hay intermediarios en todos los establecimientos por modestos que sean. El peluquero tiene un

niño que le acerca el agua o las toallas limpias,
en los cafés hay cerillero, señora de los lavabos
y encargada del teléfono, cada uno con su misión
especial para facilitar la vida normal del cliente
y resolver sus dificultades. El intermediario a veces más que una ayuda, es sencillamente la única
posibilidad. Recuerdo cuando había problemas
para obtener billetes de ferrocarril, y un extranjero me contaba desazonado:

—Llevo tres días intentando ir a Madrid —me
decía en Barcelona—, tres días sin conseguirlo.

—¿Qué ha hecho usted para obtener el billete?

—¿Qué iba a hacer? Cola en la ventanilla durante horas, pero al llegar no había ya más plazas.

—¿En la ventanilla? ¡Pero hombre de Dios!
...para el billete hay que ir al bar de la esquina.
Allí es donde se venden...

No lo comprendía el pobre.

Para ser intermediario, no hace falta cobrar.
Hay quien lo es para dar la impresión de trabajo sin tener que fatigarse. Así en el mundo del
cine hay una serie de señores cuya misión es anun-
ciar algo que de todas maneras va a ocurrir. Por
ejemplo, me contaba el actor Fernando Fernán-
Gómez que se le acerca a menudo un amigo.

—Oye, ¿te ha llamado Fulano por teléfono?
¿No? Pues te llamará. Me ha encargado que te lo
dijera.

Durante todo el día y aun toda la semana este
mensaje se repite continuamente. Luego el mismo individuo se encuentra con Fulano y le advierte que ya ha dicho a Fernán-Gómez que él le
iba a llamar.

(La industria del cine ha sido el gran refugio
para el perezoso español porque, con la literatura, es la única que permite pasarse meses sin dar
golpe «preparando algo»; incluso el pasear la
calle puede ser una «toma de ambiente».)

Es evidente que la pereza es una ciencia a la que hay que dedicar tiempo y estudio. Las horas de la comida en España, por ejemplo, son resultante clásico de la pereza española, que al levantarse tarde retrasa el desayuno; tras él el almuerzo, y, naturalmente, la cena acaba resultando lo más alejado posible. Quien está en la cama, no tienen ninguna gana de levantarse, quien toma el aperitivo con los amigos no ve la razón de interrumpir el agradable rato, quien discute en los cafés no ve ninguna necesidad de acostarse...

No hay ninguna duda que el auge de los cafés en España se debe al acondicionamiento especial que permite a un hombre o a una mujer estar horas y horas sentados en un sofá mirando o hablando. Igualmente explica la existencia de las «peñas» y casinos, donde graves señores viven observando a los que se mueven por la calle..., y la de las terrazas de los cafés. A un periodista americano le daba la impresión que Madrid se dividía en dos grupos. El primero se sentaba en las terrazas a mirar a los que circulaban, y el segundo circulaba mirando a los que estaban en las terrazas.

(No es raro que en un ejercicio de café —el billar— hayan sido los españoles tantos años los primeros del mundo.)

La Pereza necesita, sin embargo, una coartada. Puede ser... el calor (¡quién va a trabajar con este calor!) o el frío. Puede ser reumatismo, puede ser incomprensión de la familia que pone dificultades a todo, como el caso del muchacho andaluz que, tras muchos meses de paro, dice a su madre que al día siguiente empieza a trabajar. ¿Dónde? —le pregunta la madre ilusionada...

—En el tajo.

—¿En el tajo? ¿Tan lejos?

—¿Tan lejos? Pues ya no voy.

La miseria no basta a mover al auténtico perezoso. Si alguien le recuerda la posibilidad de sacar algo, dice que no merece la pena; «aquí no hay quien consiga nada, España está muy mal para eso». Es la exclamación que irritaba a Larra, contra don Periquito, abandonado, holgazán y descuidado: «Este cuarto está hecho una leonera, ¿qué quiere usted?, en este país..., y quedó muy satisfecho de la excusa que a su natural descuido había encontrado.» (LARRA, *En este país. Artículos de costumbres.*) Las casas españolas son, en general, incómodas, aparte de por razones económicas ya vistas (Soberbia), porque es más fácil marcharse al café que hacerla confortable. Siempre recordaré a una señora de Córdoba a la que acudimos cuando el hotel no pudo ofrecernos cuarto. La señora nos enseñó la habitación que alquilaba a los forasteros, y al tantear la cama la encontré durísima. Se lo dije y se mostró sorprendida de mis pretensiones.

—Ya se sabe —me dijo textualmente— que en los viajes se duerme mal.

Y, sin embargo, las casas españolas tienen alicientes para la pereza que no se encuentran en otros países más ricos. Por ejemplo, el ascensor que en edificios de cinco pisos en barrios populares es ya condición imprescindible, cuando en Alemania, la rica Alemania, la gente sube a pie en edificios construidos después de la guerra. Lo mismo ocurre con la calefacción, relativamente más extendida en España que en Francia, Alemania o Inglaterra.

Todo español, por modesto que sea, se considera con derechos a vacaciones largas y en sitio distinto. Lo que gente acomodada de Nueva York no ha conseguido nunca, le parece muy lógico a una pobre modista o portera de Madrid o Barcelona.

El ideal del español en general es ganar dinero sin trabajar, «sin dar golpe» como reza la

frase popular. Y ha agudizado tanto la búsqueda,
que los estafadores profesionales trabajan increíblemente con la imaginación y la palabra para
conseguir el dinero que necesitan para vivir. Yo
he sido engañado un par de veces y siempre me ha
admirado el esfuerzo mental para inventar la historia que tenía que sacarme unas pesetas; el bo-
tín era siempre desproporcionado.

Y alguien ha conseguido en España que le
pagaran por no hacer nada. Sólo en nuestro país
podía darse la figura de *Don Tancredo,* que salía
a la plaza enharinado, se colocaba en un pedestal
y rezaba a Dios para que el toro creyera que
se trataba de una estatua y no le empitonara. *Don
Tancredo* cobraba por estarse quieto. Un símbolo
y la ambición de muchos españoles.

*

Los españoles tienen unas casillas mentales en
que colocar sus teorías sobre diversos temas. Esas
casillas se llenan con la primera información llegada, que ya no hace falta que sea contrastada,
comparada, revisada. Basta que llene el hueco;
después de lo cual el juicio está ya decidido respecto de aquel actor, de aquella figura literaria…

«Las escasas ideas se paseaban por el cerebro
de los españoles como los guardias del orden, por
parejas. Aquí no se concebía más que dos cosas:
blanco o negro, tuerto o derecho, chico o grande.
Y si alguien pretendía colocar una tercera no-
ción, la idea del matiz, la de un justo medio entre la simple simetría de los pares, anatema sit.»
(Sagasta y Cánovas, Calvo y Vico, *Lagartijo y
Frascuelo…*)

Habla Manuel Machado (*La guerra literaria,*
página 20), y esa idea de la pereza intelectual
está, aunque él no lo añada, unida a la Envidia
que hemos analizado en el capítulo anterior. Porque con una pareja se tiene siempre la satisfac-

ción de atacar al otro, al malo, para que pueda pasarse el disgusto de alabar al primero.

Esta admiración u odio vale ya para siempre, y es absoluto, sin sombra ninguna. Si Cervantes es un genio, tiene que ser también perfecto en todos los otros órdenes de la vida, y sus admiradores resienten, como un insulto personal, que alguien apunte que, quizá en la administración de los bienes del Estado, el gran escritor no fuera totalmente escrupuloso. Los admiradores de Baroja no admiten que su ídolo tenga un estilo gramatical deficiente y, si se les pone ejemplos patentes, dicen que Baroja «tiene el estilo de no tener estilo» o algo parecido... Todo es granítico, inmutable.

Y probablemente en el mantenerse en juicio hecho hace años de un individuo o de una organización, pesa tanto la Soberbia, «sostenella y no enmendalla», como la Pereza. ¿Para qué vamos a volver a estudiar eso y, a lo peor, tener que cambiar de idea?

Esta precisión en la ignorancia se da también en otros aspectos de la comprensión intelectual: «¿Para qué esforzarnos en estudiar a fondo a un extranjero, por ejemplo, si nos basta una definición-cliché para cada uno de los países?» «Ya se sabe que el alemán es disciplinado y trabajador —hay que ver cómo se ha levantado Alemania—, pero pesado.»

El italiano, «listo, pero frívolo y cobarde en la guerra». «Al francés le engaña siempre su mujer y odia a los españoles.» «El inglés es aburrido y muy hipócrita.» «El norteamericano es como un niño y poco culto...»

Igualmente en lo regional: «el gallego, astuto»; «el catalán es serio y trabajador, pero ¡cómo habla!»; «el andaluz es muy gracioso»; «el aragonés, muy terco».

¿Para qué preocuparse de más?

«Si quires ser feliz como me dices
no analices, muchacho, no analices...»

Esta Pereza explica en gran parte la política
española; los programas que solicitan el esfuerzo
mancomunado de los ciudadanos son siempre
considerados poco apetecibles por la gente, que
prefiere los que le den la felicidad sin esfuerzos
excesivos por su parte, los taumatúrgicos, en
suma. Calificar a la República como de «trabajadores de todas clases» no provocó ningún entusiasmo entre los españoles que, en cambio,
lucharon y murieron por mitos tan irreali-
zables como el anarquismo, el imperio, el paraíso comunista o la vuelta a la España de Santa
Teresa.

En lo diario, tampoco el español se ayuda para
que le ayuden. Son poquísimas las agrupaciones
ciudadanas que, como en otros países, se reúnen
para organizar su barrio, su escuela, su salubri-
dad pública y pedir, luego en todo caso, la ayuda
gubernamental. El español lo espera casi todo de
arriba. Si no del cielo, al menos del Estado, que
para eso está.

¿Quieres vivir sin afanes?
Deja la bola rodar
que lo que fuera de Dios
a las manos se vendrá.

Hay algo que evidentemente ayuda a la Pereza
de muchos españoles, lo mismo que ha hecho que
las viejas ciudades árabes —callejuela, mujer ta-
pada, mercado al aire libre, artesanía— aparezcan hoy exactamente lo mismo que en la Edad
Media. Es algo que está reñido con el progreso,
ya que éste supone el intento de activar y, si es
necesario, torcer la marcha natural de los acon-
tecimientos. Este algo se llama fatalismo y, a su
amparo, el hombre se niega a moverse porque
está seguro de la inutilidad de su esfuerzo.

«Quien para pobre está alistado,
lo mismo le da correr que estar sentado.»

La voluntad de Alá se ha convertido en la del Dios cristiano o quizá en la de un elemento abstracto que se llama Destino, Sino, Fatalidad... Uno de los dramas más apreciados del romanticismo se llama *Don Alvaro o la fuerza del sino;* su autor fue el Duque de Rivas y millones de no españoles conocen su argumento a través de la ópera de Verdi *La forza del destino.* Don Alvaro quiere a la hija del Marqués de Vargas, que se opone a la boda; cuando va a raptarla, es sorprendido por el padre, arroja una pistola al suelo en señal de rendición y el arma se dispara, matando al padre de su amada. En la confusión que sigue, cree que ésta ha perecido también y va a la guerra de Italia a buscar inútilmente la muerte. Allí le encuentra un hermano de la muchacha, ávido de venganza. El se resiste, pero obligado por los insultos del otro, se bate y le hiere mortalmente. Condenado a muerte por el hecho, se resigna, pero un ataque enemigo le permite escapar. Huye a refugiarse en un convento español y allí va a buscarle el otro hijo del Marqués. Otra vez don Alvaro se niega al duelo, otra vez es provocado hasta serle imposible evitarlo. Hiere también al adversario, éste pide confesión, va Don Alvaro a llamar a un monje penitente en una ermita... y «el monje» es su amada, allí refugiada también desde hace años, para expiar su participación en la desgracia familiar. Cuando el moribundo la ve, cree que ha estado viviendo con don Alvaro, la llama a su lado y antes de morir la clava un puñal. Don Alvaro, enloquecido, insulta a los monjes que llegaban aterrados, se proclama a sí mismo el diablo y se suicida arrojándose por un precipicio. Su acto, por desesperado que sea, responde a una cierta lógica. Si hay alguien que pueda hablar de fatalismo es, sin ninguna duda, Don Alvaro.

Sin tanto dramatismo, esa actitud es compartida por muchos españoles, quizá por la necesidad subconsciente de encontrar un pretexto a sus pocos deseos de trabajar. Si está todo escrito, si «el que nace para ochavo no llegará nunca a cuarto», resulta evidentemente absurdo cansarse inútilmente.

Estos principios valen para renunciar de antemano tanto a la gloria material como a la moral. Así algunos escritores en ciernes se niegan a escribir. Porque «de todas maneras lo va a prohibir la censura».

Con lo que su conciencia queda perfectamente tranquila. Es inútil que uno quiera animarles recordándoles que, aun suponiendo que su obra sea prohibida y nunca se sabe lo que puede ocurrir, le queda toda la América hispana y la tradución a otros idiomas como caminos que le conduzcan al bienestar y a la fama. Casi nunca se les convence. Mueven la cabeza una y otra vez tristemente...

—Nada, no hay nada que hacer...

...Y quizá otro *Don Quijote* queda así inédito...

Sí, el *Fatum*, el sino representa mucho en la vida diaria del español. ¿Cómo será que a un nuevo empleo en la administración estatal, en el ejército, en la marina, lo llaman... Destino?

*

...Cuando el español deja de trabajar es porque le jubilan. Jubilar, según el diccionario, es «eximir del servicio a un funcionario por razón de edad o de enfermedad», y en otra acepción: «Dar gritos de júbilo».

Resumen y esperanza

Sí, España es diferente. Puede ser debido a su posición geográfica. ¿Qué es España por naturaleza, la cola de Europa o la cabeza de Africa? El francés que dijo que Africa empezaba en los Pirineos erraba, pero no estaría tampoco muy acertado quien asegura que la Europa de lo francés, lo germano, lo flamenco, lo escandinavo, se inicia realmente en el Estrecho de Gibraltar. España ha oscilado siempre en su historia entre la llamada de arriba y la de abajo, entre el norte «fáustico» y el sur «mágico». Esta indeterminación, que a veces se cifra entre lo que el país *siente* y lo que le *conviene* ha dado, por un lado, su continuo desequilibrio político. Por el otro, su tremendo interés humano.

En cierto modo, la vacilación española es parecida a la sentida por la nación situada al otro lado del Continente. Rusia, como España, está colocada entre dos mundos que tiran de ella en direcciones contrarias. La opuesta a la europea es allí, naturalmente, la asiática. Los rusos, que en tantas cosas se asemejan a España (naturaleza hostil, grandes cambios meteorológicos, sentido de la música, hospitalidad, patriotismo exacerbado, violencia en las revoluciones, misticismo...), miran históricamente a Europa con tanta admiración como miedo a perder su personalidad si la influencia es excesiva.

Hay un episodio significativo cuando, en el siglo XIX, se extiende por todo el continente el nuevo invento del ferrocarril. Los escritores, los políticos, ensalzan el nuevo sistema de transporte como el lazo de unión que los europeos necesitaban para conocerse y comprenderse mejor. Todas las naciones firman tratados que permitan a los raíles el paso de las fronteras. Todas las naciones... menos Rusia y España que, sin ponerse de acuerdo, ven en la mano que se les tiende tanto la posibilidad de mayor comercio como la de una invasión, quizá porque ambas la habían sufrido del mismo reorganizador de Europa, Napoleón. Tras muchas dudas, aceptaron colaborar en el sistema ferroviario, pero su recelo se manifestará en las dimensiones de la vía, más ancha en Rusia y España que en el resto de Europa. La idea parece ser la misma en ambos casos. Unámonos... con cierta precaución.

*

A lo largo de los canales de los Pecados Capitales he intentado describir al español medio. Un pecado no puede llevar en sí mismo ninguna virtud, pero en algún caso puede producir valores positivos.

Por ejemplo, la Soberbia ha dado a luz a Don Quijote, que quería, ¡él solo!, limpiar a su patria de malvados y encantadores y, en términos más amplios, es la madre de una característica que

los extranjeros han admirado desde hace muchos
años. Es la Dignidad, esa forma única de aparecer en pie, aun estando de rodillas, bien vestido
estando desnudo, bien alimentado cuando ronda
el hambre. Es la cualidad que permite al más
pobre de los españoles agradecer más el obsequio
de un cigarro y un vaso de vino que el de una
propina de más valor crematístico porque el
fumar o beber juntos presupone una igualdad
mucho más importante que el dinero. Y el Individualismo, que tanto daño causa a la organización del país, dará, en cambio, un tipo humano
único en el mundo, tan distinto de su vecino
como ambos son diferentes del resto de los europeos.

La Lujuria lanza al mundo dos grandes tipos
literarios españoles. Uno se llama Don Juan, el
otro la Celestina... Y una serie de coplas en las
que una historia completa de amor se resume de
manera bellísima en tres o cuatro versos...

Por la Ira, la valentía y la audacia de unos hombres cruzan Alpes y Andes, desiertos de Nuevo
Méjico y pantanos de Flandes, en un intento de
probar hombría que ha dejado nombres y costumbres españolas en veinticinco países.

Al socaire de la Pereza nacerá el conversador
de café, en el que la chispa, el ingenio tiene matices que no se encuentran en ningún otro país
del mundo. (Unamuno sostenía que la cultura española está más en los cafés que en las universi-
dades.) Donde la conversación basta a llenar
horas de interés sin necesidad de recurrir a las
drogas ni al alcohol. Y la Gula ampliará esa eufo-
ria en la bien servida mesa.

Sólo hay un pecado al que cuesta encontrarle
aspecto positivo. Me refiero a la Envidia, que ni
siquiera sirve, como en otras partes, para movili-
zar las energías humanas en un intento de supe-

rar al envidiado. Resulta más fácil hablar mal de
él y rebajarle.

Releyendo las páginas anteriores, llego a la impresión de que la forma de mejorar al español
podría resumirse en dos posibilidades tan simples
como revolucionarias.

Si de vez en cuando, sólo de vez en cuando,
creyéramos que el otro *puede* tener razón...

... y esa idea no le convirtiera automáticamente en odioso...

Bastaría.

Indice

Obras del mismo autor

OBSERVACIÓN:

El español y los Siete Pecados Capitales. Alianza Editorial, Madrid, 19.ª edición, 1976. Edición USA, Nueva York, 1967. Edición inglesa, Londres, 1968. Edición alemana, Berna, 1969.
El francés y los Siete Pecados Capitales. Alianza Editorial, Madrid, 4.ª edición, 1971.
Los Siete Pecados Capitales en EE.UU. 8.ª ed., Alianza Editorial, Madrid, 1976.
El italiano y los Siete Pecados Capitales. Alianza Editorial, Madrid, 4.ª ed., 1976.
La vida norteamericana. Madrid, 1955.

COSTUMBRES:

La vida española en el siglo XVIII. Barcelona, 1964.
La vida española en el siglo XIX. Madrid, 1952 (2.ª edición. Madrid, 1969).
La sociedad española (1500 hasta hoy). Barcelona, 1970.

IMAGINACIÓN:

La piedra en el agua y otras historias crueles. Madrid, 1968 (Cuentos).
A Roma por todos los caminos (novela). Barcelona, 1970.

ESTUDIOS:

Griegos y romanos en la Revolución francesa. Madrid, 1960.
España. Años decisivos, 1917, 2.ª ed. Barcelona, 1969.
España. Años decisivos, 1931. Barcelona, 1970.
España. Años decisivos, 1909. Barcelona, 1970.

BIOGRAFIA:

Cuando los grandes hombres eran niños. Barcelona, 1958, 5.ª edición.
Teresa Cabarrús (una española en la Revolución francesa), 3.ª ed. Barcelona. 1968.
Guzmán «el Malo». Barcelona, 1963.
Cervantes (La desdichada vida de un triunfador). Barcelona, 1969. Ed. EE.UU. Nueva York, 1970.

SELECCIÓN Y COMENTARIO:

La Historia de España en sus documentos:
El siglo XVI. Madrid, 1958.
El siglo XVII. Madrid, 1957.
El siglo XVIII. Madrid, 1955.
El siglo XIX. Madrid, 1954.
El siglo XX (1920-1923). Madrid, 1960; ed. popular, Barcelona, 1969.
El siglo XX (1923-1936). Madrid, 1965; ed. popular, Barcelona, 1969.
El siglo XX (1936-1939. La guerra). Madrid, 1963, ed. popular. Barcelona, 1970.
La posguerra española en sus documentos. Barcelona, 1970.
La España política del siglo XX en fotografías y documentos. Barcelona, 1970 (3 tomos).
La historia de España en sus documentos (3 tomos) (manual). Barcelona, 1971.
La muerte en la poesía española. Madrid, 1952.
Teatro español de hoy (1939-1959). Madrid, 1958, 2.ª edición *(1939-1966).* Madrid, 1967.
El amor en las letras españolas. Madrid, 1963.
Antología del Romanticismo español. Madrid, 1960, 2.ª edición. Nueva York, 1968.
Verso y prosa en la historia española. Madrid, 1958 (agotado).
La historia de España contada por los poetas. Madrid, 1971.

DIVULGACIÓN:

Historia universal de la cultura. Barcelona, 2.ª ed., 1946.
Cuando los grandes hombres eran niños... Barcelona, 6.ª ed., 1958.
Ejército imperial. Barcelona, 1951.

VERSIONES TEATRALES:

Del francés:

La reina muerta, de H. DE MONTHERLANT. (Estreno Madrid, 1957. Ed. Madrid, 1958.)
Ondina, de J. GIRADOUX. (Estreno Barcelona, 1958. Edición Madrid, 1959.)
No habrá guerra de Troya, de J. GIRADOUX. (Estreno Madrid, 1958. Ed. Madrid, 1960.)
Anfitrión 38, de J. GIRADOUX. (Ed. Madrid, 1965.)

Del alemán:

La visita de la vieja dama, de DÜRRENMATT. (Estreno Madrid, 1959. Ed. Madrid, 1965.)

Del inglés:

Macbeth, de SHAKESPEARE. (Ed. Madrid, 1964. Estreno Málaga, 1969.)

Del italiano:

Nápoles millonaria, de DE FILIPPO. (Ed. Madrid, 1963.)

Del griego:

La paz, de ARISTÓFANES. (Estreno Madrid, 1969. Ed. Madrid, 1969.)